한국에서 유일한
기초 영문법
Ⅰ·Ⅱ·Ⅲ 요약본

한일 지음

Composition & Character

구성과 특징

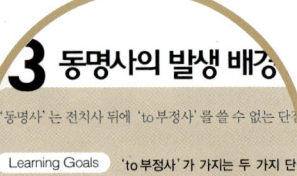

Learning Goals

강의에서 공부하게 될 내용을 먼저 제시, 강의 내용에 대한 학습자의 기대와 호기심을 자극하여 학습 효율을 높일 수 있도록 구성했습니다.

More View

주요 내용을 더욱 깊이 있고, 더욱 폭 넓게 제시하여 자연스럽게 학습자의 심층적 이해를 유도할 수 있도록 구성했습니다.

Han's Grammar Clinic

한일 선생님의 논리적이고, 깜짝 놀랄만한 문법에 대한 접근 방식을 경험하며 배운 문법 지식을 학습자 스스로 정리할 수 있도록 구성된 코너입니다.

Comprehension Quiz

"문법 내용은 알겠는데 문제만 보면 막막하세요?" 강의에서 배운 내용을 쉽고 간단한 문제를 통해 더욱 더 학습자에게 친숙하게 느껴질 수 있도록 구성했습니다.

Memorize These ~!!!

문법에 대한 내용 설명만으로도 부족할 듯한 문법책에서 어휘들을 모아서 제시했습니다. 무슨 뜻일까요? 대단히 대단히 중요하다는 말입니다. 영어공부나 문법에 있어서 너무나 중요한 어휘들이어서 따로 모아서 제시했습니다.

Grammar Application to Speaking · Writing · Reading

문법을 공부했는데 영어 문장을 읽을 수도 쓸 수도 말을 할 수도 없다면 문법을 잘못 배운 것입니다. 문법을 배웠다면 말하고, 읽고, 이해할 수 있어야 합니다. 영어 문장을 쓸 수 있어야 합니다.
그런 영문법은 없다구요?
'한국에서 유일한 기초 영문법'과 만나보세요.

Contents

목 차 1

Step • 1

01. 이름 속의 비밀 'to부정사' — 10
   1. 동사를 명사로 바꾼다?
   2. 왜 'to부정사'라고 부를까?
   Comprehension Quiz

02. 'to부정사'의 활용 — 12
   1. 문장에서 'to부정사'의 활용
   2. 왜 'to부정사'를 전치사 뒤에 쓸 수 없을까?
   3. 전치사의 'to'와 'to부정사' 'to'의 반복을 피하는 방법
   Comprehension Quiz

03. 동명사의 발생 배경 — 14
   1. 동명사가 만들어진 이유
   2. 문장에서 동명사의 활용
   3. 'to부정사'와 '동명사' 가운데 어떤 것을 주어로 쓸까?
   Comprehension Quiz

04. 매 순간 쓰는 말 'In order to' — 18
   1. '~하기 위하여'를 영어로 어떻게 표현할까?
   2. 'in order to'를 'to'로 줄여 쓰는 이유?
   3. 'to(~하기 위하여)'와 'to(~는 것)'의 구별
   4. 언제 'in order to'를 쓰고, 언제 'in order'가 생략된 'to'를 쓸까?
   5. 'to(~하기 위하여)'와 전치사 'for(~을 위해서)'
   Comprehension Quiz

01~04. Writing Quiz — 22

05. 'to'의 종류 — 24
   1. 'to'의 세 가지 종류
   2. 세 가지 다른 종류의 'to'를 한 문장에 쓸 수 있을까?
   3. to부정사의 부정
   4. to부정사를 목적어로 취하는 동사
   5. to부정사를 요구하는 형용사
   6. too~to : '~하기에는 너무 ~하다', '너무 ~해서 ~할 수 없다'
   Comprehension Quiz
   Memorize These Infinitives!!!

06. 생활 속의 'to' — 34
   1. 항상 쓰이는 'to + 동사원형'
   Comprehension Quiz

07. 지각동사(Perception Verb) — 36
   1. 지각동사(Perception Verb)의 정의
   2. 영어에서는 어떻게 강조(특별 취급)할까?
   3. 어떻게 지각동사를 강조(특별 취급)할까?
   4. 지각동사 뒤에 '동사 원형'을 쓸 때와 '~ing(현재분사)'를 쓸 때의 해석 차이
   Comprehension Quiz

08. 사역동사(Causative Verb) — 38
   1. 사역동사(Causative Verb)의 정의
   2. 영어에서는 어떻게 강조(특별 취급)할까?
   3. 어떻게 사역동사를 강조(특별 취급)할까?
   4. 왜 사역동사를 사람들 사이에 사용하지 않을까?
   5. 사역동사 'help'
   Comprehension Quiz

05~08. Writing Quiz — 42

09. 가주어 'It'을 쓰는 이유 — 44
   1. 'to부정사' 주어와 '동명사' 주어에 문제점이 있다?
   2. 가주어로써 It을 선택하는 데 요구되는 두 가지 조건
   3. 짧고 간단한 주어 찾기
   4. 짧고 간단한 주어 'It'의 이름
   Comprehension Quiz

10. 특별하기 때문에 뒤로 넘어가는 동명사 — 48
   1. 가주어 'It' 뒤에 진주어로써 'to부정사'를 쓸까? '동명사'를 쓸까?
   2. 가주어 It + ~[to부정사/동명사]
   Comprehension Quiz

11. 동명사의 활용 — 50
   1. 동명사의 정의
   2. 동명사의 성격
   Comprehension Quiz

12. 말이 쉬워지고, 글이 편해지는 소유격 — 54
   1. 소유격의 정의
   2. 소유격 + 명사
   3. 소유격 + 동명사
   Comprehension Quiz
   Grammar Application to Writing

09~12. Writing Quiz — 58

13. 누가, 왜 만들었을까? 'Go + ~ing' — 60
   1. 'go+~ing'
   2. to부정사가 동명사로 바뀔 때 동사의 의미 변화
   3. 동명사를 쓰기로 작정한 표현
   Comprehension Quiz
   Memorize These 'Verb + Gerund'

14. 영어에서 가장 사용빈도 수가 높은 핵심 2가지 구조 — 68
   1. 영어로 문장을 쓰기 위한 3 step!
   2. 문법으로부터의 자유로움을 알리는 전치사
   Comprehension Quiz
   Grammar Application to Writing

15. 모르면 영어 못하는 전치사   74
1. 전치사의 특징
2. '전치사 + 명사'의 위치
Comprehension Quiz

16. 생활 속의 전치사 Ⅰ   76
1. 다양한 전치사의 의미
Comprehension Quiz

13~16. Writing Quiz   80

17. 생활 속의 전치사 Ⅱ   82
1. 다양한 전치사의 의미
Comprehension Quiz
Grammar Application to Reading

18. 동사에 죽고 사는 부사   86
1. 부사 'Adverb'의 의미
2. 부사의 위치
Comprehension Quiz

19. 부사의 탄생배경과 그 사용 위치   88
1. 부사의 출생 배경
2. 부사의 종류
3. 문장에서 자유로운 부사의 위치
Comprehension Quiz
Grammar Application to Writing

20. 부사의 활용   94
1. 문장에서 부사의 위치와 역할
2. 자주 쓰이는 빈도 부사
Comprehension Quiz
100 Essential Adverbs

17~20. Writing Quiz   98

Step • 2

01. 말과 글의 수준(level)을 높이는 부사   102
1. 말의 수준(level)을 높이는 일상생활 속 부사의 활용
2. 글의 수준(level)을 높이는 부사의 활용
Comprehension Quiz

02. 부사절의 발생 배경   110
1. 가장 이상적인 문장의 단어 배열
2. 절과 구의 구별
3. 특수 부사
4. '특수 부사 + 절 = 부사절'
Comprehension Quiz

03. 부사구의 등장 배경   114
1. 영어는 내용보다 문법을 먼저 알린다
2. 영어는 중요하고, 강조하고 싶은 내용일수록 문장 앞으로 보낸다
3. 주절을 앞에 쓰지 않으면서 강조하는 방법
Comprehension Quiz

04. 부사절을 부사구로 고치기   116
1. 부사절을 부사구로 고치는 2가지 방법
2. 부사절을 부사구로 바꾸지 않는 두 가지 경우
Comprehension Quiz

01~04. Writing Quiz   120

05. be동사가 있는 경우   122
1. 부사절을 부사구로 바꾸는 데 자신감을 갖자!
Comprehension Quiz

06. 일반동사가 있는 경우   126
1. 부사절을 부사구로 바꾸는 데 자신감을 갖자!
Comprehension Quiz

07. High Level   130
1. 부사절을 이끄는 다양한 부사
Comprehension Quiz

08. 도와주는(Helping) 동사(Verb) Ⅰ   134
1. 조동사의 정의
2. 조동사의 역할
3. 조동사의 종류
4. may & might
5. should & ought to
6. had better
Comprehension Quiz

05~08. Writing Quiz   140

09. 도와주는(Helping) 동사(Verb) Ⅱ   142
1. have to
2. must
3. have got to
4. can & could
Comprehension Quiz

10. 도와주는(Helping) 동사(Verb) Ⅲ   148
1. be able to
2. will & be going to
Comprehension Quiz

Contents

목차 2

11. 도와주는(Helping) 동사(Verb) IV 152
1. will & would
2. would & used to
3. be supposed to & be to
4. shall
Comprehension Quiz

12. 생활 속 조동사의 미묘한 차이 156
1. 조동사의 상황별 의미 차이
Comprehension Quiz
Grammar Application to Speaking

09~12. Writing Quiz 162

13. 과거분사(Past Participle) 164
1. 동사의 형용사화
2. 형용사 '~당한'의 이름
3. 과거분사(-ed)는 형용사로써 뒤에 오는 명사를 꾸며준다
Comprehension Quiz
Memorize These Past Participle!!!

14. 현재분사(Present Participle) 170
1. 동사의 형용사화
2. 형용사 '~하는'의 이름
3. 현재분사 '~하는'과 동명사 '~는 것'의 구별
Comprehension Quiz

15. 생활 속 분사의 활용 172
1. 과거분사 활용
2. 현재분사 활용
Comprehension Quiz

16. 단락(paragraph) 속 분사의 활용 176
1. 분사를 쓴 문장의 수준이 높다
Comprehension Quiz
Grammar Application to Writing

13~16. Writing Quiz 182

17. 활용도가 높은 be동사 184
1. be동사의 개수와 종류
2. be동사의 뜻
3. be동사의 사용
4. 문장 속 be동사의 활용
5. be동사를 쓸 수 있는 위치
Comprehension Quiz

18. 'be동사 + 과거분사 = ~당하다' 188
1. be동사 + 과거분사=수동태(Passive Voice)
2. 일반동사를 가지고 쉽게 수동태(Passive) 만들기
Comprehension Quiz

19. 수동태, 목적어를 강조한다 190
1. 목적어가 하나인 문장을 수동태로 고치기
2. 목적어가 두 개인 문장을 수동태로 고치기
3. 전치사 'by'
Comprehension Quiz

20. 수동태로 쓰기로 작정한 표현 196
1. 사용빈도 수가 높은 수동태 표현
Comprehension Quiz
Grammar Application to Writing

17~20. Writing Quiz 200

Step • 3

01. 'be동사 + ~ing = ~하는 중이다' 204
1. 'be동사+~ing' = 진행형
2. 'be동사 + ~ing', 진행형 문장을 만드는 순서
3. '진행형'과 '현재형'의 시간차
4. '진행형 + 부연설명'
Comprehension Quiz

02. '진행'과 '완료'를 나타내는 기호 208
1. '현재분사'와 '과거분사'의 의미의 차이
2. 시제와 분사의 밀접한 관계
3. 동사 'have'의 4가지 종류와 의미
4. 과거분사와 만나는 동사 'have'
Comprehension Quiz

03. 'have + 과거분사 = 현재까지 과거분사했다' 212
1. '과거분사 = 형용사'
2. 'have + 과거분사'의 이름
3. 시제를 나타내는 기호
Comprehension Quiz

04. 영어의 '12시제' 216
1. 12시제의 형태
Comprehension Quiz

01~04. Writing Quiz 218

05. 시제 ; Common Mistakes ... 220
1. 시제와 관련된 흔히 범하는 실수들
Comprehension Quiz

06. 영어로 길게 쓴다? ... 222
1. 영어에서 사용빈도 수가 가장 높은 단어 배열
2. 명사 앞에 쓰여서 명사의 의미를 도와주는 형용사
3. 전치사+명사
4. 명사+문장
Comprehension Quiz

07. 문장의 수준을 높이는 4단계 ... 226
1. 영어로 길게 쓰고 싶다면 한 곳에 모아라
2. 끼워 넣는 문법의 특징
3. 명사 뒤에 문장 끼워 넣기
Comprehension Quiz

08. 관계대명사 주격 'that' ... 230
1. 명사 뒤에 문장을 끼워 넣는 2가지 방법
2. 주어의 반복을 피하는 '관계대명사 주격 that'
Comprehension Quiz

05~08. Writing Quiz ... 232

09. 선행사와 관계대명사 ... 234
1. '선행사 = 명사'
2. 관계대명사 that이 있는 형용사절
3. 선행사에 따른 관계대명사의 종류
Comprehension Quiz

10. 형용사구의 등장 ... 238
1. 명사 뒤에 형용사절을 끼워 넣은 문장
2. 형용사절을 짧게 줄인 문장
Comprehension Quiz

11. 형용사절을 형용사구로 고치기 ... 240
1. be동사를 포함한 형용사절
2. 형용사절을 형용사구로 고치고 형용사만 남은 경우
3. 형용사절을 형용사구로 고치고 전치사구가 남은 경우
4. 형용사절 안에 독자적인 주어와 동사가 있을 경우
5. 일반 동사를 포함한 형용사절
Comprehension Quiz

09~11. Writing Quiz ... 246

12. 문장 속 형용사절의 활용 ... 248
1. 형용사절을 형용사구로 고칠 때 '배경적'인 설명과 '문법적'인 설명
2. 형용사절을 쓴 후 문장이 겪는 변화
Comprehension Quiz

13. 명사 자리에 쓴 문장 = 명사절 ... 252
1. 명사절의 정의
2. 명사절의 시작을 알리는 단어
3. 명사절의 위치
Comprehension Quiz

14. 명사절을 만드는 방법 ... 256
1. 명사절을 만드는 3 step
Comprehension Quiz

15. 가정하는 방법 = 가정법 ... 260
1. 가정할 때 쓰는 말투
2. 가정법 현재
3. 가정법 과거
Comprehension Quiz

12~15. Writing Quiz ... 264

16. 가장 많이 쓰는 단어 'the' Ⅰ ... 266
1. 통틀어서 말하는 the
2. 발명품 앞에 the
3. 모든 악기의 이름 앞에 the
Comprehension Quiz

17. 가장 많이 쓰는 단어 'the' Ⅱ ... 268
1. 내용상 이미 앞에서 언급됐던 단어를 지칭할 때 the
2. 공익의 개념이 들어있는 단어 앞에 the
3. 강조의 the
4. 문장 속 'the'의 활용
Comprehension Quiz

18. 'Do'에서 발생한 문법 ... 272
1. 명사의 동사화
2. do, does, did가 모든 동사에 사용되면서 반복되기 시작한다.
3. 반복되는 'do, does, did'를 생략할 때
4. 강조문
5. 의문문
6. 부정문
Comprehension Quiz

16~18. Writing Quiz ... 276

문법이란? 말에는 법이 있다는 것으로 그 법을 알면 글이 써지고, 그 법을 알면 말이 들린다. 우리가 영어를 배우면서 문법을 배우는 이유는 말이 되고, 글이 되는 이 법칙에 익숙해지고자 하는 것이다. 우리가 쓰는 한국어도 말이고, 영어도 말이다. 그러므로 한국어에서 많이 쓰이는 문법은 영어에서도 많이 쓰기 마련이다.

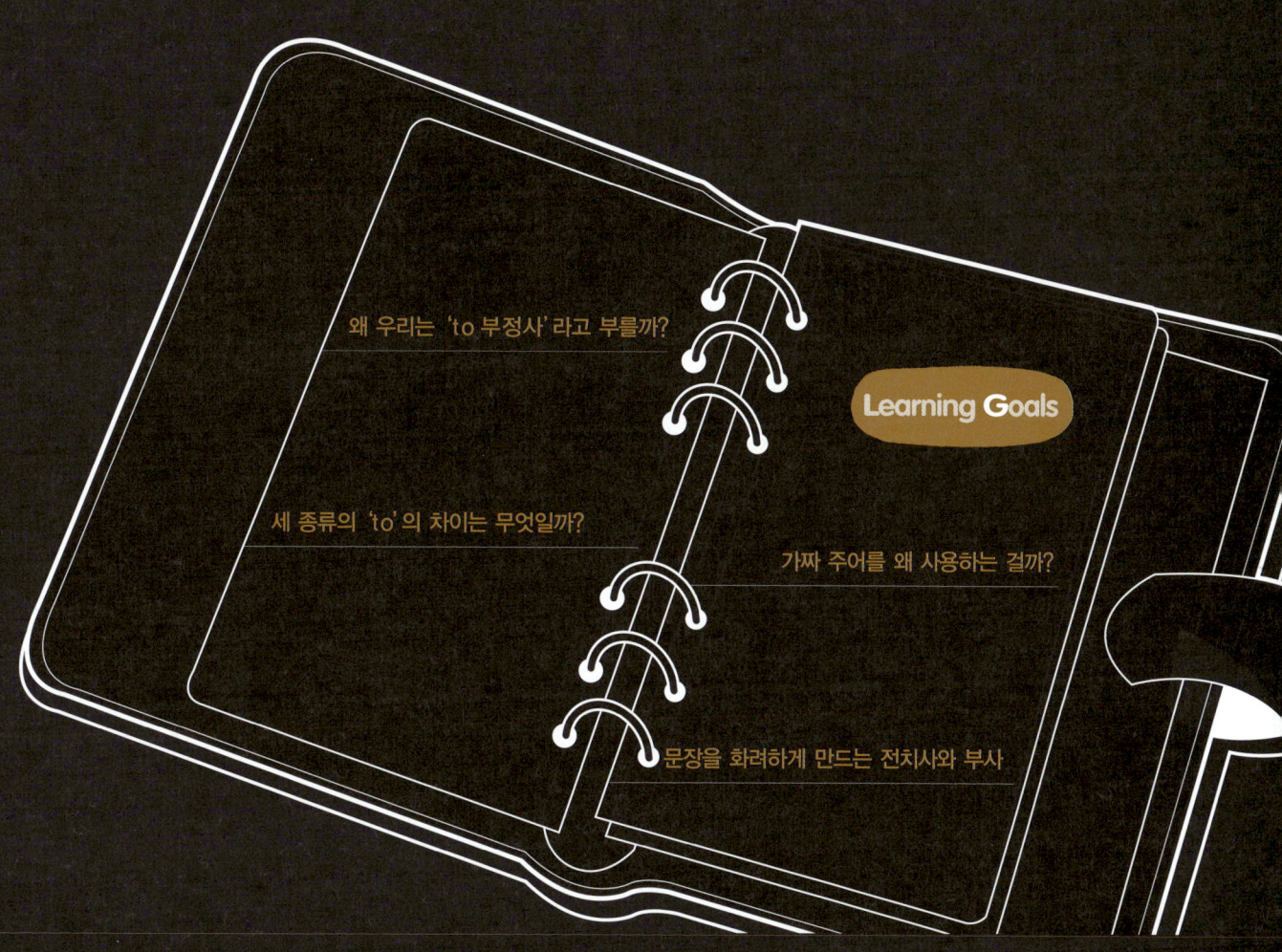

왜 우리는 'to 부정사'라고 부를까?

세 종류의 'to'의 차이는 무엇일까?

가짜 주어를 왜 사용하는 걸까?

문장을 화려하게 만드는 전치사와 부사

Learning Goals

한국에서 유일한 기초 영문법 Step • 1

01 이름 속의 비밀 'to부정사'

문법이란? 말에는 법이 있다는 것으로 그 법을 알면 글이 써지고, 그 법을 알면 말이 들린다. 우리가 영어를 배우면서 문법을 배우는 이유는 말이 되고, 글이 되는 이 법칙에 익숙해지고자 하는 것이다. 우리가 쓰는 한국어도 말이고, 영어도 말이다. 그러므로 한국어에서 많이 쓰이는 문법은 영어에서도 많이 쓰기 마련이다.

Learning Goals 왜 우리는 'to 부정사'라고 부를까?
'to 부정사'는 어떻게 번역해야 가장 자연스러울까?
'to 부정사'는 왜 만들었을까?

1 동사를 명사로 바꾼다?

한국말은 '~는 것'을 동사 뒤에 붙여 명사를 만든다. 전문적인 표현으로 **동사의 명사화**'라고 말한다.

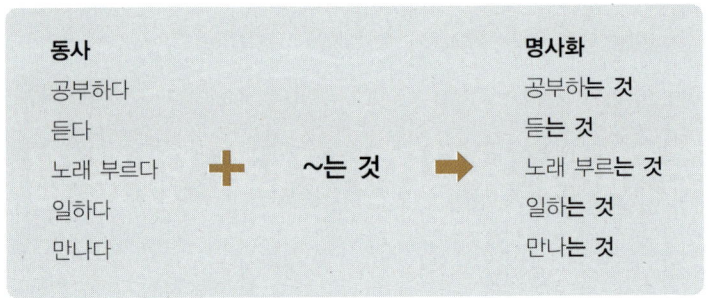

우리가 일상생활에서 많이 사용하는 한국어 '**~는 것**'이라는 말은 영어에서도 무척 많이 사용한다. 영어에서 한국어 '**~는 것**'과 같은 말은 '**to**'이다.

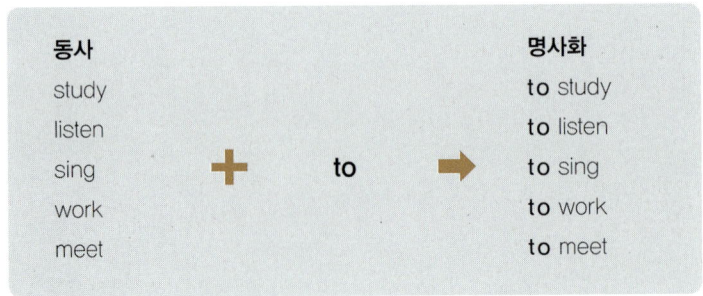

2 왜 'to부정사'라고 부를까?

(1) to 뒤에 쓸 수 있는 동사의 개수와 뜻이 너무 많고 부정확하기 때문이다.
(2) to부정사 (to+동사원형)가 문장 속에서 주어, 목적어 또는 형용사 중 무엇으로 쓰일지 문장 속에 쓰기 전까지는 알 수가 없는 부정확한 상태이기 때문이다.

Han's Grammar Clinic

- 'to부정사'를 왜 만들었을까? ➡ 동사를 명사처럼 쓰기 위해서
- 'to부정사'에서 'to'는 무엇으로 번역할까? ➡ 다른 번역도 있지만 일단은 '~는 것'으로 번역하면 사용하기 쉽다.
- 'to부정사'에서 왜 '부정사'라는 이름이 붙었을까? ➡ '정해져 있지 않다' 또는 '부정확하다'라는 뜻이다.

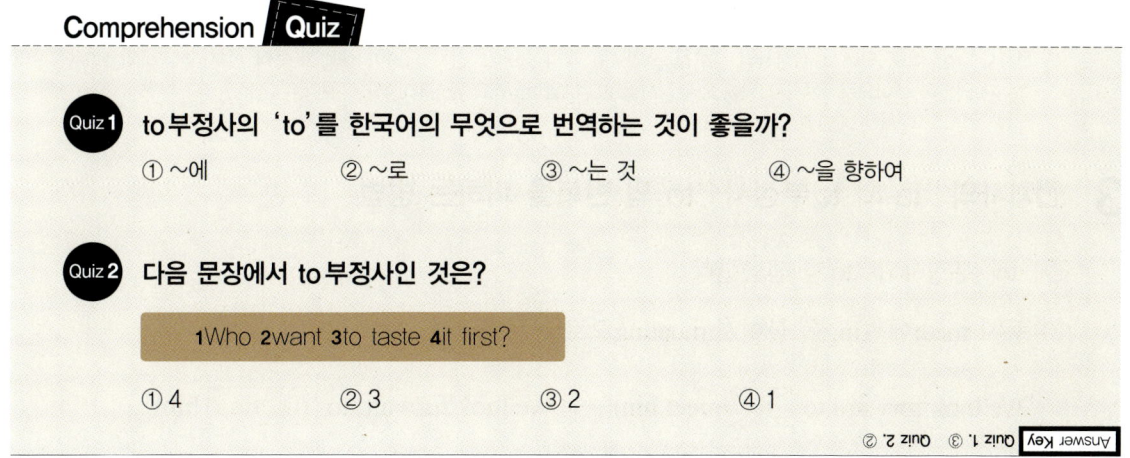

Step 1

02 'to부정사'의 활용

동사를 명사화시킨 'to 부정사'는 '~는 것'으로 해석하며, 문장에서 명사의 자리에 쓸 수 있다.

Learning Goals
영어 문장에서 가장 사용빈도 수가 높은 단어배열은 무엇일까?
'to 부정사'를 쓸 수 있는 곳은 어디일까?
전치사 뒤에 'to 부정사'를 쓸 수 없는 이유는 무엇일까?

1 문장에서 'to 부정사'의 활용

'to 부정사'는 동사를 명사화시킨 것으로 당연히 문장에서 명사의 자리에 쓸 수 있다.

| 명사 | + | 동사 | + | 명사 | / | 전치사 | + | 명사 |

❶ To study English   needs   time.(○)
❷ I   decided   to study English.(○)
❸ We   have   a problem   in   to study English.(×)

2 왜 'to 부정사'를 전치사 뒤에 쓸 수 없을까?

전치사에 동일한 발음과 철자를 가진 'to'가 있기 때문이다.

We look forward [to] [to] meet him.(×)
　　　　　　　　 전치사　to부정사의 'to'

❓ 영어는 반복을 싫어한다
전치사 'to' 바로 뒤에 to부정사의 'to'를 쓰면, 두 개의 'to'가 겹치는 일이 생기게 된다. 전치사 'to'와 to 부정사의 'to'가 연달아 쓰이므로 '전치사 뒤에 to부정사를 쓸 수 없다.'라고 규칙을 정하게 된다.

3 전치사의 'to'와 to부정사 'to'의 반복을 피하는 방법

(1) 'to' 부정사의 'to'를 생략한다.

(2) 동사 meet에 ~ing를 붙여서 meeting으로 만든다.

We look forward to ~~to~~ meet him. → We look forward to [meeting] him.

Tip 동사+-ing : 동사 앞에 'to'를 붙이지 않고 모든 동사를 명사화시키는 유일한 방법이다.

❓ 동사를 명사화시키는 방법 두가지

- 동사 앞에 'to'를 붙여 'to부정사'를 만든다.
  I decided to like him.
- 전치사 뒤에 쓸 수 없는 'to부정사'의 단점을 보완하기 위해 동사 뒤에 '-ing'를 붙여 '동명사'를 만든다.
  We look forward to to meet him.(✕)   We look forward to meeting him.(○)

More View

meet	만나다			meeting	만나는 것
sleep	잠자다			sleeping	잠자는 것
study	공부하다	+	-ing ~는 것 ⇒	studying	공부하는 것
help	돕다			helping	돕는 것
go	가다			going	가는 것

Han's Grammar Clinic

- to부정사를 쓸 수 있는 자리는 '명사 + 동사 + 명사 / 전치사 + 명사'에서 모두 몇 군데일까? ◎ 2군데
- to부정사를 전치사 뒤에 쓰지 못하는 이유는? ◎ 전치사의 to와 발음과 모양이 같으므로
- to부정사 '~는 것'을 전치사 뒤에 꼭 써야 한다면 어떻게 해야 할까? ◎ 동명사 ~ing로 바꾼다.

Comprehension Quiz

 다음 중 to부정사의 사용이 틀린 문장은?

① She agreed to go with us.   ② I loved to dance in the club.
③ They would like to drink at night.   ④ I talked about to travel.

 다음 문장을 바르게 고친 것은?

> I am interested in to work here.

① I am interested into working here.   ② I am interested in working here.
③ I am interest in working here.   ④ I am interested to working here.

Answer Key Quiz 1. ④ Quiz 2. ②

Step 1

03 동명사의 발생 배경

'동명사'는 전치사 뒤에 'to부정사'를 쓸 수 없는 단점 때문에 만들어졌다. 또 한 가지를 살펴보자.

Learning Goals
- 'to부정사'가 가지는 두 가지 단점은 무엇일까?
- '동명사'가 생긴 원인은 무엇일까?
- 'to부정사'와 '동명사'처럼 한쪽의 영향을 받아 생긴 문법을 무엇이라고 할까?
- 가장 이상적인 문장의 단어배열에서 '동명사'를 쓸 수 있는 자리는 어디일까?

1 동명사가 만들어진 이유

(1) 전치사 뒤에 to부정사를 쓸 수 없는 단점을 보완하기 위해 만들어졌다.

We look forward to [to meet] him. (×)
We look forward to [meeting] him. (○)

More View

(1) We object to to [to go] there. (×)
→ We objec to [going] there. (○)

(2) She is interested in [to study] Korean history. (×)
→ She is interested in [studying] Korean history. (○)

(2) 주어는 짧고, 간단해야 하는데 to부정사를 주어로 쓰면 아무리 짧아도 두 단어(to + 동사원형)로 복잡해진다.

- <u>To study</u> is important. (주어 복잡)
    주어   동사
- <u>To eat food regularly</u> is necessary. (주어 복잡)
        주어   동사

= <u>Studying</u> is important. (주어 간단)
   주어   동사

= <u>Eating food regularly</u> is necessary. (주어 간단)
     주어   동사

2 문장에서 동명사의 활용

동명사는 '-ing'를 붙여 동사를 명사화시킨 것이다. 문장에서 명사가 쓰이는 세 군데 자리에 모두 쓸 수 있다.

| 명사 | + | 동사 | + | 명사 | / | 전치사 | + | 명사 |

Seeing　　　is　　　believing.(O)
I　　　like　　　watching a baseball game.(O)
We　　　talked　　　　　　　　about　　　watching a baseball game.(O)

More View

to 부정사와 동명사는 뜻이 '~는 것'으로 동일하기 때문에 바꿔서 쓸 수 있다.

(1) Seeing is believing.
   =To see is to believe.
(2) It began raining, so I started running.
   =It began to rain, so I started to run.
(3) I like reading and traveling.
   =I like to read and to travel.

❓ Package Grammar

동사 앞에 'to'를 붙여 'to부정사'를 만든다. to부정사도 '~는 것'으로 해석이 되고, 동명사도 '~는 것'으로 해석이 된다. 만일 서로 다른 문법이라면 해석이 달라야 하는데 to부정사와 동명사는 해석이 똑같다. to부정사도 동사를 명사로 바꿀 수 있고 동명사도 동사를 명사로 바꿀 수 있다. 즉, to부정사와 동명사는 <u>동사를 명사화시키는</u> 같은 일을 한다. 해석과 문법적인 역할이 똑같은 to부정사와 동명사는 성격상 같은 문법이라고 말할 수 있다.

3 'to 부정사'와 '동명사' 가운데 어느 것을 주어로 쓸까?

to 부정사를 주어로 쓰면 동명사 주어보다 길고 복잡해진다. 이러한 단점을 감수하고서라도 to 부정사를 주어로 쓰겠다면 틀림없이 그 to 부정사 주어를 **강조**하겠다는 뜻이다.

<u>To exercise every day</u> is important. 주어가 강조된 문장
　　　주어　　　　　　동사

=<u>Exercising every day</u> is important. 일반적인 문장
　　　주어　　　　　　동사

More View

(1) **To persuade him** is difficult. 주어가 강조된 문장
     주어   동사
  → **Persuading him** is difficult. 일반적인 문장

(2) **To gather the information** is your job. 주어가 강조된 문장
     주어   동사
  → **Gathering the information** is your job. 일반적인 문장

(3) **To help him** is your responsibility. 주어가 강조된 문장
     주어   동사
  → **Helping him** is your responsibility. 일반적인 문장

(4) **Keeping the promise** is basically important. 일반적인 문장
     주어   동사
  → **To keep the promise** is basically important. 주어가 강조된 문장

(5) **Attending the meeting** is mandatory. 일반적인 문장
     주어   동사
  → **To attend the meeting** is mandatory. 주어가 강조된 문장

(6) **Understanding grammar** is easy and interesting. 일반적인 문장
     주어   동사
  → **To understand grammar** is easy and interesting. 주어가 강조된 문장

Han's Grammar Clinic

- to부정사는 두 가지 단점을 가지고 있다. (True) False
- to부정사가 가지고 있는 두 가지 단점은?
  - ○ 주어가 항상 두 단어로 이루어지기 때문에 문장이 길어진다.
  - ○ 전치사 뒤에 쓰지 못한다
- 동명사가 만들어진 이유는? ○ to부정사의 단점을 보완하기 위해서
- to부정사와 동명사는 모두 '~는 것'이라는 같은 뜻을 가지고 있다. (True) False
- 동명사를 쓸 수 있는 자리는 '명사 + 동사 + 명사 / 전치사 + 명사'에서 모두 몇 군데일까? ○ 3군데
- to부정사를 주어로 썼다면 무슨 의미일까? ○ 강조

Comprehension Quiz

 다음 문장을 문법적으로 바르게 고친 것은?

> Sam and I are talking about to visit the museum next week.

① Sam and I am talking about to visit the museum next week.
② Sam and I are talking about visiting the museum next week.
③ Sam and I are talking about visit the museum next week.
④ Sam and I am talking about visiting the museum next week.

 다음 중 다른 문법으로 쓰인 문장은?

① I am interested in working on this project.
② Working everyday made us busy.
③ They like working here.
④ I am working on this project.

 '1 명사 + 2 동사 + 3 명사 / 4 전치사 + 5 명사' 에서 to부정사를 쓸 수 있는 위치는?

① 1, 2   ② 2, 3   ③ 1, 3   ④ 3, 5

 '1 명사 + 2 동사 + 3 명사 / 4 전치사 + 5 명사' 에서 동명사를 쓸 수 있는 위치는?

① 1, 2, 3   ② 2, 3, 4   ③ 1, 3, 5   ④ 3, 4, 5

Answer Key | Quiz 1. ② Quiz 2. ④ Quiz 3. ③ Quiz 4. ③

Step 1

04 매 순간 쓰는 말 'in order to'

지금까지 'to부정사'~의 의미와 문장에서 쓰이는 위치 및 역할에 대해서 살펴보았다. 글을 길게 쓰고, 말을 더 자세하게 하기 위해서 결정적인 역할을 하는 또 다른 'to'에 대해서 살펴보자.

Learning Goals
'in order to'는 어떻게 해석해야 할까?
영어는 반복을 대단히 싫어한다. 그렇다면 문장 속에서 계속 반복되는 'in order to'를 어떻게 해야 할까?
'in order to(~하기 위하여)'의 'to'와 'to부정사(~는 것)'의 'to'를 어떻게 구별할까?
'~하기 위하여'를 정식(Formal)과 약식(Casual)으로 어떻게 표현할까?

1 '~하기 위하여'를 영어로 어떻게 표현할까?

한국어 '~하기 위하여'와 같은 의미를 지닌 말은 'in order to'이다.

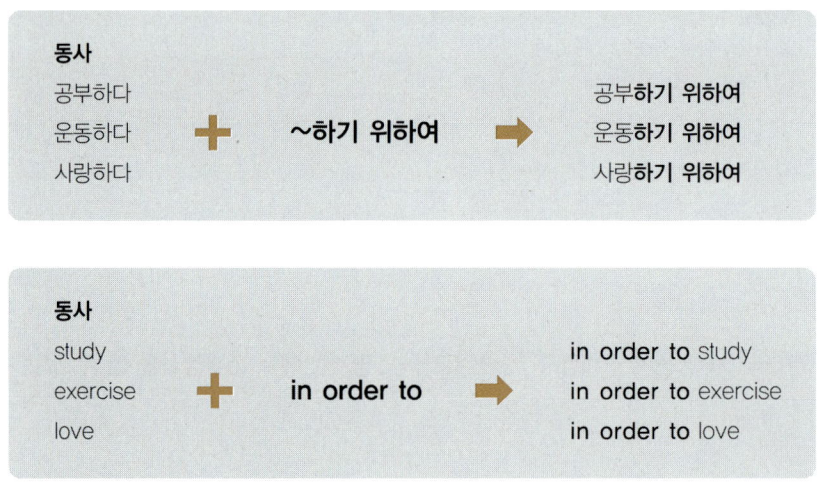

2 'in order to'를 'to'로 줄여 쓰는 이유?

영어는 반복을 매우 싫어하기 때문에 'in order to'의 계속적인 반복을 피하기 위해 'in order'를 생략하고 'to'만 쓴다. 'in order to'를 to로 줄이지 않고 모두 쓰면 강조하는 말이 된다.

I woke up at six in order to go to work. I took the subway in order to avoid the unnecessary traffic. I went up to the office in order to call my friend. I checked my e-mail in order to see the schedule. I went down the faculty room in order to make some copies, and I came in the class in order to teach. Now I am teaching this class in order to make my students really happy.

⬇

I woke up at six to go to work. I took the subway to avoid the unnecessary traffic. I went up to the office to call my friend. I checked my e-mail to see the schedule. I went down the faculty room to make some copies, and I came in the class to teach. Now I am teaching this class to make my students really happy.

3 'to(~하기 위하여)'와 'to(~는 것)'의 구별

(1) 문장 속에서 **해석**을 통해 알 수 있다.

I bought a ticket **to see a movie**. 나는 영화를 보기위하여 표를 샀다.

To see a movie, I called my friend. 영화를 보기 위하여 나는 친구에게 전화했다.

To see a movie costs money. 영화 보는 것은 돈이 든다.

I like **to see a movie**. 나는 영화 보는 것을 좋아한다.

(2) 'to'가 들어간 표현을 생략했을 때 전체 문장의 문법이 틀리지 않는 것이 있다. 생략해도 문법이 틀리지 않으면 'in order to(~하기 위하여)'이다.

I bought a ticket ~~to see a movie~~. ➡ 문법(○), 내용전달(○) : to(~하기 위하여)
주어 동사   목적어

~~To see a movie~~, I bought a ticket. ➡ 문법(○), 내용전달(○) : to(~하기 위하여)
              주어 동사   목적어

~~To see a movie~~ costs money. ➡ 문법(×), 내용전달(×) : to(~는 것)
           동사   목적어

I like ~~to see a movie.~~ ➡ 문법(○), 내용 전달(×) : to(~는 것)
주어 동사

? '~하기 위하여'의 'in order to'와 '~는 것'의 'to부정사'는 쓰이는 위치에 차이가 있다.

'in order to(~하기 위하여)'는 모든 문장의 맨 앞과 맨 뒤에 쓸 수 있는 부연설명이며 빼주어도 전체 문장의 문법이 틀리지 않는다. 반면 'to부정사 (~는 것)'는 문장에서 첫 번째 명사자리(주어)와 세 번째 명사자리(목적어)에 쓸 수 있다.

(1) I came here (in order to see you). 부연설명으로 생략 가능
  → (In order to see you), I came here. 부연설명으로 생략 가능
(2) To sing is my hobby. 주어 자리에 쓰여 생략 불가능
    주어   동사 목적어
(3) I　like　to sing. 목적어 자리에 쓰여 생략 불가능
   주어 동사 목적어

More View

'in order to+동사원형'은 빼도 문법에 영향을 주지 않기 때문에 문장의 앞과 뒤에 모두 쓸 수 있다.
(1) I opened the door. ✚ in order to enter
  → **In order to enter**, I opened the door.
  → I opened the door **in order to enter**.
(2) Some students raised their hands. ✚ in order to ask a question
  → **In order to ask a question**, some students raised their hands.
  → Some students raised their hands **in order to ask a question**.

4 언제 'in order to'를 쓰고, 언제 'in order'가 생략된 'to'를 쓸까?

(1) 평상시(casual)의 표현에서는 'in order'가 생략된 'to'만 간략하게 쓴다.
(2) 정식(formal), 공손, 강조의 의미일 때는 'in order to'를 사용한다.

More View

(1) Casual　→　I came here **to** see Dr, Lee.
    Formal → I came here **in order to** see Dr, Lee.
(2) Casual　→　**To** apologize, Susan came here.
    Formal → **In order to** apologize, Susan came here.

5 'to(~하기 위하여)'와 전치사 'for(~을 위해서)'

to와 for는 의미상 그 내용이 비슷하다. to(~하기 위해서)를 쓰면 동작이나 행동을 더 구체적으로 전달할 수 있다.

I work to help you. 나는 너를 돕기 위하여 일한다.

I work for you. 나는 너를 위해서 일한다.

More View

(1) I studied to take a pop quiz. 나는 쪽지 **시험을 치르기 위하여** 공부했다.
   → I studied for a pop quiz. 나는 **쪽지 시험을 위해서** 공부했다.
(2) I pray to wish your success. 나는 너의 **성공을 빌기 위하여** 기도한다.
   → I pray for you success. 나는 **너의 성공을 위해서** 기도한다.
(3) Jack went to the store to buy some bread. Jack은 **약간의 빵을 사기 위하여** 가게에 갔다.
   → Jack went to the store for some bread. Jack은 **약간의 빵을 위해서** 가게에 갔다.

Han's Grammar Clinic

- 'in order to'를 왜 'to'로 짧게 줄일까? ◐ 긴 표현의 반복을 피하기 위해서
- 'to(~하기 위하여)'와 'to(~는 것)'를 구별하는 방법 두 가지는? ◐ 해석과 생략
- 문장 속에서 'in order to'가 주로 쓰이는 위치는? ◐ 문장 맨 뒤와 맨 앞
- 영어로 '~하기 위하여'를 정식(Formal)으로 말하고 싶다. ◐ in order to를 쓴다
- 영어로 '~하기 위하여'를 약식(Casual)으로 말하고 싶다. ◐ to를 쓴다
- 'to(~하기 위하여)'와 전치사 'for(~을 위해서)'의 기본적인 내용은 같다. (True) False

Comprehension Quiz

 Quiz 1 영어는 반복을 싫어한다. 다음 중 영어가 반복을 싫어하기 때문에 취한 조치라고 생각되는 것은?

① In order to go there, I woke up early.   ② I sent the letter to you.
③ I am about to leave.   ④ I came to see you.

 Quiz 2 다음 문장에서 'in order to ask something'을 쓸 수 있는 자리는?

① I ② called ③ her ④ .

Answer Key Quiz 1. ④ Quiz 2. ①, ④

Step 1 | 01~04

> 앞에서 배운 예문을 기억하기 위한 연습입니다. 예문을 쓰고 외는 것이 그 문법을 내 것으로 만드는 지름길입니다.

1. 영어를 공부하는 것은 시간이 필요해요. 【해당문법 to부정사】
   _____ English needs time.

2. 우리는 영어를 공부하는 데 문제가 하나 있어요. 【해당문법 동명사】
   We have a problem in _____ English.

3. 우리는 그 사람 만날 것을 학수고대하고 있답니다. 【해당문법 동명사】
   We look forward to _____ him.

4. 그녀는 우리와 함께 갈 것에 동의했어요. 【해당문법 to부정사】
   She agreed _____ with us.

5. 나는 춤추는 것을 좋아했었어요. 【해당문법 to부정사】
   I loved _____.

6. 나는 여기서 일하는 것에 흥미가 있어요. 【해당문법 동명사】
   I am interested in _____ here.

7. 우리는 거기에 가는 것에 반대해요. 【해당문법 동명사】
   We object to _____ there.

8. 규칙적으로 식사를 하는 것은 중요해요. 【해당문법 to부정사】
   _____ food regularly is important.

9. 규칙적으로 식사를 하는 것은 중요해요. 【해당문법 동명사】
   _____ food regularly is important.

10. 매일 운동하는 것이 도움이 돼요. 【해당문법 to부정사】
    _____ every day is helpful.

11. 매일 운동하는 것이 도움이 돼요. 【해당문법 동명사】
    _____ every day is helpful.

12. 정보를 모으는 것이 너의 일이야. 【해당문법 to부정사】
    _____ the information is your job.

13. 정보를 모으는 것이 너의 일이야.
    _____ the information is your job.
    해당문법 동명사

14. 문법을 이해하는 것은 쉽고 재미있어요.
    _____ grammar is easy and interesting.
    해당문법 to부정사

15. 문법을 이해하는 것은 쉽고 재미있어요.
    _____ grammar is easy and interesting.
    해당문법 동명사

16. 샘과 나는 다음 주에 박물관 견학 가는 것에 대해서 얘기하는 중이야.
    Sam and I are talking about _____ the museum next week.
    해당문법 동명사

17. 나는 영화를 보기 위해서 표를 샀어요.
    I bought a ticket _____ a movie.
    해당문법 in order to의 약식 표현

18. 나는 들어가기 위해서 그 문을 열었어요.
    I opened the door _____.
    해당문법 in order to의 정식 표현

19. 질문을 하기 위해서, 몇 학생들은 손을 들었어요.
    _____ a question, some students raised their hands.
    해당문법 in order to의 강조+정식표현

20. 나는 그를 보기 위해서 여기에 왔어요.
    I came here _____ him.
    해당문법 in order to의 정식 표현

21. 나는 쪽지 시험을 치르기 위해서 공부를 했어.
    I studied _____ a pop quiz.
    해당문법 in order to의 약식 표현

22. 잭은 빵을 좀 사려고 가게에 갔어.
    Jack went to the store _____ some bread.
    해당문법 in order to의 약식 표현

23. 나는 그녀에게 뭐 좀 물어보려고 전화를 걸었어.
    I called her _____ something.
    해당문법 in order to의 약식 표현

24. 거기에 가기 위해서, 나는 일찍 일어났다.
    _____ there, I woke up early.
    해당문법 in order to의 약식 표현

Step 1 05 'to'의 종류

영어에는 모두 세 가지의 'to'가 있다. 지금까지 'to부정사(~는 것)'의 'to'와 'in order to(~하기 위하여)'의 'to' 두 가지를 살펴보았다. 나머지 한 가지 'to'까지 살펴보자.

Learning Goals
'to'의 세 가지 종류는 무엇일까?
세 가지 종류의 'to'를 한 문장 안에 쓸 수 있을까?
만약 한 문장 안에 세 가지 종류의 'to'를 쓸 수 있다면, 그 문장은 어떤 혜택을 받게 될까?

1 'to'의 세 가지 종류

(1) to 부정사 : '~는 것' ➡ I want to call you. 전화하는 것
(2) in order to : '~하기 위하여' ➡ I went to tell you. 말하기 위하여
(3) 전치사 : '~에, ~로' ➡ I went to church. 교회에

2 세 가지 다른 종류의 'to'를 한 문장에 쓸 수 있을까?

세 가지 서로 다른 종류의 'to'가 한 문장에 함께 쓰이면서 문장이 길어지고, 내용도 더 자세해지며, 문장의 수준 또한 높아진다.

We decided [to] visit Death Valley [to] experience the high temperature on the way
　　　　　　～는 것　　　　　　　　　　～하기 위하여

[to] Las Vegas.
～에

우리는 라스베가스에 가는 길에 높은 온도를 경험해 보기 위해서 Death Valley (죽음의 계곡)를 방문할 것을 결정했어요.

More View

(1) **나는 좋아했습니다.** → I liked.

　　나는 **가는 것을** 좋아했습니다.
　　→ I liked **to go**.

나는 Disneyland에 가는 것을 좋아했습니다.
→ I liked to go to Disneyland.

나는 불꽃놀이를 보기 위해서 Disneyland에 가는 것을 좋아했습니다.
→ I liked to go to Disneyland to see the fireworks.

(2) 우리는 시도했습니다. → We tried.

우리는 공부하는 것을 시도했습니다.
→ We tried to study.

우리는 영어 공부하는 것을 시도했습니다.
→ We tried to study English.

우리는 시험보기 위해서 영어 공부하는 것을 시도했습니다.
→ We tried to study English to take the test.

(3) 나는 약속했습니다. → I promised.

나는 갈 것을 약속했습니다.
→ I promised to go.

나는 체육관에 갈 것을 약속했습니다.
→ I promised to go to the gym.

나는 그녀와 함께 체육관에 갈 것을 약속했습니다.
→ I promised to go to the gym with her.

나는 운동하기 위해서 그녀와 함께 체육관에 갈 것을 약속했습니다.
→ I promised to go to the gym with her to exercise.

❓ 문법을 알아간다는 것 = 문장의 수준이 높아지고 있다는 것

문법은 아는데 영어를 못한다는 말은 배운 문법이 어떻게 문장 속에 들어가는지 확인하지 않아서 그렇다. 앞으로는 배운 문법으로 꼭 문장을 만들어 확인하는 습관을 기르도록 하자.

3 to부정사의 부정

'not'을 'to' 바로 앞에 붙여, to부정사의 내용만을 부정한다.

She promised to call him.	그녀는 그에게 전화할 것을 약속했다.
➡ She promised not to call him.	그녀는 그에게 전화하지 않겠다고 약속했다. : 부분부정
She promised to call him.	그녀는 그에게 전화할 것을 약속했다.
➡ She did not promise to call him.	그녀는 그에게 전화할 것을 약속하지 않았다. : 전체부정

> **More View**
>
> (1) Don't pretend **to understand**.　　　　　**이해하는** 척 하지 마라.
> 　　→ Don't pretend **not to understand**.　　**이해 못하는** 척 하지 마라.
> (2) I advised him **to invite** her.　　　　　　나는 그에게 그녀를 **초대할 것을** 조언했다.
> 　　→ I advised him **not to invite** her.　　　나는 그에게 그녀를 **초대하지 말 것을** 조언했다.

4 to부정사를 목적어로 취하는 동사

영어에서 가장 사용빈도 수가 높은 문장의 단어 배열인 '명사(주어) + 동사 + 명사(목적어) / 전치사 + 명사(전치사의 목적어)'에서 두 번째 자리에 어떤 동사가 오느냐에 따라 세 번째 위치의 목적어 자리에 'to부정사'를 쓸지, '동명사'를 쓸지 결정될 때도 있다.

★ to 부정사(~는 것)를 목적어로 자유롭게 써도 내용이 어색하지 않은 동사 그룹이 있다.

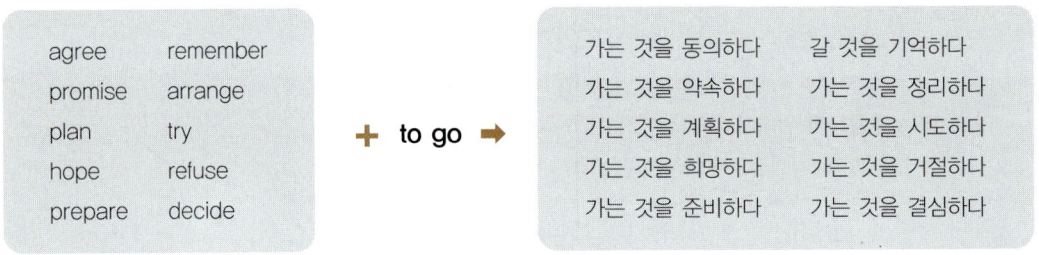

★ to 부정사(~는 것)를 목적어로 쓰면 내용이 어색해지는 동사 그룹이 있다.

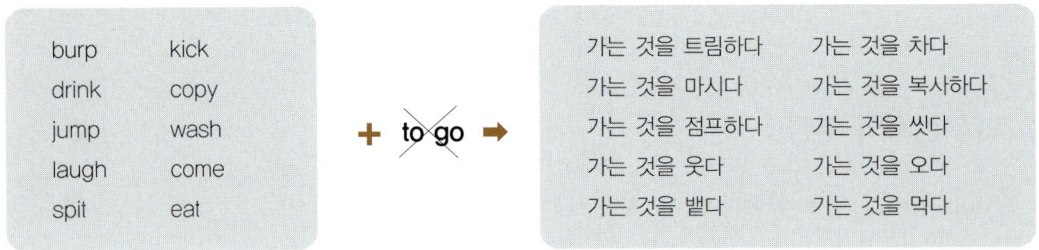

❓ to부정사(~는 것)'를 목적어로 자유롭게 쓸 수 있는 동사그룹이 생겼다. 이 그룹에 속한 동사들을 to부정사(~는 것)를 목적어로 취하는 동사라고 부른다.

advise	afford	agree	allow	arrange	ask	attempt
beg	bother	care	cause	challenge	claim	decide
demand	deserve	encourage	expect	fail	force	forget
happen	hesitate	hire	hope	instruct	learn	manage
mean	need	offer	order	persuade	plan	prepare
pretend	promise	refuse	regret	reject	remember	rush
seem	struggle	swear	teach	tell	tend	threaten
try	volunteer	wait	want	warn	wash	

More View

동사 뒤에 -ed나 -ing가 붙어서 그 모양이 바뀌어도 to부정사를 목적어로 취하는 데에는 변함이 없다.

(1) 나는 밤을 지새우기로 **결정했다**.
→ I **decided to** stay up all night.

(2) 그녀는 기말고사를 합격할 것이라고 **예상했다**.
→ She **expected to** pass the final exam.

(3) 그는 휴가 때 일본을 방문할 **계획이다**.
→ He is **planning to** visit Japan on vacation.

(4) 그는 나에게 돈을 빌려주기를 **거절했다**.
→ He **refused to** lend me money.

(5) 나는 항상 너를 위한 파티를 열고 **싶었어**.
→ I've always **wanted to** throw a party for you.

5 to 부정사를 요구하는 형용사

감정표현과 관계있는 형용사 뒤에는 to부정사(~는 것)를 자유롭게 쓸 수 있다.

glad to	proud to	shocked to	eager to
happy to	willing to	stunned to	careful to
pleased to	motivated to	sorry to	hesitant to
relieved to	ready to	sad to	reluctant to
lucky to	prepare to	upset to	afraid to
fortunate to	surprised to	disappointed to	
amazed to	astonished to	anxious to	

6 too ~ to : '~하기에는 너무 ~하다', '너무 ~해서 ~할 수 없다'

'~할 수 없는'이라는 뜻을 보면 부정어 'not'이 있을 것 같지만, too가 이미 부정의 뉘앙스를 전달하고 있으므로 'not'을 쓰지 않아도 된다.

You are too good for me to marry. – 부정의 뉘앙스
너는 내가 결혼하기에는 너무 과하다.
(너는 너무 잘나서 내가 결혼할 수 없다.)

You are very good for me to marry. – 긍정의 뉘앙스
너는 내가 결혼하기에 아주 좋다.

This is too heavy for me to lift. – 부정의 뉘앙스
이것은 내가 들기에는 너무 무겁다.
(이것은 너무 무거워서 내가 들어올릴 수 없다.)

This is very heavy for me to lift. – 긍정의 뉘앙스
이것은 내가 들어올리기에 매우 무겁다.

The test was too difficult for the students to finish in an hour. – 부정의 뉘앙스
그 시험은 1시간 안에 학생들이 끝내기에는 너무 어렵다.
(시험이 너무 어려워서 학생들이 한 시간 안에 끝마칠 수 없다.)

The test was very difficult for the students to finish in an hour. – 긍정의 뉘앙스
시험은 학생들이 한 시간 안에 끝내기에 매우 어렵다.

Han's Grammar Clinic

- 세 가지 종류의 'to'의 뜻은? ◎ ~는 것, ~하기 위하여, ~에(방향)
- to부정사(~는 것)를 모든 동사 뒤에 자유롭게 쓸 수 있다. True (False)
  ◎ 쓰면 해석이 어색해지는 것도 많이 있다
- 왜 to부정사를 목적어로 취한다고 말할까? ◎ 목적어 자리에 to부정사(~는 것)를 쓰기 때문

Comprehension Quiz

 Quiz 1 다음 각각의 문장에 쓰인 'to'의 종류는?

(1) What time do you go to school? _____
(2) To take the test is difficult. _____
(3) He works very hard to earn money. _____

 Quiz 2 다음 문장에는 세 가지의 'to'가 들어있다. 각각의 뜻을 바르게 말한 것은?

> I was in a hurry. So I decided not to stop at the gas station to fill in the gas on the way back to my office.

① ~하기 위하여, ~로, ~는 것   ② ~는 것, ~하기 위하여, ~로
③ ~로, ~하기 위하여, ~는 것   ④ ~는 것, ~하기 위하여, ~는 것

 Quiz 3 다음 문장 바로 뒤에 이어질 'to'의 내용으로 적절하지 <u>못한</u> 것은?

> I was in the trip. I followed the guide _____.
> 나는 여행 중이었습니다. 나는 가이드를 따라 갔습니다.

① to see the interesting object   ② to the camera point
③ to work   ④ not to lose the way

 Quiz 4 다음 문장 중 'to'를 정식(formal)으로 고쳐 쓸 수 있는 문장은?

① Everybody likes to play here.
② Who went to the church?
③ I came back to my seat.
④ Someone used the lope to climb.

Answer Key: Quiz 1. (1) 전치사 (2) 부정사 (3) in order to Quiz 2. ② Quiz 3. ③ Quiz 4. ④

Step 1
Memorize These Infinitives!!!

| Challenge | 다음에 제시된 **to** 부정사를 목적어로 쓸 수 있는 동사들은 반드시 기억해야 합니다. 빈칸에 철자를 넣어가면서 외우세요!

1.	~할 여유/여력이 있다	a_ford to
2.	~에 동의하다	ag_ee to
3.	~인 척하다	p_et_nd to
4.	~처럼 보이다, ~인 듯하다	se_m to
5.	~할 자격이 있다	de_er_e to
6.	~할 것을 정렬하다/배열하다/짜다	a_ran_e to
7.	~할 것을 거절하다	r_f_se to
8.	~할 것을 거절하다	re_ _ct to
9.	~할 것에 관심 두다/상관하다	ca_e to
10.	~할 것을 시도해보다	at_emp_ to
11.	~하는 것을 방해하다	b_ther to
12.	~하는 것이 일어나다/발생하다	ha_pen to
13.	~하는 경향이 있다	te_d to
14.	~하는 것을 시도하다	t_y to
15.	~할 것을 결정하다	dec_de to
16.	~할 것을 계획하다	p_an to
17.	~할 것을 제공하다	of_er to
18.	~할 것을 빌다	b_g to
19.	~할 것을 기다리다	wa_t to
20.	~할 것을 기억하다	re_emb_r to
21.	~할 것을 망설이다	hes_ _ate to
22.	~할 것을 맹세하다	s_ear to
23.	~할 것을 요청하다	as_ to
24.	~하는 것을 허우적거리다/고군분투하다	st_ugg_e to
25.	~하는 것을 배우다	lea_n to
26.	~하는 것을 희망하다	ho_e to
27.	~하는 것을 희망하다	w_sh to

28.	~하는 것을 실패하다	fa_l to
29.	~할 것을 약속하다	prom_se to
30.	~할 것을 기대하다	exp_ct to
31.	~할 것을 요청하다	c_a_m to
32.	~할 것을 (약간 부담스럽게) 요구하다	de_and to
33.	~하는 것을 원하다	wa_t to
34.	~할 것을 뜻하다/의미하다	me_n to
35.	~하는 것을 관리하다/경영하다	m_nage to
36.	~라는 것을 잊어버리다	fo_get to
37.	~할 것을 자원 봉사하다/지원하다	vo_unteer to
38.	~할 것을 준비하다	pre_are to
39.	~할 필요가 있다	nee_ to
40.	~할 것이라고 위협하다/겁주다	th_eaten to
41.	~할 것을 후회하다	regr_t to
42.	서둘러 ~하다	ru_h to
43.	그에게 ~할 원인을 제공하다	ca_se him to
44.	그에게 ~할 교육을 시키다	i_struct him to
45.	그에게 ~할 것을 가르치다	tea_h him to
46.	그에게 강제로 ~하도록 하다	forc_ him to
47.	그에게 ~할 것을 경고하다	wa_n him to
48.	그에게 ~하라고 고용하다	h_re him to
49.	그에게 ~할 것을 도전하다	cha__enge him to
50.	그에게 ~할 것을 말해주다	tel_ him to
51.	그에게 ~할 것을 명령하다/주문하다	o_der him to
52.	그에게 ~할 것을 요청하다	a_k him to
53.	그에게 ~할 것을 설득하다	pe_sua_e him to
54.	그에게 ~할 것을 기대하다	ex_ect him to
55.	그에게 ~하라고 용기를 주다	en_our_ge him to
56.	그가 ~할 것을 원하다	wan_ him to
57.	그에게 ~할 것을 충고 주다	adv_se him to
58.	그에게 ~할 것을 허락하다	al_ow him to

Step 1

Memorize These Infinitives!!!

| Check | 다음에 제시된 **to**부정사를 목적어로 쓸 수 있는 동사들은 반드시 기억해야 합니다. 생활 속에서 자주 사용되는 동사들입니다.

1. ~할 여유/여력이 있다 — afford to
2. ~에 동의하다 — agree to
3. ~인 척하다 — pretend to
4. ~처럼 보이다, ~인듯하다 — seem to
5. ~할 자격이 있다 — deserve to
6. ~할 것을 정렬하다/배열하다/짜다 — arrange to
7. ~할 것을 거절하다 — refuse to
8. ~할 것을 거절하다 — reject to
9. ~할 것에 관심 두다/상관하다 — care to
10. ~할 것을 시도해보다 — attempt to
11. ~하는 것을 방해하다 — bother to
12. ~하는 것이 일어나다/발생하다 — happen to
13. ~하는 경향이 있다 — tend to
14. ~하는 것을 시도하다 — try to
15. ~할 것을 결정하다 — decide to
16. ~할 것을 계획하다 — plan to
17. ~할 것을 제공하다 — offer to
18. ~할 것을 빌다 — beg to
19. ~할 것을 기다리다 — wait to
20. ~할 것을 기억하다 — remember to
21. ~할 것을 망설이다 — hesitate to
22. ~할 것을 맹세하다 — swear to
23. ~할 것을 요청하다 — ask to
24. ~하는 것을 허우적거리다/고군분투하다 — struggle to
25. ~하는 것을 배우다 — learn to
26. ~하는 것을 희망하다 — hope to
27. ~하는 것을 희망하다 — wish to

28.	~하는 것을 실패하다	fail to
29.	~할 것을 약속하다	promise to
30.	~할 것을 기대하다	expect to
31.	~할 것을 요청하다	claim to
32.	~할 것을 (약간 부담스럽게) 요구하다	demand to
33.	~하는 것을 원하다	want to
34.	~할 것을 뜻하다/의미하다	mean to
35.	~하는 것을 관리하다/경영하다	manage to
36.	~라는 것을 잊어버리다	forget to
37.	~할 것을 자원 봉사하다/지원하다	volunteer to
38.	~할 것을 준비하다	prepare to
39.	~할 필요가 있다	need to
40.	~할 것이라고 위협하다/겁주다	threaten to
41.	~할 것을 후회하다	regret to
42.	서둘러 ~하다	rush to
43.	그에게 ~할 원인을 제공하다	cause him to
44.	그에게 ~할 교육을 시키다	instruct him to
45.	그에게 ~할 것을 가르치다	teach him to
46.	그에게 강제로 ~하도록 하다	force him to
47.	그에게 ~할 것을 경고하다	warn him to
48.	그에게 ~하라고 고용하다	hire him to
49.	그에게 ~할 것을 도전하다	challenge him to
50.	그에게 ~할 것을 말해주다	tell him to
51.	그에게 ~할 것을 명령하다/주문하다	order him to
52.	그에게 ~할 것을 요청하다	ask him to
53.	그에게 ~할 것을 설득하다	persuade him to
54.	그에게 ~할 것을 기대하다	expect him to
55.	그에게 ~하라고 용기를 주다	encourage him to
56.	그가 ~할 것을 원하다	want him to
57.	그에게 ~할 것을 충고 주다	advise him to
58.	그에게 ~할 것을 허락하다	allow him to

Step 1

06 생활 속의 'to'

문법을 배웠다면, 배운 문법을 통해서 말 또는 글이 되는지 반드시 확인해야 한다. 확인하는 방법 중에 가장 좋은 것은 생활영어를 예문으로 외워두는 것이다.

Learning Goals   'to 부정사(~는 것)'와 'in order to(~하기 위하여)'를 활용한 생활영어 문장을 외워두자.

1 항상 쓰이는 'to + 동사원형'

I want **to buy** batteries.
나는 배터리 사기를(사**는 것**을) 원해요.

Don't pretend (**not**) **to understand**!   **Tip**   pretend ~하는 척하다
이해 (**못**)**하는** 척하지 마!
                                        Don't pretend to know. 아는 척하지 마.
                                          Don't pretend not to know. 모르는 척하지 마.

You promised **to meet** me at 7.
너는 나를 7시에 만나기로(만나**는 것**을) 약속했잖아.

I hesitated **to answer**.
나는 대답하**는 것**을 망설였다.

You should remember **to pay** before the due date.   **Tip**   due date 마감일
너는 마감일 전에 지불하**는 것**을 기억해야 한다.

I love **to go** there.
나는 거기에 가**는 것**을 좋아합니다.

We were planning **to have** a party.
우리는 파티 하**는 것**을 계획 중이었습니다.

I hope **to see** you soon.
나는 너를 곧 보기를(너 보**는 것**을) 원한다.

I forgot **to call** her. Darn!
나는 그녀에게 전화하**는 것**을 잊어버렸어요. 제기랄(귀엽게 ^^)!

Tip   darn은 damn과 같은 종류의 욕으로 damn보다 좀 약한 정도, 좀 귀여운 표현이라 할 수 있다. 여자들이 많이 사용하는 것이기도 하다. shit과 shoot도 shit이 shoot보다 좀 더 약한 정도를 나타낸다.

Do you want **to go** to the restaurant? 너는 그 식당에 가기를(가**는 것**을) 원하니?

What do you want **to have/eat**?
너 뭐 먹기를(먹는 것을) 원하니?

People waited **to see** Leonardo Dicaprio.
　　　　　　(=in order to see)
사람들은 Leonardo Dicaprio를 **보기 위해서** 기다렸습니다.

I studied so hard **in order to get** a scholarship.　Tip　강조의 의미, Formal
나는 장학금을 **받기 위해서** 아주 열심히 공부했습니다.
I studied so hard ~~in order~~ **to get** a scholarship.　Tip　casual

In order to get there early, I drove 9 hours a day.
거기에 일찍 **도착하기 위해서**, 나는 하루에 9시간을 운전했습니다.

I went out **in order to see** what was happening.
나는 무슨 일이 일어나고 있는지 **보기 위해서** 밖으로 나갔습니다.

Well, I came here **in order to apologize**.
저어, 나는 **사과하기 위해서** 여기에 왔습니다.

Comprehension Quiz

Quiz 1 다음 빈칸에 들어갈 'to'가 쓰인 말 중 내용상 적절하지 <u>못한</u> 것은?

　　　Sam called me _____.

① to talk about the meeting
② to apologize for the meeting
③ to ask about the meeting
④ to sleep for the meeting

Quiz 2 다음 빈칸에 들어갈 'to'가 쓰인 말 중 내용상 적절하지 <u>못한</u> 것은?

　　　We underlined the sentences _____.

① to forget　　　　② to memorize
③ to show　　　　 ④ to stress

Answer Key Quiz 1. ④ Quiz 2. ①

07 지각동사(Perception Verb)

생명 유지에 결정적인 역할을 하는 동사들이 문장에서 어떻게 쓰이는지 살펴보자.

Learning Goals 생명유지에 직접적인 영향을 미치는 동사에게 어떤 이름을 붙여주었을까?
영어에서 '지각동사'를 강조하기 위해 사용하는 방법은 무엇일까?

1 지각동사(Perception Verb)의 정의

생명을 유지, 발전시키기 위해서는 주변에서 일어나는 일을 지각 – **see**(보고), **hear**(듣고), **feel**(느끼고), **smell**(냄새맡고) – 할 수 있어야 한다. 이러한 지각(Perception)기능과 연관된 동사들을 지각(Perception)동사라고 하고 문법상 특별 취급한다.

2 영어에서는 어떻게 강조(특별 취급)할까?

문법의 정확성을 생명처럼 여기는 영어가 의도적으로 문법적 오류를 만들어서 강조하고 싶은 부분을 눈에 띄게 한다. 명령문이 대표적인 하나의 예라고 할 수 있다.

You should study.	➡ Study!
You should come here on time.	➡ Come here on time!
You call him.	➡ Call him!

글을 짧고 간략하게 만들어 눈에 띄게 해주기 위해서 주어를 생략했다. 명령문은 모든 문장에 주어가 있어야 한다는 규칙을 지키지 않고 있는 것이다.

3 어떻게 지각동사를 강조(특별 취급)할까?

지각동사를 강조하기 위해 의도적으로 문법적인 실수를 만든다.

I see him ~~to~~ drive. 나는 그가 운전하는 것을 본다.

- '~는 것' 이라는 해석을 할 수 없도록 'to'를 빼서 일부러 문법을 틀린다.
- to (~는 것)를 빼주는 이유는 문장 속에 있는 다른 단어들에 비해서 빼주어도 전체 내용을 이해하는 데 큰 무리가 없기 때문이다.

Tip 지각(Perception)동사가 문장에서 사용되고 있다는 것을 알게 하기 위해서는 지각동사가 사용된 문장은 눈에 띄게 할 수 있는 방법을 택해야 한다. 문법의 정확성을 생명처럼 여기는 영어권 사람들의 시선을 끌 수 있는 방법은 과감히 문법을 틀리는 방법이라고 할 수 있다.

More View

(1) She heard him **to sing**. 내용상 필요한 단어를 모두 사용한 문장
 → She heard him **sing**. 지각동사를 강조하기 위한 의도적인 문법적 실수
(2) We saw Jenny **to run** down the street. 내용상 필요한 단어를 모두 사용한 문장
 → We saw Jenny **run** down the street. 지각동사를 강조하기 위한 의도적인 문법적 실수

4 지각동사 뒤에 '동사 원형'을 쓸 때와 '~ing(현재분사)'를 쓸 때의 해석 차이

'~ing(현재분사)'를 쓴 쪽이 진행의 색깔이 더 강해진다. 단, ~ing를 쓰면 see, hear, feel, smell을 더 이상 지각동사가 아닌 일반동사로 보겠다는 뜻이 된다.

She heard him sing.	그녀는 그가 노래 부르는 것을 들었다. : 처음부터 끝까지 모두 들음
She heard him singing.	그녀는 그가 노래 부르고 있는 것을 들었다. : 잠깐 들음
I saw them drive.	나는 그들이 운전하는 것을 보았다. : 처음부터 끝까지 봄
I saw them driving.	나는 그들이 운전하고 있는 것을 보았다. : 잠깐 봄

Han's Grammar Clinic

• 'I saw him work.'에서 지각동사 'saw'를 빼고, 일반 동사 'check'를 쓸 수 있나요? 이유는?
  ○ 쓸 수 없다. check는 지각동사가 아니기 때문이다.
    work 앞에 to를 써서 to work로 바꾸어 주면 일반동사 check를 쓸 수 있다.
• 'I saw him working.'에서 지각동사 'saw'를 빼고, 일반 동사 'check'를 쓸 수 있나요? 이유는?
  ○ 쓸 수 있다. working은 saw가 check로 바뀌어도 그 모양이 변하지 않기 때문이다.

Comprehension Quiz

Quiz 1 다음 문장 중 <u>틀린</u> 문장은?
① The driver heard another car to come.
② My friend saw me study.
③ The man saw the dog jumping.
④ I smelled something burning.

Answer Key Quiz 1. ①

08 사역동사 (Causative Verb)

왜 사역동사라고 굳이 이름을 붙여야 했을까? 왜냐하면 노동에 대한 우리의 생각과 영어권 사람들의 생각이 다른 데서 나온 말이기 때문이다. 생각이 어떻게 다른지 살펴보자.

Learning Goals
일을 시키고, 받는 의미의 노동에 관련된 사역동사에는 어떤 단어들이 있을까?
영어에서 '사역동사'를 강조하기 위해 사용하는 방법은 무엇일까?
사역동사는 주종의 관계를 느끼게 하기 때문에 사람들 사이에 잘 사용하지 않는다. 이를 대체하는 단어들은 무엇일까?

1 사역동사(Causative Verb)의 정의

네 개의 동사 중 일을 시키고, 일을 받는 노동과 관련된 동사를 살펴보자.
(1) play, climb, eat, <u>make</u>   ➡ make
(2) meet, sleep, lend, <u>have</u>   ➡ have
(3) say, answer, love, <u>let</u>   ➡ let

Tip 동사 make, have, let은 다른 일반 동사가 가지고 있지 않은 '일을 시키다', '~하게 만들다'라는 뜻을 가지고 있다. make, have, let은 노동과 관련된 단어로 노동단어라고 부른다. 노동이라는 단어에서 느껴지는 부담감을 줄이기 위해서 일을 시킨다는 의미의 단어인 사역으로 대신해 사역동사라고 불리게 되었다.

노동을 신성하게 여기는 영어권 사람들이 노동과 관련된 단어를 그냥 지나칠 리가 없다. 일을 시키고, 일을 받는 사역(Causative)과 관련된 단어에 특별한 관심을 가지고 반드시 강조(특별 취급)한다.

2 영어에서는 어떻게 강조(특별 취급) 할까?

문법의 정확성을 생명처럼 여기는 영어가 의도적으로 문법을 틀려서 강조하고 싶은 부분을 눈에 띄게 한다. 앞에서도 얘기했듯이 명령문이 대표적인 하나의 예라고 할 수 있다.

You should study.   ➡ Study!
You should come here on time. ➡ Come here on time!
You call him.   ➡ Call him!

글을 짧고, 간략하게 만들어 눈에 띄게 해주기 위해서 주어를 생략했다. 명령문은 '모든 문장은 주어가 있어야 한다' 는 규칙을 지키지 않으므로써 강조의 효과를 보는 말이다.

3 어떻게 사역동사를 강조(특별 취급)할까?

Tip 사역(Causative)동사가 문장에서 사용되고 있다는 것을 알게 하기 위해서는 사역동사가 들어있는 문장을 눈에 띄게 할 수 있는 방법을 택해야 한다. 문법의 정확성을 생명처럼 여기는 영어권 사람들의 시선을 끌 수 있는 방법은 과감히 문법을 틀리는 것이다.

사역동사를 강조하기 위해 의도적으로 문법적인 실수를 만든다.

I have them ~~to~~ drive. 나는 그들이 운전하도록 시켰다.

- '~도록' 이라는 해석을 할 수 없도록 'to' 를 빼서 일부러 문법을 틀린다.
- to(~는 것)를 빼는 이유는 문장 속에 있는 다른 단어들에 비해서 빼주어도 전체 내용을 이해하는 데 지장이 거의 없기 때문이다.

More View

(1) She made him **to go**. 내용상 필요한 단어를 모두 사용한 문장
   → She made him **go**. 사역동사를 강조하기 위한 의도적인 문법적 실수

(2) We let Jenny **to finish** her speech. 내용상 필요한 단어를 모두 사용한 문장
   → We let Jenny **finish** her speech. 사역동사를 강조하기 위한 의도적인 문법적 실수

(3) I make my dog **to go** to the restroom after meal. 내용상 필요한 단어를 모두 사용한 문장
   → I make my dog **go** to the restroom after meal. 사역동사를 강조하기 위한 의도적인 문법적 실수

(4) To take a rest, she let the answering machine **to take** the message.
   내용상 필요한 단어를 모두 사용한 문장
   → To take a rest, she let the answering machine **take** the message.
      사역동사를 강조하기 위한 의도적인 문법적 실수

(5) The teacher had the students **to read** two English books to make them to pass the test.
   내용상 필요한 단어를 모두 사용한 문장
   → The teacher had the students **read** two English books to make them pass the test.
      사역동사를 강조하기 위한 의도적인 문법적 실수

4 왜 사역동사를 사람들 사이에 사용하지 않을까?

(1) 일을 시키고, 일을 받는 사역동사는 주종 관계를 느끼게 하기 때문에 사람들 사이에는 잘 사용하지 않는다. 평등을 강조하는 오늘날의 현실에 맞지 않기 때문이다.

More View

누구의 지위가 더 높은 것처럼 느껴지는지 살펴보자.

(1) ⬚Jack⬚ **made** Cindy type the paper.

(2) ⬚Cindy⬚ **made** Jack clean the room.

(3) ⬚I⬚ **have** the students study after class.

(4) ⬚The students⬚ **have** us stay in the class.

(5) ⬚My father⬚ **let** me drive.

(6) ⬚I⬚ **let** Jim use the phone.

Tip 여성과 남성을 구분하던 말들이 평등을 강조하는 현실에 따라 바뀐 단어들
a police**man** → a police *officer*   a fire**man** → a fire *fighter*
a steward**ess** → a flight *attendant*   a chair**man** → a chair*person*

(2) 지위의 높고 낮음을 느끼게 하는 사역동사 대신에 일반동사를 써서 말하면 된다.

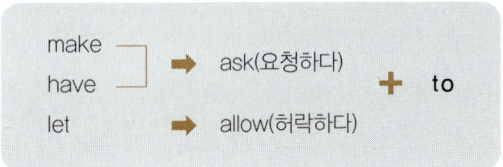

More View

(1) Jack **made** Cindy ⬚type⬚ the paper.
   → Jack **asked** Cindy ⬚to type⬚ the paper.

(2) Cindy **made** Jack ⬚clean⬚ the room.
   → Cindy **asked** Jack ⬚to clean⬚ the room.

(3) I **have** the students ⬚study⬚ after class.
   → I **asked** the students ⬚to study⬚ after class.

(4) The students **have** us ⬚stay⬚ in the class.
   → The students **asked** us ⬚to stay⬚ in the class.

(5) My father **let** me ⬚drive⬚.
   → My father **allowed** me ⬚to drive⬚.

(6) I **let** Jim ⬚use⬚ the phone.
   → I **allowed** Jim ⬚to use⬚ the phone.

5 사역동사 'help'

help는 일반동사로도 쓸 수 있고 사역동사로도 쓸 수 있다.

(1) The teacher　helped　me **study** English.
　　그 선생님은 내가 영어를 **공부하도록 도와주셨다**.
　　➡ 동사 'help'가 사역동사로 쓰일 때는 뒤에 동사원형이 온다.

(2) The teacher　helped　me **to study** English.
　　그 선생님은 내가 영어를 **공부하는 것을 도와주셨다**.
　　➡ 동사 'help'가 일반동사로 쓰일 때는 뒤에 to부정사(~는 것)를 쓴다.

Han's Grammar Clinic

- 사역동사 'make'와 'have'를 사람들 사이에 잘 사용하지 않는 이유는? ○ 주종의 관계를 느끼게 하기 때문
- 사역동사 'make'와 'have'를 사람들 사이에 잘 쓰지 않는 대신 사용하는 단어는? ○ ask ~ to
- 사역동사 'let'을 사람들 사이에 잘 쓰지 않는 대신 사용하는 단어는? ○ allow ~ to

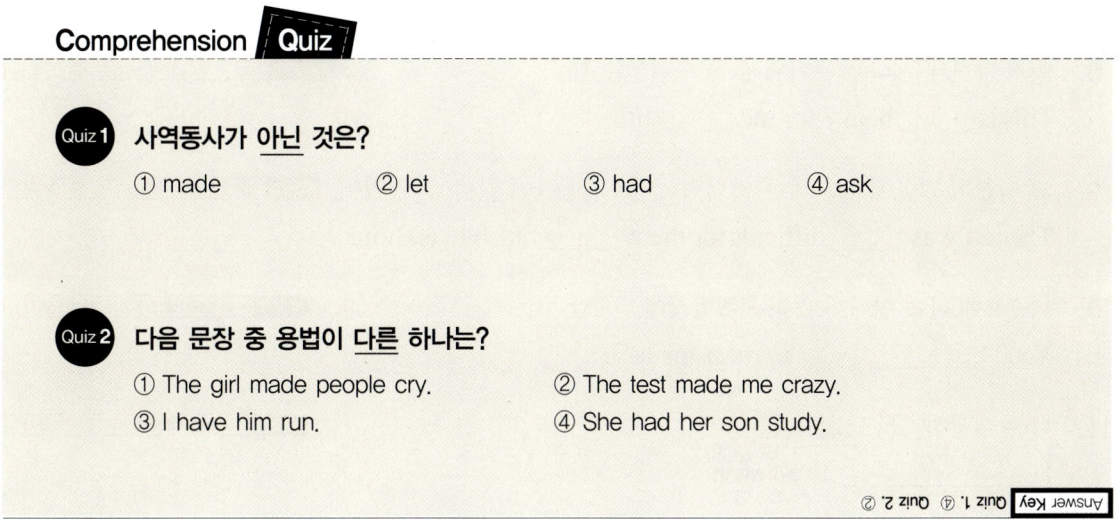

Comprehension Quiz

Quiz 1 사역동사가 <u>아닌</u> 것은?
① made　　② let　　③ had　　④ ask

Quiz 2 다음 문장 중 용법이 <u>다른</u> 하나는?
① The girl made people cry.　　② The test made me crazy.
③ I have him run.　　④ She had her son study.

Answer Key: Quiz 1. ④　Quiz 2. ②

Step 1 | **05~08**

> 앞에서 배운 예문을 기억하기 위한 연습입니다. 예문을 쓰고 외우고 있는 것이 그 문법을 내 것으로 만드는 지름길입니다.

1. 우리는 라스베가스에 가는 길에 높은 온도를 경험해 보기 위해서 Death Valley(죽음의 계곡)를 방문해 볼 것을 결정했다.
   We decided _____ visit Death Valley _____ experience the high temperature on the way _____ Las Vegas.
   해당문법 세 가지 종류의 to

2. 나는 불꽃놀이를 보기 위해서 디즈니랜드에 가는 것을 좋아한다.
   I like _____ go _____ Disneyland _____ see the fireworks.
   해당문법 세 가지 종류의 to

3. 나는 그녀와 함께 운동하기 위해서 체육관에 갈 것을 약속했다.
   I promised _____ go _____ the gym with her _____ exercise.
   해당문법 세 가지 종류의 to

4. 이해 못한 것처럼 굴지마!
   Don't pretend _____ to understand!
   해당문법 to부정사의 부정

5. 나는 밤새기로 결정했어.
   I _____ to stay up all night.
   해당문법 to부정사를 목적어로 취하는 동사

6. 그녀는 최종시험에 통과할 거라고 기대했어.
   She _____ to pass the final exam.
   해당문법 to부정사를 목적어로 취하는 동사

7. 그는 방학 때 일본에 갈 계획을 세우고 있어.
   He is _____ to go to Japan on vacation.
   해당문법 to부정사를 목적어로 취하는 동사

8. 이거 나한테는 너무 무거워서 들 수가 없는데.
   This is _____ heavy for me _____ lift.
   해당문법 too ~ to : 너무 ~해서 ~할 수 없다

9. 그 시험이 그들에게는 너무 어려워서 한 시간 안에 끝낼 수 없었어.
   The test was _____ difficult for them _____ finish in an hour.
   해당문법 too ~ to : 너무 ~해서 ~할 수 없다

10. 너 7시에 나를 만나기로 약속했었잖아.
    You _____ to meet me at 7.
    해당문법 to부정사를 목적어로 취하는 동사

11. 나는 대답하기를 망설였다.
    I _____ to answer.
    해당문법 to부정사를 목적어로 취하는 동사

12. 나는 곧 너를 보기를 희망해.　　　　　　　　　　　해당문법　to부정사를 목적어로 취하는 동사
    I _____ to see you soon.

13. 나는 그녀에게 전화하는 것을 깜빡했어.　　　　　　해당문법　to부정사를 목적어로 취하는 동사
    I _____ to call her.

14. 나는 무슨 일이 일어나고 있는지 보기위해서 밖으로 나갔다.　해당문법　in order to : ~하기 위하여
    I went out _____ see what was happening.

15. 나는 그가 운전하는 것을 본다.　　　　　　　　　　해당문법　지각동사가 있는 문장 속에 동사원형쓰기
    I see him _____.

16. 나는 그가 운전하고 있는 중인 것을 봤어.　　　　　해당문법　지각동사가 있는 문장 속에 ~ing 쓰기
    I saw him _____.

17. 그녀는 그가 노래하는 것을 들었어.　　　　　　　　해당문법　지각동사가 있는 문장 속에 동사원형쓰기
    She heard him _____.

18. 그녀는 그가 노래하고 있는 중인 것을 들었어.　　　해당문법　지각동사가 있는 문장 속에 ~ing 쓰기
    She heard him _____.

19. 우리는 Jenny가 길 아래로 뛰어가는 것을 보았다.　해당문법　지각동사가 있는 문장 속에 동사원형쓰기
    We saw Jenny _____ down the street.

20. 나는 그들이 운전하도록 시켰다.　　　　　　　　　　해당문법　사역동사가 있는 문장 속에 동사원형쓰기
    I have them _____.

21. 그녀가 그를 가도록 만들었다.　　　　　　　　　　　해당문법　사역동사가 있는 문장 속에 동사원형쓰기
    She made him _____.

22. 우리는 Jenny가 말하는 것을 끝내도록 놔뒀어.　　해당문법　사역동사가 있는 문장 속에 동사원형쓰기
    We let Jenny _____ her speech.

23. 나는 학생들이 방과 후에도 공부하도록 시켰어.　　해당문법　사역동사가 있는 문장 속에 동사원형쓰기
    I have the students _____ after class.

09 가주어 'it'을 쓰는 이유

모든 영어 문법의 이름에는 그렇게 불리게 된 배경이 있는 것처럼 가주어 'It'도 '가주어'로 이름 붙여진 이유가 있다. 그 이유를 살펴보자.

Learning Goals 긴 'to 부정사'를 '동명사'로 바꿔도 계속 남게 되는 문제점은 무엇일까?
가주어가 갖추어야 할 두 가지 조건은 무엇일까?

1 'to부정사' 주어와 '동명사' 주어에 문제점이 있다?

<u>To find the necessary tool for the work</u> is important.
　　　　　주어　　　　　　　　　　동사

<u>Finding the necessary tool for the work</u> is important.
　　　　　주어　　　　　　　　　　동사

문장의 시작을 알리는 첫 번째 단어, 즉 주어는 짧고, 간단하고, 눈에 잘 들어오는 것이 좋다. 동명사를 주어로 쓴 'Finding the necessary tool for the work'는 to부정사를 주어로 쓴 'To find the necessary tool for the work'에 비해 짧기는 하지만, 많이 줄어들었다고 할 수 없다. to부정사와 동명사 주어를 대신할 더 짧고, 더 간단하고, 더 눈에 잘 들어오는 다른 단어가 필요하다.

2 가주어로써 It을 선택하는 데 요구되는 두 가지 조건

(1) to부정사 주어나 동명사 주어보다 짧고 간단해야 한다.

(2) 진짜 주어를 대신해서 쓰는 가짜 주어이므로 자체 뜻이 없어야 한다. 만일 가짜 주어가 뜻을 가지고 있다면, 한 문장 안에 서로 다른 뜻을 가진 주어가 두 개가 되어 혼돈이 된다.

3 짧고 간단한 주어 찾기

영어에서 가장 짧고, 간단한 단어들을 몇 개 살펴보자.

I	a	one	It	he
(나)	(하나)	(하나)	(그것)	(그)

모두 사전적으로 자신의 뜻을 가지고 있다. 그러나 'It'은 사전적으로는 '그것'이라는 자신의 뜻이 있지만, 문장 안에서 쓰일 때 종종 해석할 뜻이 없어지기도 한다. 날씨, 시간, 요일, 거리 등에 사용할 때는 그 뜻을 해석할 필요가 없어진다.

It	is	fine	today.	오늘 날씨가 좋다.
(해석 ×)	(~이다)	(날씨가 좋은)	(오늘)	
It	is	2 o'lock	now.	지금 두시야.
(해석 ×)	(~이다)	(2시)	(지금)	
It	is	Friday	today.	오늘 금요일인데.
(해석 ×)	(~이다)	(금요일)	(오늘)	

● 해석이 되지 않고 자리만 차지하는 주어를 '비인칭 주어'라고 한다.

4 짧고 간단한 주어 'It'의 이름

to부정사나 동명사가 주어 자리를 'It'이라는 단어에 양보하고 뒤로 물러날 때, 이 It을 가주어(가짜 주어)라고 부른다. 가주어를 쓰는 이유는 문장의 시작을 알리는 첫 번째 단어 즉, 주어를 눈에 띄기 쉽게 하기 위해서이다.

· <u>To find the necessary tool for the work</u> is important.
            to 부정사 주어   동사

= It is important | to find the necessary tool for the work |.
  가주어 동사   진주어

· <u>Finding the necessary tool for the work</u> is important.
       동명사 주어   동사

= It is important | finding the necessary tool for the work |. (동명사가 진주어로 쓰일 때는 강조가 된다.)
  가주어 동사   진주어

More View

(1) **To have dinner in the restaurant** is expensive. to부정사 주어
    =**Having dinner in the restaurant** is expensive. 동명사 주어
    =**It** is expensive | to have dinner in the restaurant |. 가주어 it

(2) **To attend every class** is important. to부정사 주어
    =**Attending every class** is important. 동명사 주어
    =**It** is important | to attend every class |. 가주어 it

(3) Not to miss the class for three months is difficult. to부정사 주어
   =Not missing the class for three months is difficult. 동명사 주어
   =It is difficult not to miss the class for three months . 가주어 it

(4) To take the Social science course is mandatory. to부정사 주어
   =Taking the Social science course is mandatory. 동명사 주어
   =It is mandatory to take the Social science course . 가주어 it

(5) To have a holiday in Guam costs some money. to부정사 주어
   =Having a holiday in Guam costs some money. 동명사 주어
   =It costs some money to have a holiday in Guam . 가주어 it

Han's Grammar Clinic

• 가주어로서 'It'을 쓰게 된 이유 2가지는?
   ◎ ❶ 짧다 ❷ 가주어로 쓸 경우 해석하지 않으므로 진주어와 혼돈되지 않는다.
• 해석할 뜻이 없는 'It'이 주어로 쓰인 문장을 쓰시오. ◎ It is fine today.
                                              ◎ It is 2 o'clock now.
                                              ◎ It is Monday today.

Comprehension Quiz

 다음 문장에서 진짜 주어(진주어)는?

1It 2was 3my job 4to sell the new item to other countries.

① 1   ② 2   ③ 3   ④ 4

 다음 문장을 가주어 'It'을 써서 바르게 고친 것은?

To think about her every night is painful.

① It is painful thinking about her every night.
② It was painful to think about her every night.
③ It is painful to think about her every night.
④ It was painful thinking about her every night.

Answer Key Quiz 1. ④ Quiz 2. ③

Quiz 3 to부정사를 주어로 쓰면 주어가 길어지는 문제를 해결하기 위해서 영어에서 일차적으로 취하는 조치는?

① 동명사로 바꾼다
② to부정사에서 to를 생략한다
③ 다른 짧은 단어를 쓴다
④ to부정사를 부정한다

 Quiz 4 가주어 It을 쓰게 된 배경 중에는 It이 문장 속에서 뜻이 모호하거나 해석할 뜻이 없을 때가 있기 때문이다. 다음 문장 중 해석할 뜻이 없는 It은?

① It is not mine.
② It was perfect.
③ It is Friday today.
④ It will be okay.

 Quiz 5 'To access to the computer lab during the night time is restricted by the school policy.'를 가주어 'It'을 써서 고치시오.

 Quiz 6 모두 같은 내용의 문장들이 그룹으로 묶여있다. 주어를 줄이는 과정에서 내용이 달라진 그룹은?

① Having the English conversation with natives was important.
　To have the English conversation with natives was important.
　It is important to have the English conversation with natives.
② To drive a car fast is dangerous.
　Driving a car fast is dangerous.
　It is dangerous to drive the car fast.
③ It is difficult to type 10 pages in 5 minutes.
　Typing 10 pages in 5 minutes is difficult.
　To type 10 pages in 5 minutes is difficult.
④ To go hiking on weekend is exciting.
　It is exciting to go hiking on weekend.
　Going hiking on weekend is exciting.

Answer Key Quiz 3. ① Quiz 4. ③ Quiz 5. It is restricted by the school policy to access to the computer lab during the night time. Quiz 6. ①

Step 1

10 특별하기 때문에 뒤로 넘어가는 동명사

가주어 'It'을 씀으로써 주어로 쓰인 'to부정사'와 '동명사'를 뒤로 보내는데, 둘 다 보낼까? 어떻게 할까?

Learning Goals
가주어 'It' 다음에는 'to 부정사'가 올까, '동명사'가 올까?
가주어 'It' 다음에 '동명사'가 온다면, 어떤 상황일까?
Package Grammar에는 어떤 것이 있을까?

1 가주어 'It' 뒤에 진주어로 'to부정사'를 쓸까? '동명사'를 쓸까?

to부정사가 주어로 쓰인 문장에서 주어가 길어 동명사를 써서 주어를 줄였지만 그다지 줄어들지 않을 때 가주어 It을 사용해서 확실하게 주어를 줄인다. 그런데 to부정사를 뒤로 돌릴까? 동명사를 뒤로 돌릴까? 고민할 필요 없다. to부정사와 동명사 모두 뒤로 돌릴 수 있다.

<u>To save some money for the future</u> is important.
       to 부정사 주어

= <u>Saving some money for the future</u> is important.
     동명사 주어

= <u>It</u> is important + ┌ to save some money for the future. (일반적)
  가주어   └ saving some money for the future. (강조)

2 가주어 It + ~ [to부정사 / 동명사]

(1) 가주어 It + ~ to부정사 : 일반적이고, 상식적인 상황을 나타낸다.

It is important to exercise everyday.
매일 운동하는 것은 중요하다.

(2) 가주어 It + ~ 동명사 : 자주 일어나지 않는 특이하고, 특별한 상황을 나타낸다.

It is unnatural earning one million dollars for nothing.
공짜로 백만불을 버는 것은 흔한 일이 아니다.

More View

일반적으로 잘 일어나지 않는 상황을 강조해서 말하기 위해 동명사를 진주어로 쓸 수 있다.

(1) In the movie theater, I saw my ex-boyfriend.
   To see my ex-boyfriend is uncomfortable.
   =Seeing my ex-boyfriend is uncomfortable.
   =**It** is uncomfortable **seeing** my ex-boyfriend.

(2) I ran into her seven times in Los Angeles, New York, Ontario, Tokyo, and Seoul.
   To meet her seven times in different places wondered me.
   =Meeting her seven times in different places wondered me.
   =**It** wondered me **meeting** her seven times in different places.

Han's Grammar Clinic

- to부정사와 동명사 중 가주어 It을 쓰고 뒤로 돌릴 수 있는 것은? ⓞ 둘 다
- to부정사와 동명사 중 무엇을 택할지를 정하는 기준은? ⓞ 일반적인 상황인가 특이한 상황인가에 따라 달라진다.
- 실생활에서는 가주어 It을 쓴 다음에 to부정사와 동명사 중 어떤 것을 많이 쓸까? ⓞ to부정사
- to부정사가 없었더라면 동명사도 없었을 가능성이 크다. True False
- to부정사와 동명사가 없었더라면 가주어 It이 없었을 가능성이 크다. ⓣrue False
- 세 가지 문법 to부정사, 동명사, 가주어 It은 하나의 연결되어 있는 문법이다. ⓣrue False

Comprehension Quiz

Quiz 1 다음 문장 중 말하는 사람이 강조해서 말하고 있는 것은?

> A. It is important to save money for the future.
> B. It is important saving money for the future.

① B   ② A   ③ A, B   ④ 둘 다 아니다

Quiz 2 다음 문장 중 어느 문장이 실생활에서 더 자주 쓰일까?

> A. It is easy to travel other places in these days.
> B. It is easy traveling other places in these days.

① B   ② A
③ A, B   ④ 내용상 중요한 것을 많이 쓴다

Answer Key: Quiz 1. ① Quiz 2. ②

Step 1

11 동명사의 활용

'to부정사'의 단점을 보완하기 위해 만들어진 '동명사'는 무엇인지, 어디에 쓰이는지, 어떻게 써야 제대로 쓰는 것인지 살펴보자.

Learning Goals
'동명사'라는 이름에서 유추할 수 있는 두 가지 성격은 무엇일까?
'동명사'는 동사가 명사처럼 변했지만 본래 동사의 성질을 가지고 있다. 동사의 성질이란 무엇인가?

1 동명사의 정의

동명사는 동사의 기본형에 '~는 것'이라는 의미의 '-ing'를 붙여 명사로 활용하기 위해 동사를 명사화시킨 것이다.

동사		명사화
give 주다		giving 주는 것
fix 고치다	→	fixing 고치는 것
read 읽다		reading 읽는 것

2 동명사의 성격

동명사는 단순히 명사로만 쓰이는 것이 아니라 동사로서의 성질도 그대로 가지고 있어 목적어를 취할 수 있다.

(1) Follow the dog!

- 'Follow'가 동사인 두 가지 증거
  '따라가다'라는 동작을 나타내므로 동사이다.
  'the dog'라는 목적어를 뒤에 가지고 있으므로 동사이다.

  명사 + 동사 + 명사   /   전치사 + 명사
  　　　　Follow 　　the dog!

(2) Following the dog is fun.

- 'Following'이 명사인 증거

    동사 'is' 앞에 주어로 쓰였으므로 명사이다.

    | 명사 | + | 동사 | + | 명사 / 형용사 | / | 전치사 | + | 명사 |
    Following the dog   is   fun.

- 'Following'이 동사인 증거

    'the dog'라는 목적어를 뒤에 가지고 있으므로 동사이다.

    | 명사 | + | 동사 | + | 명사 / 형용사 | / | 전치사 | + | 명사 |
    Following the dog   is   fun.

❓ 동명사는 100% 동사이고, 100% 명사이다. 즉, 동명사는 문장의 주어로도 쓰이고 동사처럼 목적어를 가질 수도 있다.

❓ 문장에서 동명사를 썼다면 이 세 자리 중 한 자리에 쓰인다.
  (1) Watching / Seeing is believing. → 주어(~는 것은, 는, 이, 가)로 쓰임
  (2) I like watching baseball games. → 동사의 목적어(~는 것을)로 쓰임
  (3) We talked about watching baseball games. → 전치사 뒤에서 전치사의 목적어로 쓰임

More View

(1) **Studying English** is important.
  → 'studying'이 명사인 증거: 동사 'is' 앞에 주어로 쓰였으므로 명사이다.
  → 'studying'이 동사인 증거: 'English'라는 목적어를 뒤에 가지고 있으므로 동사이다.
  → **To study English** is important.라고 말하면 동명사일 때보다 주어를 강조한 것이라고 보면된다.

(2) **Reading novels** enhances our knowledge.
  → 'Reading'이 명사인 증거: 동사 'enhances' 앞에 주어로 쓰였으므로 명사이다.
  → 'Reading'이 동사인 증거: 'novels'라는 목적어를 뒤에 가지고 있으므로 동사이다.
  → **To read novels** enhances our knowledge.라고 말하면 동명사일 때보다 주어를 강조한 것이라고 보면된다.

(3) **Giving money** helps other people.
  → 'Giving'이 명사인 증거: 동사 'help' 앞에 주어로 쓰였으므로 명사이다.
  → 'Giving'이 동사인 증거: 'money'라는 명사(목적어)를 뒤에 가지고 있으므로 동사이다.
  → **To give money** helps other people.라고 말하면 동명사일 때보다 주어를 강조한 것이라고 보면된다.

Han's Grammar Clinic

- 동사에 '-ing'를 붙이면 명사처럼 쓸 수 있다. 이때 동사의 성격을 완전히 잊어버린다. True (False)
- 동사의 기본적인 성질이란? ◎ 목적어를 가진다.
- 동명사라는 문법이 생기도록 원인을 제공했던 to부정사도 목적어를 뒤에 가진다. 다시 말해 목적어를 취할 수 있다. (True) False

Comprehension Quiz

 다음 문장 중 동명사가 쓰이지 <u>않은</u> 것은?

① They are proud of getting an "A" on the math test.
② Getting an "A" on the math test is difficult.
③ I like getting an "A" on the math test.
④ Students are getting an "A" on the math test.

 다음 문장을 가장 자연스럽게 고친 것은?

> Finishing was difficult, but I did it nicely.

① To finish was difficult, but I did it nicely.
② Finishing the homework was difficult, but I did it nicely.
③ It was difficult to finish the homework, but I did it nicely.
④ To finish the homework was difficult, but I did it nicely.

Quiz 3 다음 문장 중 문장의 주어를 강조한 것은?

① Attending school on time is very important.
② To attend school on time is very important.
③ It is very important to attend school on time.
④ It is very important attending school on time.

 Quiz 4 'Making soap is my habit.'에서 'Making'이 동명사라는 것을 알게 해주는 두 가지 증거는?

 Quiz 5 다음 문장에는 '-ing'가 쓰인 단어가 세 개 있다. 각각의 문법 이름을 바르게 말한 것은?

> In our **1**living, **2**seeing is **3**believing.

① 1-동명사 2-동명사 3-동명사
② 1-분 사 2-동명사 3-형용사
③ 1-동명사 2-부 사 3-동명사
④ 1-분 사 2-분 사 3-동명사

 Quiz 6 다음 문장은 어색한 문장이다. 왜 그럴까?

> Checking is the most important part before jumping.

① 동명사를 쓴 주어를 to부정사로 바꾸지 않았기 때문에
② 가주어 It을 써서 주어를 줄이지 않았기 때문에
③ 주어를 일반 명사로 쓰지 않았기 때문에
④ 동명사 뒤에 목적어 명사를 쓰지 않았기 때문에

Answer Key Quiz 1. ④ Quiz 2. ② Quiz 3. ② Quiz 4. 동사 원래 주어를 쓰지 않았고, soap의 목적어(명사)를 뒤에 가지고 있다. Quiz 5. ① Quiz 6. ④

12 말이 쉬워지고, 글이 편해지는 소유격

소유격 뒤에 동명사를 쓰면 얼마나 영어를 길게 쓸 수 있는지 살펴보자.

Learning Goals '소유격' 다음에 올 수 있는 것은 무엇일까?
한국어가 모국어인 사람들이 '소유격'을 잘 쓰지 못하는 이유는 무엇일까?

1 소유격의 정의

(1) '무엇인가를 소유한다/가진다' 는 의미가 있다.

(2) 소유격 뒤에는 명사가 쓰인다.

2 소유격+명사

소유격(~의)	명사	소유격+명사
my	passion, turn	my passion, my turn
your	hard-working, talents	your hard-working, your talents
his	generosity, responsibility	his generosity, his responsibility
her	sense of humor, place	her sense of humor, her place
their	invitation, logo	their invitation, their logo
its	reality, result	its reality, its result
our	income, assertion	our income, our assertion
Tom's	collection, laptop	Tom's collection, Tom's laptop
Society's	welfare, role	Society's welfare, Society's role

3 소유격+동명사

동명사는 100% 동사이면서 또한 100% 명사이므로 소유격 뒤에 올 수 있다. 이는 동명사의 명사적 성격 때문이다.

소유격(~의)	동명사(~는 것)	소유격+동명사(~가(이) ~는 것)
my	going	my going(내가 가는 것)
your	working	your working(네가 일하는 것)
his	eating	his eating(그가 먹는 것)
her	meeting	her meeting(그녀가 만나는 것)
our	studying	our studying(우리가 공부하는 것)
their	coming	their coming(그들이 오는 것)

우리가 영어를 공부하는 것은 언젠가 도움이 될 것이다.

= The thing that we study English will help us someday.

= [Our] [studying] English will help us someday.
　　소유격　동명사

❓ 소유격 'my' 뒤에 동명사 'going'을 쓰면 '나의 가는 것' 보다 '내가 가는 것', 소유격 'your' 뒤에 동명사 'working'을 쓰면 '너의 일하는 것' 보다 '네가 일하는 것'으로 해석하는 것이 더 자연스럽다. 영어의 소유격이 주로 '~의'로 해석이 되지만 동명사와 함께 쓰일 경우 '~가'로 주어처럼 해석되는 경우가 많다.

Han's Grammar Clinic

• 한국어가 모국어인 학생들이 '소유격+동명사'를 잘 쓰지 못하는 이유는?
　↳ 소유격의 형태이지만 주어(은, 는, 이, 가)처럼 해석되기 때문.
• 소유격 뒤에 단순명사를 쓰는 것과 동명사를 쓰는 것 중 어느 것이 글의 수준(level)이 높을까?　↳ 동명사

Comprehension Quiz

 다음 중 '소유격+동명사'를 사용한 표현은?

① Our working hour ② Our studying room
③ Our buying them ④ Our meeting date

 다음 한국말을 영어로 바르게 옮긴 것은?

> 우리가 다툰 것은 서로가 오해한 것 때문이다.

① Our fighting is because of the each other's misunderstanding.
② Our fight is because of the each other misunderstanding.
③ Our fighting is because of the each other misunderstanding.
④ Our fighting is because of the each's other misunderstandings.

 '동사, 형용사, 동명사, 부사' 중 소유격 다음에 쓸 수 있는 것은?

_____

 동명사를 소유격과 함께 쓴 것은?

> **1** Your insisting **2** going together is **3** causing another problem in **4** this confusing situation.
> 지금 이 정신 없는 상황에서 네가 거기에 가자고 고집을 피우는 것은 또 다른 문제를 일으키고 있어.

① 1, 3 ② 4, 1
③ 1   ④ 2, 4

| Step 1 |

Grammar Application to Writing

Check 한국말을 보고 조금씩 늘려가면서 쓰는 연습을 해보세요. 그리고 입에서 빨리 나올 때까지 말하기 연습을 해보세요.

1. 가는 것
going

너의 가는 것
your going

너의 거기 가는 것
your going there

나는 너의/가 거기 가는 것을 이해한다.
I understand your going there.

2. 공부하는 것
studying

우리의/가 공부하는 것
our stuying

우리의/가 영어 공부하는 것
our studying English

우리의/가 영어 공부하는 것은 도울 것이다.
Our studying English will help.

우리의/가 영어 공부하는 것은 우리를 도울 것이다.
Our studing English will help us.

우리의/가 영어 공부하는 것은 언젠가 우리를 도울 것이다.
Our studying English will help us someday.

Step 1 | 09~12

> 앞에서 배운 예문을 기억하기 위한 연습입니다. 예문을 쓰고 외우고 있는 것이 그 문법을 내 것으로 만드는 지름길입니다.

1. 그 작업을 위해서 필요한 도구를 찾는 것이 중요하다.
   _____ _____ the necessary tool for the work is important.   [해당문법 to부정사 주어로 쓰기]

2. 그 작업을 위해서 필요한 도구를 찾는 것이 중요하다.
   _____ the necessary tool for the work is important.   [해당문법 동명사 주어로 쓰기]

3. 그 작업을 위해서 필요한 도구를 찾는 것이 중요하다.
   _____ is important to find the necessary tool for the work.   [해당문법 가주어 쓰기]

4. 오늘 날씨가 좋다.
   _____ is fine today.   [해당문법 비인칭 주어 It]

5. 지금 두 시 정각이다.
   _____ is 2 o'clock now.   [해당문법 비인칭 주어 It]

6. 그 식당에서 저녁을 먹는 것은 비싸다.
   _____ _____ dinner in the restaurant is expensive.   [해당문법 to부정사 주어로 쓰기]

7. 그 식당에서 저녁을 먹는 것은 비싸다.
   _____ dinner in the restaurant is expensive.   [해당문법 동명사 주어로 쓰기]

8. 그 식당에서 저녁을 먹는 것은 비싸다.
   _____ is expensive to have dinner in the restaurant.   [해당문법 가주어 쓰기]

9. 모든 수업에 빠지지 않고 참석하는 것은 중요하다.
   It is important to _____ every class.   [해당문법 진주어 쓰기]

10. 세 달 동안 한번도 수업에 빠지지 않는 것은 어렵다.
    It is difficult _____ to miss the class for three months.   [해당문법 to부정사 부정]

11. 다른 나라에 새로운 물건을 파는 것이 나의 직업이다.
    It was my job _____ sell the new item to other countries.   [해당문법 to부정사 진주어]

12. 아무것도 안하고 백만 불을 버는 것은 있을 수 없는 일이다.
    It is unnatural _____ one million dollars for nothing.   [해당문법 동명사 진주어]

13. 그녀를 다른 장소에서 7번이나 만난 것이 나를 의아하게 만들었다. [해당문법: 가주어 쓰기, 동명사 진주어]

    _____ wondered me _____ _____ her seven times in different places.

14. 요즘에는 다른 장소로 여행가는 것이 쉽다. [해당문법: 가주어 쓰기, to부정사 진주어]

    _____ is easy _____ _____ other places in these days.

15. 책을 읽는 것은 우리의 지식을 향상시켜줍니다. [해당문법: 동명사 뒤에 목적어 쓰기]

    Reading _____ enhances our knowledge.

16. 돈을 주는 것이 다른 사람을 도와줍니다. [해당문법: 동명사 뒤에 목적어 쓰기]

    Giving _____ helps other people.

17. 제 시간에 수업을 참석하는 것이 중요하다. [해당문법: 동명사 뒤에 목적어 쓰기]

    Attending _____ on time is very important.

18. 점프하기 전에 안전을 확인하는 것이 가장 중요하다. [해당문법: 동명사 뒤에 목적어 쓰기]

    Checking the _____ is the most important part before jumping.

19. 우리가 영어 공부하는 것이 언젠가는 우리에게 도움이 될 것이다. [해당문법: 소유격+동명사]

    _____ _____ English will help us someday.

20. 나는 네가 거기 간 것을 이해한다. [해당문법: 소유격+동명사]

    I understand _____ _____ there.

21. 우리의 다툼은 서로에 대한 오해 때문이다. [해당문법: 소유격+동명사]

    _____ _____ is because of the each other's misunderstanding.

22. 네가 거기에 가겠다고 고집을 피우는 것이 또 다른 문제를 일으키고 있다. [해당문법: 소유격+동명사]

    _____ _____ going there is causing another problem.

23. 그들이 오는 것이 우리를 흥분시킨다. [해당문법: 소유격+동명사]

    _____ _____ makes us exciting.

13 누가, 왜 만들었을까? 'Go + ~ing'

'Go + ~ing'처럼 말이 굳어져서 정형화되었다는 것은 물어보나마나 많이 쓰인다는 것이다.

Learning Goals 동사 'go' 다음에 동명사를 쓰는 말투가 상용화되었다는 것으로 짐작할 수 있는 것은 무엇일까?

1 'go + ~ing'

일상생활에서 많이 사용하는 동사 'go' 뒤에 '~ing'를 쓰는 표현은 문화적인 시각에서 바라보아야 한다. 'go + ~ing' 형태의 표현이 생겼다는 것은 이러한 활동들이 일상생활에서 대단히 많이 이루어지고 있으며, 생활 속 깊이 생활 문화로써 자리를 잡고 있다는 말이다.

More View

(1) 우리는 매일 **새 보러 갑니다**.
→ We **go bird watching** everyday.

(2) 우리는 내일 **배 타러 갈** 거예요.
→ We will **go boating** tomorrow.

(3) 그들은 **캠프하러 갔습니다**.
→ They **went camping**.

(4) 나는 **춤추러 가고** 싶어요.
→ I want to **go dancing**.

(5) 우리는 **등산을 가곤** 했어요.
→ We used to **go hiking**.

Tip mountain climbing: 등산 장비를 갖춘 전문적인 등산 / hiking: 가벼운 등산 / rock climbing: 암벽등반

(6) Wisconsin 사람들은 11월에 **사냥을 갑니다**.
→ People in Wisconsin **go hunting** in November.

(7) 나는 매주 금요일 **암벽등반 갔습니다**.
→ I **went mountain climbing** every Friday.

(8) 어디 있었니? 나 **뛰고 왔는데**.
→ Where were you? I **went running**.

(9) 그들은 **항해 나갈** 준비를 했습니다.
→ I prepared to **go sailing**.

⑽ 그 관광객들은 **시내 구경하기** 위해서 버스를 탔어요.
→ The tourists took a bus to **go sightseeing**.

2 to 부정사가 동명사로 바뀔 때 동사의 의미 변화

(1) 다음 제시된 동사들은 그 뒤에 to 부정사가 오든지, 동명사가 오든지 의미에 변화가 없다.

> start, like, love, begin, hate, continue, prefer, stand, bear, intend

I [started] running. / to run.

She [likes] reading. / to read.

(2) 다음 제시된 동사들은 그 뒤에 to부정사가 올 때는 미래에 할 일을, 동명사가 올 때는 과거에 했던 일을 나타낸다.

Please [remember] **to lock** the door! ➡ 미래(잠글 것)

I [remember] **locking** the door before I went out. ➡ 과거(잠갔다는 것)

Sam often [forgets] **to take** the medicine. ➡ 미래 (약을 먹을 것)

I will never [forget] **taking** the medicine. ➡ 과거 (약을 먹었던 것)

I [regret] **to tell** you that she said "No". ➡ 미래 (말할 것)

I [regret] **telling** you stat she said "No". ➡ 과거 (말했던 것)

❓ to 부정사는 앞으로 해야 할 책임, 의무를 나타내는 반면 동명사는 이전에 했던 행동이나 경험을 주로 나타낸다.

(3) 의문문이나 부정문에서 동사 'forget' 뒤에는 동명사만 쓸 수 있다.

I'll never **forget meeting** you.   (never가 들어간 부정문)
I can't **forget having** this conversation.   (can't가 들어간 부정문)
Have you ever **forgotten meeting** me?   (Have you가 들어간 의문문)
Can you ever **forget spending** the day with me? (Can you가 들어간 의문문)
Did you **forget going** there?   (Did you가 들어간 의문문)

(4) 동사 'stop' 뒤에 to 부정사가 올 때와 동명사가 올 때 의미에 변화가 생긴다.

When the professor entered the room, the students stopped **talk**ing. The room became quiet. ➡ 'stop' 뒤에 쓰인 'talking'은 동명사이고, 그 의미는 교수가 들어오기 전 과거에서부터 해오던 특정 행동이다.

When I saw the professor in the hallway, I stopped **to talk** to him. ➡ 'stop' 뒤에 쓰인 'to'는 'in order to (~하기 위하여)'의 'to'이다. 곧 미래에 하게 될 행동을 말한다.

3 동명사를 쓰기로 작정한 표현

영어는 표현 방식을 정해놓은 것들이 있다. 표현 방식을 정해놓은 이유는 그만큼 많이 사용하기 때문이다.

* Sue is in charge of organiz**ing** the meeting.
  Sue는 그 모임을 조직하는 담당자입니다.

* I am interested in study**ing** more about Stone Age.
  나는 석기시대에 대해서 공부하는 것에 흥미가 있습니다.

* I am used to work**ing** late at night.
  나는 밤늦게 일하는 것에 익숙해져 있습니다.

* I do not feel up to go**ing** shopping today.
  나는 오늘 shopping 가고 싶지 않아요.

* I am afraid of be**ing** in a dark room alone.
  나는 혼자 어두운 방에 있는 것을 두려워합니다.

* I thanked the teacher for teach**ing** me.
  나는 그 선생님이 나를 가르쳐 준 것에 감사했습니다.

* He made an excuse for leav**ing** early.
  그는 일찍 떠나는 것에 대해 미안해 했습니다.

* I am accustomed to work**ing** late at night.
  나는 밤늦게 일하는 것에 익숙해져 있습니다.

* I look forward to having my brother's birthday party.
  나는 내 형의 생일파티를 학수고대하고 있는 중입니다.

* They object to working on Sunday.
  그들은 일요일 일하는 것을 반대합니다.

* I am tired of listening your songs.
  나는 너의 노래를 듣는 것에 지쳤다.

* Mike was proud of getting an "A" on History.
  Mike는 역사과목에 "A"를 받은 것이 자랑스러웠다.

Comprehension Quiz

Quiz 1 다음 한국말을 영어로 바르게 옮긴 것은?

> 좀 뛰고 올려구요.

① I will go for a running.
② I will go to run.
③ I am going run.
④ I will go running.

Quiz 2 다음 문장 중 'go+동명사'가 사용되지 않은 것은?

① I am going shopping.
② She is going to go hiking.
③ My brother is going to swimming pool.
④ He wanted to go sea fishing.

Answer Key: Quiz 1. ④ Quiz 2. ③

Step 1
Memorize These 'Verb+Gerund'

Challenge 다음에 제시된 '동명사를 목적어로 취하는 단어'들은 반드시 기억해야 합니다. 빈칸에 철자를 넣어가면서 외우세요!

1. ~하면 꺼리시겠습니까?   W_ _ _ _   _ _ _   m_ _ _   ~ing
2. 멈추다, 그만두다   st_ _   ~ing
3. 제안하다   s_ _ ge_ _   ~ing
4. 끝마치다, 끝내다   f_ _is_   ~ing
5. 허가하다, 승인하다   ad_i_   ~ing
6. 언급하다   me_ _io_   ~ing
7. 중지하다, 그만두다   qu_ _   ~ing
8. 분개하다, 노하다   r_se_t   ~ing
9. 부인하다, 부정하다   d_n_   ~ing
10. ~을 생각나게 하다, 도로 부르다   r_ca_ _   ~ing
11. 저항하다, 반항하다   r_si_ _   ~ing
12. 그리워하다   m_ _s   ~ing
13. 연기하다   p_st_on_   ~ing
14. 시도했었다, 노력했었다   t_ie_   ~ing
15. 위험을 무릅쓰고 ~하다, 감행하다   r_s_   ~ing
16. 예상하다, 예기하다   a_tic_p_t_   ~ing
17. 연기하다, 늦추다   d_la_   ~ing
18. 어쩔 수 없다   cannot h_l_   ~ing
19. 회상하다, 생각해내다   r_co_ _ec_   ~ing
20. 관용을 베풀다, 관대하게 취급하다   t_l_r_t_   ~ing
21. 실행하다, 실천하다, 연습하다   p_a_t_c_   ~ing
22. 숙고하다, 깊이 생각하다   con_i_e_   ~ing
23. 유지하다, 지키다, 보존하다   k_ _p   ~ing
24. 완성하다, 완료하다   co_pl_t_   ~ing
25. 감사하다   a_p_e_ _at_   ~ing
26. 피하다, 비키다   a_o_d   ~ing
27. 추천하다   rec_m_e_d   ~ing

28.	토론하다, 논의하다	d_ _cu_s ~ing
29.	싫어하다	d_ _l_k ~ing
30.	시작하다, 출발하다	s_ar_ ~ing
31.	~을 더 좋아하다	pr_ _e_ ~ing
32.	~할 작정이다, 의도이다	int_ _ _ ~ing
33.	후회하다, 아쉬워하다	reg_ _ _ ~ing
34.	잊다, 잊어버리다	f_ _g_t ~ing
35.	기억하다	r_me_ _e_ ~ing
36.	즐기다	e_j_y ~ing
37.	계속하다, 연장하다	co_tin_ _ ~ing
38.	사랑하다	l_v_ ~ing
39.	좋아하다	l_k_ ~ing
40.	미워하다, 혐오하다	ha_e ~ing
41.	충고하다	adv_ _ _ ~ing
42.	시작하다, 시작되다, 개시하다, 일어나다	b_g_n ~ing

Step 1
Memorize These 'Verb+Gerund'

Check 다음에 제시된 '동명사를 목적어로 취하는 단어'들은 반드시 기억해야 합니다. 생활 속에서 자주 사용되는 동사들입니다.

1.	~하면 꺼리시겠습니까?	Would you mind ~ing
2.	멈추다, 그만두다	stop ~ing
3.	제안하다	suggest ~ing
4.	끝마치다, 끝내다	finish ~ing
5.	허가하다, 승인하다	admit ~ing
6.	언급하다	mention ~ing
7.	중지하다, 그만두다	quit ~ing
8.	분개하다, 노하다	resent ~ing
9.	부인하다, 부정하다	deny ~ing
10.	~을 생각나게 하다, 도로 부르다	recall ~ing
11.	저항하다, 반항하다	resist ~ing
12.	그리워하다	miss ~ing
13.	연기하다	postpone ~ing
14.	시도했었다, 노력했었다	tried ~ing
15.	위험을 무릅쓰고 ~하다, 감행하다	risk ~ing
16.	예상하다, 예기하다	anticipate ~ing
17.	연기하다, 늦추다	delay ~ing
18.	어쩔 수 없다	cannot help ~ing
19.	회상하다, 생각해내다	recollect ~ing
20.	관용을 베풀다, 관대하게 취급하다	tolerate ~ing
21.	실행하다, 실천하다, 연습하다	practice ~ing
22.	숙고하다, 깊이 생각하다	consider ~ing
23.	유지하다, 지키다, 보존하다	keep ~ing
24.	완성하다, 완료하다	complete ~ing
25.	감사하다	appreciate ~ing
26.	피하다, 비키다	avoid ~ing
27.	추천하다	recommend ~ing

28.	토론하다, 논의하다	discuss ~ing
29.	싫어하다	dislike ~ing
30.	시작하다, 출발하다	start ~ing
31.	~을 더 좋아하다	prefer ~ing
32.	~할 작정이다, 의도이다	intend ~ing
33.	후회하다, 아쉬워하다	regret ~ing
34.	잊다, 잊어버리다	forget ~ing
35.	기억하다	remember ~ing
36.	즐기다	enjoy ~ing
37.	계속하다, 연장하다	continue ~ing
38.	사랑하다	love ~ing
39.	좋아하다	like ~ing
40.	미워하다, 혐오하다	hate ~ing
41.	충고하다	advise ~ing
42.	시작하다, 시작되다, 개시하다, 일어나다	begin ~ing

Step 1

14 영어에서 가장 사용 빈도수가 높은 핵심 두 가지 구조

지금부터는 영어 문장을 쉽게 쓰는 방법을 살펴보자. 영어 문장이 어떻게 구조를 잡아가는지 살펴보자는 것이다. 우리가 복잡하다고 생각하는 영어의 모든 문장은 크게 두 개의 부분으로 나누어진다. 이 두 개의 부분을 잘 구별하면 영어 문장을 쉽게 쓸 수 있게 된다.

Learning Goals
영어의 문장은 핵심 두 가지 구조로 이루어져 있다. 어떻게 나눌 수 있을까?
이 두 가지 구조에서 '전치사'의 역할은 무엇일까?
영어에서 사용 빈도수가 가장 높은 단어 배열은 무엇인가?

1 영어로 문장을 쓰기 위한 3 Step!

(1) 한국어와 영어는 주어와 동사를 쓰는 순서가 똑같다.

　　　　1나는 / 2운전한다.　　　1우리는 / 2공부한다.
　　　　1I　　 / 2drive.　　　　 1We　 / 2study.

모든 영어가 규칙을 절대로 벗어나지 않는다.

More View

(1) 1공장들은 2무시했다.
　→ 1Companies 2ignored.
(2) 1그 사람들은 2즐깁니다.
　→ 1People 2enjoy.
(3) 1민족성은 2강조한다.
　→ 1Ethnicity 2emphasizes.
(4) 1선생님들은 2강조했습니다.
　→ 1Teachers 2emphasized.

---

(2) 영어는 주어와 동사를 쓰고나면 나머지는 오는 순서대로 뒤에 쓴다.
두 개의 단어로만 문장을 완성하면 내용상 좀 아쉬움이 남는다. '즐긴다' 무엇을?, '강조한다' 무엇을?, '예측한다' 무엇을? 바로 여기서 다음 단계로 넘어가야 할 필요성이 생긴다. 그렇다면 세 번째 단어를 어디에 넣어야 할까? 세 번째 단어는 주어와 동사 다음, 세 번째 위치에 온다.

₁나는 / ₂운전한다. / ₃자동차를 ➡ 나는 자동차를 운전한다.
₁I / ₂drive. / ₃a car ➡ I drive a car.

한국말은 '나는 운전한다.'라는 문장에 세 번째 단어 '자동차를'을 어디에 넣어도 말이 된다.

• 자동차를 나는 운전한다.   • 나는 자동차를 운전한다.   • 나는 운전한다 자동차를.

하지만 영어는 안 된다. 반드시 세 번째 자리에 와야 한다. 영어는 이렇게 단어가 오는 **순서**를 중요하게 여긴다.

₁우리는 / ₂공부한다 / ₃영어를 ➡ 우리는 영어를 공부한다.
₁We / ₂study / ₃English ➡ We study English.

More View

(1) ₁공장들은 ₃환경을 ₂무시했다.
→ ₁Companies ₂ignored ₃the environment.
(2) ₁그 사람들은 ₃음식을 ₂즐깁니다.
→ The people ₂enjoyed ₃the food.
(3) ₁민족성은 ₃문화를 ₂강조한다.
→ Ethnicity ₂emphasizes ₃the culture.
(4) ₁선생님들은 ₃단어들을 ₂강조했습니다.
→ Teachers ₂emphasized ₃the words.

(3) 세 번째 단어까지 쓰고나면 어느 정도 긴 문장이 완성된다. 만일 더 길게 쓰고 싶다면 이때 네 번째 단어는 '전치사'를 쓴다. 네 번째 단어는 어디에 써야 할까? 고민할 필요 없이 네 번째 자리에 쓰면 된다.

More View

(1) ₁공장들은 ₄그 경고에도 **불구하고** ₃환경을 ₂무시했다.
→ ₁₁Companies ₂ignored ₃the environment / ₄despite the warning.
(2) ₁그 사람들은 ₄다른 나라들**로부터의** ₃음식을 ₂즐깁니다.
→ ₁The people ₂enjoyed ₃the food / ₄from other countries.
(3) ₁민족성은 ₄단합을 **위해서** ₃문화를 ₂강조한다.
→ ₁Ethnicity ₂emphasizes ₃the culture / ₄for the unity.
(4) ₁선생님들은 ₄1과 **안에 있는** ₃단어들을 ₂강조했습니다.
→ ₁Teaches ₂emphasized ₃the words / ₄in the chapter 1.

1I 2drive	3a car	4on the street.
1We 2study	3English	4from the internet.
생략하면 문법적으로 틀리는, 문법적인 영향을 강하게 받는 부분	생략하면 문법적으로 틀리지 않지만, 내용 전달이 미흡해지는 부분	생략해도 문법적으로 틀리지 않는, 문법적인 영향을 받지 않는 부분

Essential part (Part 1)
문법적 필수부분   Additional part (Part 2)
부가적인 부분

❓ (1) 처음부터 '나는 거리에서 차를 운전합니다.'를 한번에 쓰려고 하면 부담스러울지도 모른다. 그러나 처음에 오는 두 단어를 정해놓고, 차례대로 세 번째, 네 번째 단어를 쓰면 쉽게 써진다.

(2) 영어 문장은 크게 두 parts로 나누어지는데 각각에 명칭을 붙였다. 앞에 있는 '명사+동사+명사'를 Essential part(필수적인 부분), 뒤에 있는 '전치사+명사'를 Additional part(부가적인 부분)라고 부른다.

(3) Essential은 '필수적인' 이라는 뜻이므로, 반드시 있어야 한다는, 없어서는 안 된다는 것이다. Additional은 '추가적인' 또는 '부가적인' 이라는 뜻으로 이 부분은 없어도 문법상 크게 영향을 주지 않는 부분이라는 뜻이다.

● 문장 'I drive a car on the street.'에서 하나씩 빼보자.

→ ☐ drive a car on the street. : 제일 처음에 오는 명사는 주어이므로 빠지면 안 된다.

→ I ☐ a car on the street. : 두 번째 오는 것은 내가 하고 있는 것이 무엇인지를 알려주는 동사로써 빠지면 내가 하고 있는 것이 무엇인지 알 수 없으므로 말이 안 된다.

→ I drive ☐ on the street. : 어느 정도 말은 되지만 무엇인가 아쉬움이 남는다. 타동사는 목적어를 뒤에 써 주어야 한다는 규칙에 어긋난다.

→ I drive a car ☐ . : '전치사 + 명사'는 빠져도 전체 문장의 문법이 틀리지 않는다.

2 문법으로부터의 자유로움을 알리는 전치사

전치사는 문장에서 문법의 영향을 받지 않는 부분, 즉 Additional part(부가적인 부분)의 시작을 알려준다.

(1) They enjoyed food   from   other countries.
(2) The teachers emphasized words   in   the chapter 1.
(3) The manager knew the result   about   the new product.
(4) We refunded the clothes   at   the store.

● '명사+동사+명사' 다음에 전치사들이 쓰이기 시작한다. 전치사는 문장을 더 길게 쓰는 데 대단히 효과적으로 쓰일 수 있다.

● 영어 전체 문법 중 사용빈도 수가 가장 높은 문법이 전치사이다. 영어를 잘하고 싶다면 반드시 사용해야 하는 문법임을 기억해두자.

Han's Grammar Clinic

- '전치사(preposition)+명사' 가 가지는 특징은? ◐ 빼주어도 문법이 틀리지 않는다. 문장에 추가해서 쓸 수 있기 때문에 긴 문장을 쓰는 데 도움이 된다.
- '전치사(preposition)+명사' 를 찾아볼 수 있는 곳은? ◐ 모든 문장 뒤, 문장 앞, 명사 뒤
- '전치사(preposition)+명사' 를 쓰고 문장이 겪는 가장 큰 변화는? ◐ 문장의 길이가 눈에 띄게 길어진다.
- 모든 영어는 크게 몇 개의 part로 나눠질까? ◐ 2개
- Essential Part(필수적인 부분)는 주로 몇 개의 단어를 보게 될까? ◐ 3개(주어+동사+목적어)
- Additional Part(부가적인 부분)는 주로 몇 개의 단어를 보게 될까? ◐ 2개(전치사+명사)
- Additional Part(부가적인 부분)는 주로 몇 번째에서 시작하나? ◐ 4번째
- 무엇을 보고 Additional Part(부가적인 부분)의 시작을 알 수 있나? ◐ 전치사
- 무엇을 보고 Essential Part(필수적인 부분)의 시작을 알 수 있나? ◐ 주어+동사

Comprehension Quiz

 다음 문장에서 문법의 영향을 받지 않고 자유롭게 이어 쓸 수 있는 말, 다시 말해서 부연설명의 시작을 알리는 부분은?

> 1We 2cleaned 3the 4room 5around noon 6and 7decorated 8the 9wall 10with flowers.

① 3, 4   ② 6, 8   ③ 5, 10   ④ 1, 7

 다음 문장을 완성하기 위해서 단어의 순서를 바르게 배열한 것은?

> 샘은 그 보고서를 그의 컴퓨터로 타이프쳤습니다.
> 1with 2report 3Sam 4computer 5his 6the 7typed

① 3-6-7-2-1-5-4   ② 3-7-6-5-1-2-4
③ 3-7-6-2-1-5-4   ④ 1-5-2-6-3-7-4

Answer Key Quiz 1. ③ Quiz 2. ③

Step 1

Grammar Application to Writing

| Check | 한국말을 보고 조금씩 늘려가면서 쓰는 연습을 해보세요. 그리고 입에서 빨리 나올 때까지 말하기 연습을 해보세요.

1. 그들은 한다.
   They do.

   그들은 그것을 한다.
   They do that.

   그들은 사람들을 위해서 그것을 한다.
   They do that for people.

   그들은 사람들을 위해서 불평 없이 그것을 한다.
   They do that for people without complaints.

2. 나는 보았다.
   I saw.

   나는 그 남자를 보았다.
   I saw the man.

   나는 오전 7시경에 그 남자를 보았다.
   I saw the man around 7 a.m..

   나는 공원에서 오전 7시경에 그 남자를 보았다.
   I saw the man at the park around 7 a.m..

   나는 내 친구 Jenny와 함께 공원에서 오전 7시경에 그 남자를 보았다.
   I saw the man at the park around 7 a.m. with my friend, Jenny.

3. 너는 가르친다.
   You teach.

너는 영어를 가르친다.
You teach English.

너는 그 학생에게 영어를 가르친다.
You teach English to the student.

너는 도서실에서 그 학생에게 영어를 가르친다.
You teach English to the student in the library.

너는 도서실에서 그 학생에게 2시간 동안 영어를 가르친다.
You teach English to the student in the library for 2 hours.

너는 도서실에서 그 학생에게 기말고사를 위해서 2시간 동안 영어를 가르친다.
You teach English to the student in the library for 2 hours for the final examination.

너는 도서실에서 그 학생에게 기말고사를 위해서 수요일에 2시간 동안 영어를 가르친다.
You teach English to the student in the library for 2 hours for the final examination on Wednesday.

4. 나는 확대했다.
I enlarged.

나는 사진을 확대했다.
I enlarged the picture.

나는 사진관에서 사진을 확대했다.
I enlarged the picture at the photo shop.

나는 우리집 근처에 있는 사진관에서 사진을 확대했다.
I enlarged the picture at the photo shop near my house.

나는 우리집 근처에 있는 사진관에서 생일선물을 위해서 사진을 확대했다.
I enlarged the picture at the photo shop near my house for a birthday gift.

Step 1

15 모르면 영어 못하는 전치사

앞에서 전치사가 무엇인지, 전치사의 실체와 전치사의 역할에 대해서 살펴보았다. 전치사를 문장에서 자유롭게 쓸 수 있도록 그 활용을 살펴보자.

Learning Goals
- '전치사 + 명사'가 가지는 특징은 무엇일까?
- '전치사 + 명사'는 문장 속에서 어디에 위치할까?
- '전치사 + 명사'가 문장 속에서 쓰이는 이상적인 개수는 몇 개일까?
- '전치사 + 명사'가 문장 속에 쓰이면 문장에 어떤 변화가 일어날까?

1 전치사의 특징

전치사는 문장에서 문법의 영향을 받지 않는 부분, 즉 Additional part(부가적인 부분)의 시작을 알려준다. '전치사 + 명사'가 한 덩어리가 되어서 쓰인다.

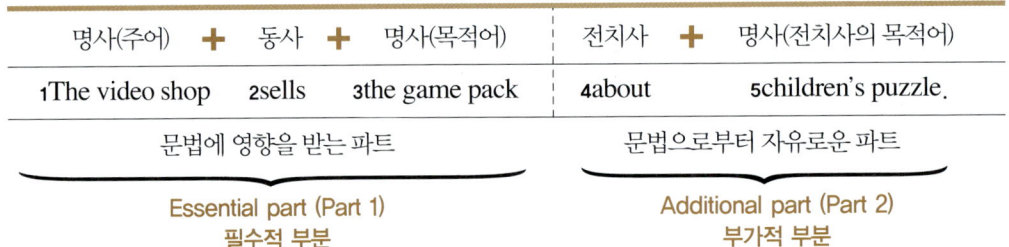

2 '전치사 + 명사'의 위치

(1) 첫 번째, 두 번째, 세 번째 단어, 즉 문법의 영향을 받는 명사+동사+명사 이후의 네 번째 자리에 주로 온다.

₁The video shop ₂sells ₃the game pack / ₄**about** children's puzzle.

(2) 모든 명사의 뒤에 올 수 있다.

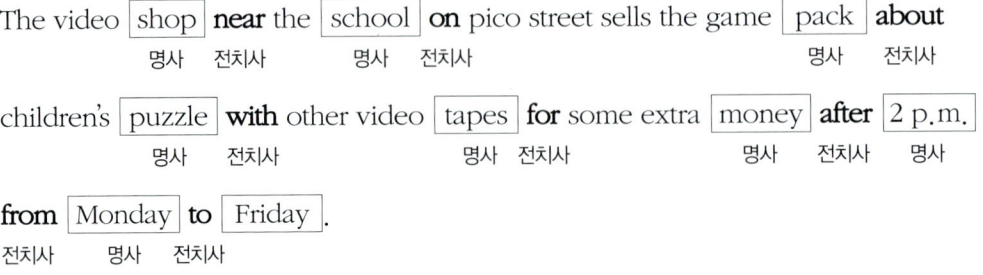

- 긴 문장의 실체는 바로 전치사였음을 알 수 있다. 문장에 '전치사+명사'를 여러 개 사용하여 충분히 긴 문장을 쓰고 말할 수 있다.
- '전치사+명사'를 한 문장 속에 몇 개까지 쓸 수 있을까? 물론, 많이 쓸 수 있다. 하지만 문장에서 '전치사+명사'의 가장 이상적인 개수는 한 개이며, 주로 최대 세 개까지 사용한다.

More View

(1) '전치사+명사'를 세 개 써서 문장을 늘린 것
   I bought some bread / **at** Sam's store / **across** the street / **for** a birthday party.

(2) 문장 하나에 '전치사+명사'를 한 개씩 붙인것
   I bought some bread **at** Sam's store.
   It is **across** the street.
   I bought the bread **for** a birthday party.

Comprehension Quiz

Quiz 1 다음 문장에 부연설명 'into the store'를 끼워 넣어서 문장을 늘리고 싶다. 끼워 넣지 못하는 곳은?

<pre>   1They 2took 3the cart 4.   </pre>

① 4   ② 3   ③ 2   ④ 1

Quiz 2 '그녀는 생일파티를 위해서 예약을 했습니다.'를 영어로 옮길 때 틀린 것은?

① For the birthday party, she made a reservation.
② She made, for the birthday party, a reservation.
③ She made a reservation for the birthday party.
④ She, for the birthday party, made a reservation.

Quiz 3 다음 문장 중 일반적인 개념에서 볼 때 '전치사 + 명사'의 최대 개수대로 문장을 쓴 것은?

① For the test, students reviewed the chapter.
② Students reviewed the chapter on Tuesday.
③ Students reviewed the chapter for the test on Tuesday.
④ Students reviewed the chapter with the teacher for the test on Tuesday.

Answer Key Quiz 1. ② Quiz 2. ② Quiz 3. ④

16 생활 속의 전치사 Ⅰ

전치사를 문장에서 자유롭게 쓸 수 있으려면 어떤 전치사가 있는지 알아야 쓸 수 있다. 지금부터는 여러분이 암기 실력을 발휘해서 반드시 암기해야 하는 부분들이다.

Learning Goals
'~아래'는 영어에서 쓰임이 위치에 따라 다양하다. 어떤 의미의 차이가 있을까?
'~옆에'는 영어로 세 단어가 있다. 어떤 의미의 차이가 있을까?
'~사이'는 영어로 두 단어가 있다. 어떤 의미의 차이가 있을까?
'~을 넘어서'는 영어로 두 단어가 있다. 어떤 의미의 차이가 있을까?
'~까지는'은 영어로 세 단어가 있다. 어떤 의미의 차이가 있을까?
'~동안에'는 영어로 두 단어가 있다. 어떤 의미의 차이가 있을까?

1 다양한 전치사의 의미

전치사는 항상 그 뒤에 명사를 가진다. 그러므로 '전치사+명사'를 하나의 말의 덩어리로 보고 익혀 두어야 한다.

* 그 문제에 대해서 ➡ about the problem
  ex. question: 시험문제
  problem: 마음에 부담을 주는 문제

* 그 가치 이상으로 ➡ above the value

* 그 길을 건너서 ➡ across the street
  ex. the building across the street

* 점심식사 후에 ➡ after (the) lunch

* 그 문에 기대어서 ➡ against the door
  ex. against me: 나에게 반대하여
  ex. in or against?: 내편이야, 아니야?

* 그 강을 따라서 ➡ along the river
  ex. along the street: 길을 따라서
  along the street light: 가로등을 따라서
  along the line: 줄을 따라서

* 내 주위에 ➡ around me
  ex. around the waist: 허리 주위에
  around my neck: 목 주변에
  around my house: 나의 집 주위에

* 너의 직장에서 ➡ at your work

* 12시 정각에(시간) ➡ at 12 o'clock

* 일몰 전에 ➡ before sunset

* 내 뒤에서 ➡ behind me

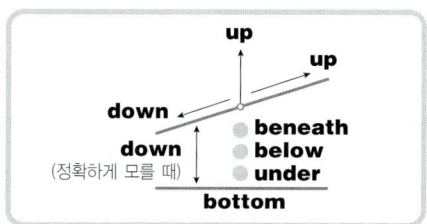

* 토플 215점 아래 ➡ below 215 TOEFL score

* 그 표면 밑에 ➡ beneath the surface

* 내 차 옆에 ➡ by / beside / next to my car
  * 'next to'는 바로 붙어 있는 옆으로 'by'보다 더 가까운 옆을 나타낸다.
  ex. Can I have the rooms next to each other?

* 너와 나 사이 ➡ between you and me(= between us)
  * 'between'은 '둘 사이'를 나타내며, 'among'은 '셋 이상 사이'를 나타낸다.

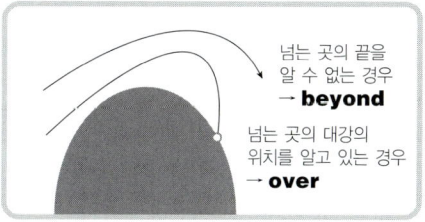

* 우리의 능력을 넘어서 ➡ beyond our ability
  * '할 수 없다'는 의미를 포함한다.

* 정오까지 ⇒ by / till / until noon
  * 'by'는 일상적인 표현을 나타내며, 'until'은 정식의 표현으로 강한 어조를 나타낸다.

* 교통체증에도 불구하고 ⇒ despite traffic (jam)
  ex. despite the difficulties: 어려움에도 불구하고
  (=In spite of)

* 그 길 아래 ⇒ down the street

* 그 방학 동안에 ⇒ during the vacation
  * 'for'는 현재나 미래의 시간대와 관련되고, 'during'은 과거, 특정한 시간대와 관련된다.

* 나 자신을 위해서 ⇒ for myself

* 10년 동안 ⇒ for 10 years

* 1999년에(년도) ⇒ in 1999

* Kelly로부터 ⇒ from Kelly

* 초겨울에(계절) ⇒ in early winter
  ex. in early summer: 초여름에
  in late winter: 늦겨울에
  I was born in winter: 나는 겨울에 태어났습니다.

* 9월에(달) ⇒ in September

* 그의 돈을 가지고 ⇒ with his money

Comprehension Quiz

Quiz 1 다음의 전치사들을 바르게 영어로 옮긴 것은?

> 1 ~에 대해서 2 ~주위에 3 ~뒤에서 4 ~옆에

① 1- about, 2- round, 3- back, 4- by
② 1- of, 2- around, 3- beneath, 4- beside
③ 1- about, 2- around, 3- behind, 4- next to
④ 1- of, 2- round, 3- behind, 4- by

Quiz 2 다음의 전치사들을 바르게 영어로 옮긴 것은?

> 1 ~이상으로 2 ~건너서 3 ~을 따라서 4 ~사이에

① 1- over, 2- cross, 3- along, 4- between
② 1- above, 2- across, 3- along, 4- between
③ 1- above, 2- across, 3- follow, 4- between
④ 1- over, 2- across, 3- along, 4- side

Quiz 3 다음의 전치사들을 바르게 영어로 옮긴 것은?

> 1 ~에 기대어서 2 ~전에 3 ~아래에 4 ~밑에

① 1- again, 2- before, 3- under, 4- beneath
② 1- against, 2- front, 3- down, 4- beneath
③ 1- disagree, 2- before, 3- bottom, 4- beneath
④ 1- against, 2- before, 3- under, 4- beneath

Quiz 4 '전치사+명사'를 강조한 문장은?

> 1 Suddenly, the rain came. 2 So, we waited under the trees 3 After 30minutes, the rain stopped and we came back along the street. 4 The over flowing river rain beside our house.

① 1   ② 2   ③ 3   ④ 4

Answer Key: Quiz 1. ③, Quiz 2. ②, Quiz 3. ④, Quiz 4. ③

Step 1 | 13~16   Writing Quiz

> 앞에서 배운 예문을 기억하기 위한 연습입니다. 예문을 쓰고 외우고 있는 것이 그 문법을 내 것으로 만드는 지름길입니다.

1. 그들은 캠핑 갔어요.
   They _____. *[해당문법: go+ing 표현]*

2. 나는 춤추러 가고 싶다.
   I want to _____. *[해당문법: go+ing 표현]*

3. 우리는 등산 가곤 했어요.
   We used to _____. *[해당문법: go+ing 표현]*

4. 문 잠그는 것 기억하고 있으세요.
   Please, remember _____ the door! *[해당문법: to부정사가 가지는 미래의 의미]*

5. 나는 내가 나오기 전에 문 잠근 것을 기억해.
   I remember _____ the door before I went out. *[해당문법: 동명사가 가지는 과거의 의미]*

6. 내가 너에게 이것을 말해야 한다는 것이 유감이다.
   I regret _____ you that. *[해당문법: to부정사가 가지는 미래의 의미]*

7. 내가 너에게 그것을 말한 것이 후회돼.
   I regret _____ you that. *[해당문법: 동명사가 가지는 과거의 의미]*

8. 나는 너를 만난 것을 결코 잊을 수 없어.
   I will never forget _____ you. *[해당문법: 부정문에 쓰인 forget 다음에는 항상 동명사]*

9. 나는 말하는 것을 멈췄다.
   I stopped _____. *[해당문법: 동사 stop 뒤에 동명사를 쓸 때와 to부정사를 쓸 때의 의미상 차이]*

10. 나는 말하기 위해서 멈췄다.
    I stopped _____. *[해당문법: 동사 stop 뒤에 동명사를 쓸 때와 to부정사를 쓸 때의 의미상 차이]*

11. Sue는 그 모임을 구성하는 것에 있어서 책임자야.
    Sue is in charge of _____ the meeting. *[해당문법: 동명사를 쓰기로 정해놓은 표현]*

12. 나는 밤 늦게 일하는 것에 적응해 있어.
    I am used to _____ late at night. *[해당문법: 동명사를 쓰기로 정해놓은 표현]*

13. 나는 어두운 방에 혼자 있는 것이 무섭다.

I am afraid of _____ in a dark room alone.

14. 나는 나를 가르쳐 준 것에 대해서 그 선생님에 감사하다고 말했다.

I thanked the teacher for _____ me.

15. 회사들은 경고에도 불구하고 환경을 무시했다.

_____ _____ the environment _____ the warning.

16. 그 사람들은 다른 나라들로부터의 음식을 즐겼어요.

The people _____ the _____ _____ other countries.

17. 학교 근처에 있는 그 비디오가게는 월요일부터 금요일까지 두 시 이후에 다른 비디오 테이프들과 함께 game packs을 판다.

The video shop _____ the school sells the game packs _____ other video tapes _____ 2 p.m. _____ Monday _____ Friday.

18. 나는 생일 파티를 위해서 길 건너에 있는 Sam의 가게에서 빵을 좀 샀어요.

I bought some bread _____ Sam's store _____ the street _____ a birthday party.

19. 그들은 그 문제에 대해서 얘기를 했다.

They talked _____ the problem.

20. 그는 내 뒤에 섰다.

He stood _____ me.

21. 그는 내차 옆에 주차를 했다.

He parked _____ my car.

22. 너와 나 사이에는 아무 일도 없었다.

Nothing happened _____ you and me.

17 생활 속의 전치사 II

전치사를 문장에서 자유롭게 쓸 수 있으려면 어떤 전치사가 있는지 알아야 쓸 수 있다. 지금부터는 여러분이 암기 실력을 발휘해서 반드시 암기해야하는 부분들이다.

Learning Goals
- '저녁에'와 '밤에'를 영어로 어떻게 표현할까?
- 'in'과 'into'의 의미는 어떻게 다를까?
- 전치사 중에 유일하게 단어 자체가 강조의 의미를 가지고 있는 것은 무엇일까?
- 전치사 'in'의 쓰임은 다양하다. 어떻게 쓰일까?
- 'to'와 'toward'의 의미는 어떻게 다를까?
- 'in'과 'within'의 의미는 어떻게 다를까?

1 다양한 전치사의 의미

전치사 뒤에 명사를 써서 '전치사+명사'의 형태로 만드는 것을 습관화시켜야 한다. 그러기 위해서는 예문을 잘 익혀 두어야 한다.

* 미래 / 현재 / 과거에 ➡ [in] the future / present / past

* 아침 / 오후 / 저녁에 ➡ [in] the morning / afternoon / evening
  * 밤에: [at] night

* 21세기에 ➡ [in] the 21st century
* 화장실 안에 ➡ [in] the rest room
  * rest room: 공공(public)의 개념
    bathroom: 개인 소유의 개념
    toilet / WC: 사용(×)

* 방 안으로 ➡ [into] the room

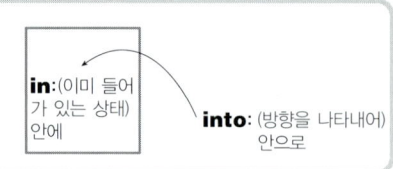

in: (이미 들어가 있는 상태) 안에
into: (방향을 나타내어) 안으로

* 그들처럼 ➡ `like` them
  * 명사 + 동사 + 명사 / 전치사 + 명사
  　　　　　↓　　　　　　　　　↓
  　　　like(좋아하다)　　　　like(~처럼)

  ex. I like him like her.
  　　　(동사)　(전치사)

* 주유소 근처에 ➡ `near` the gas station

  ex. `near` my house: 우리 집 근처에 / `near` the school: 학교 근처에

* 여인의 향기 ➡ the scent `of` a woman (= a woman's scent)

  * 'of'는 강조의 의미로 정관사 'the'와 함께 쓴다.

  ex. The economy `of Korea` is getting better.
  　　　=The `Korea's` economy is getting better.

* 할리우드의 거리 ➡ the street `of` Hollywood (=Hollywood's street)

* 너의 무릎 위에 ➡ `on` your lap

* 수요일에 ➡ `on` Wednesday
* 수요일 아침에 ➡ `on` Wednesday morning

* 관심밖에 ➡ `out` of the concern

  ex. `out` of the consideration

* 나의 일에서 벗어나 ➡ `off` my work

* (그) 언덕 넘어서 ➡ `over` the hill

  * Come here!: 내 음성을 들을 수 있는 거리까지
  　Come `over` here!: 내가 말하는 이 지점까지(over는 거리가 정해짐)

* 7시 이후로 ➡ `since` 7 o'clock * '완료형'과 함께 쓴다.

* 그 문을 통하여 ➡ `through` the door

  ex. `through` me: 나를 통하여 / `through` the travel: 여행을 통하여

* 그의 삶 전체에 걸쳐서 ➡ `throughout` his life

  * through 보다 강조한 경우

  ex. `thoughtout` my life: 나의 삶 전체에 걸쳐서
  　　`thoughtout` my experience: 나의 경험 전체에 걸쳐서

* 너에게/쪽으로 ➡ `to` you

* 우리를 향하여 ➡ toward us

　　　*'to' 보다 목적을 내포한 의미

　　　ex. Let's go to the Island.: 단순히 섬으로 가자는 의미
　　　　　Let's go toward the Island.: 목적이 있어서 간다는 의미

* 몇 년 안에 ➡ within a few years

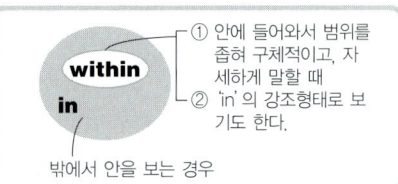

* 아무 걱정 없이 ➡ without any worries

Comprehension Quiz

Quiz 1 다음의 전치사들을 영어로 바르게 옮긴 것은?

> 1~현재에 2~안에 3~근처에 4~통하여 5~처럼 6~까지

① 1- in present, 2- in, 3- near, 4- through, 5 - as, 6 - till
② 1- in the present, 2- in, 3- near, 4- through, 5 - like, 6 - until
③ 1- in the present, 2- into, 3- near, 4- throughout, 5 - like, 6 - until
④ 1- in present, 2- into, 3- near, 4- through, 5- like, 6 - by

Quiz 3 다음의 전치사들을 영어로 바르게 옮긴 것은?

> 1~안에서 2~없이 3~이후로 4~의~ 5~을 향하여 6~가지고

① 1- within, 2- without, 3- since, 4- of, 5 - toward, 6 - with
② 1- within, 2- nothing, 3- after, 4- of, 5 - toward, 6 - have
③ 1- within, 2- with out, 3- since, 4- of, 5 - to, 6 - with
④ 1- in, 2- nothing, 3- since, 4- of, 5 - to, 6 - have

Answer Key: Quiz 1. ② Quiz 2. ①

Step 1

Grammar Application to Reading

Check '전치사+명사'를 쓰기 전과 쓰고 난 후의 문장이 겪는 변화를 살펴보자.

Before

Many people saw the movie "Psycho". Actress Janet Leigh portrayed a woman. The woman was brutally murdered. The man stabbed her many times. She screamed. The viewers still heard her scream. The scream echoed. Janet Leigh had the same experience. She heard her own scream. She could not take a shower until she died. People learn fears and phobias. Most people exaggerate fears and phobias. We know this very well, but fear.

After

Many people **around us** saw the movie "psycho" **at the theater** or **at home**. Actress Janet Leigh **in this picture** portrayed the woman **in the movie**. The woman **in the movie "psycho"** was brutally murdered **by a man**. The man **with a knife** stabbed her many times. She screamed **with fears in this bloody scene**. **After the movie**, the viewers still heard her scream. The scream echoed **in the viewers' ears**. Janet Leigh had the same experience **like the others**. She heard her own scream. She could not take a shower **until she died on October 4, 2004 at the age of 77**. People learn fears and phobias **from their parents, movies, TVs, books, and close friends**. Most people exaggerate fears and phobias **about insects, animals, and even daily items**. We know this very well, but fear.

Step 1 | 18 동사에 죽고 사는 부사

빼고 싶으면 빼고, 끼워 넣고 싶으면 끼워 넣는 부사가 쓰이는 자리와, 부사와 동사와의 관계에 대해서 살펴보자.

Learning Goals 문법적으로 정해져 있는 부사의 위치는 어디일까?
문장 속에서 부사를 생략하면 문법적으로 맞을까? 틀릴까?

1 부사 'Adverb'의 의미

부사는 '동사에 더하고, 보태고, 도와주는' 역할을 하기 때문에 동사와 밀접한 관계가 있다.

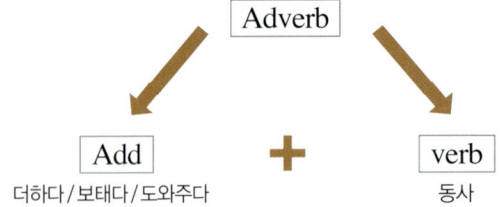

2 부사의 위치

(1) 부사는 '동사에 더하고, 보태고, 도와주는' 역할을 하므로 동사와 가능한 가까운 곳, 즉 동사의 앞 또는 뒤에 위치한다.

부사   동사   부사

(2) 부사의 위치 결정에는 동사의 종류가 결정적인 역할을 한다. 동사가 be동사인지 일반동사인지에 따라 부사의 위치를 다르게 쓴다.

She is always busy.
➡ 부사는 be동사 뒤에 온다.

We always exercise in the morning.
➡ 부사는 일반 동사 앞에 온다.

More View

(1) I ⬚always⬚ **saved** some money.
→ 부사는 일반동사 saved 앞에 온다.

(2) The class **is** ⬚always⬚ interesting.
→ 부사는 be동사 is 뒤에 온다.

Han's Grammar Clinic

• 부사는 ① 가 없었더라면 생길 이유도 만들 필요도 없었습니다. ② 가 부사가 존재하는 유일한 이유이다.
  ◎ ① 동사 ② 동사

• 'adverb'의 위치는? ◎ be동사 뒤, 일반동사 앞

• 'adverb'의 위치는 ⬚⬚ 를 기준으로 왼쪽과 오른쪽으로 갈라져 있다. ◎ 동사

• 왼쪽에 쓸지 오른쪽에 쓸지를 결정하는 데 있어서 ⬚⬚ 가 상당한 영향력을 행사한다. ◎ 동사

Comprehension Quiz

Quiz 1 'deeply(깊이)'라는 부사가 들어갈 자리로 적당한 곳은?

₁The ₂movie ₃touched ₄my heart.

① 1 ② 2 ③ 3 ④ 4

Quiz 2 동사의 종류에 따라 부사를 쓸 수 있는 자리가 다르다. 부사 always를 쓸 수 있는 위치를 표시하시오.

(1) she ① is ② beautiful.
(2) He ① was ② a student.
(3) We ① caught ② a cold.
(4) I ① do ② something.
(5) They ① clean ② the room.

Answer Key | Quiz 1. ③ Quiz 2. (1) ② (2) ② (3) ① (4) ① (5) ①

Step 1

19 부사의 탄생배경과 그 사용 위치

지금까지 부사라는 명칭, 부사의 자리, 부사와 동사의 관계에 대해서 살펴보았다. 지금부터는 부사의 성격에 대해서 구체적으로 살펴보자.

> **Learning Goals**
> 왜 '-ly'로 끝나는 부사가 많을까?
> 부사를 구성하는 대부분의 철자는 무엇일까?
> 부사를 만들고 싶지만, 말하고자 하는 단어가 형용사에 없을 경우, 어떻게 해야 할까?

1 부사의 출생 배경

(1) 명사 앞에서 '명사를 도와주고, 꾸며주는' 형용사가 부사의 탄생에 영향을 주었다.

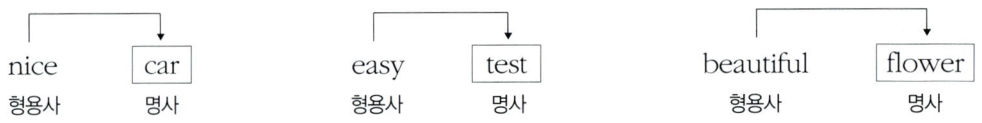

(2) 동사 앞, 뒤에서 '동사를 도와주고, 꾸며주는' 부사는 기존에 '명사를 도와주고, 꾸며주는' 유사한 성격과 역할을 하고 있던 형용사에서 빌려왔다.

(3) 영어는 반복을 매우 싫어하기 때문에 기존 형용사와 발음을 구분하기 위하여 형용사에 '-ly'를 붙여 부사를 만든다.

2 부사의 종류

(1) 부사의 대부분은 형용사에 '-ly'를 붙여서 만든다. 형용사가 먼저 있었기 때문에 부사를 만들 수 있었다.

More View

(1) 나는 **끈기 있게** 나의 차례를 기다렸습니다.
→ I **patiently** waited for my turn. (형용사 patient → 부사 patiently)
   └ 'wait'가 일반동사이므로 동사 앞에 온다.

(2) 네가 **전적으로** 맞습니다.
→ You are **absolutely** right. (형용사 absolute → 부사 absolutely)
   └ 'are'가 be동사이므로 동사 뒤에 온다.

(3) 그들은 **몰래** 떠났습니다.
→ They **secretly** left. (형용사 secret → 부사 secretly)
   └ 'leave'가 일반동사이므로 동사 앞에 온다.

(4) 이것은 **실제로** 사실입니다.
→ This is **actually** true. (형용사 actual → 부사 actually)
   └ 'is'가 be동사이므로 동사 뒤에 온다.

(2) 만일 부사를 만들기 위해서 필요한 단어가 형용사에 없을 때에는 새로운 부사를 만든다.

always	sometimes	often	seldom
never	once	very	much
also	still	already	too
so	quite	ever	even

3 문장에서 자유로운 부사의 위치

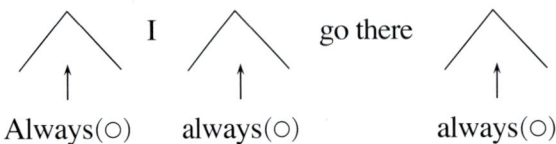

(1) 부사는 문장의 맨 앞에 올 수 있다.

Kindly he helped me.
Always I go there.
Generously he helped me.
Always I work.

> ❓ 영어는 중요하고 강조하고 싶은 것일수록 맨 앞으로 보낸다. 그러므로 부사를 문장 맨 앞에 쓰게 되면 그 부사를 강조한 표현이 된다.

(2) 부사는 문장의 맨 뒤에 올 수 있다.

He helped me **kindly**.
He helped me **generously**.
I go there **always**.
I work **always**.

> ❓ 부사를 문장 맨 뒤에 쓰게 되면 부연설명의 의미가 된다.

(3) 부사는 명사 앞에 올 수 없다.

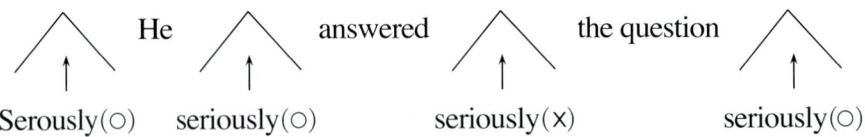

> ❓ **형용사 우선의 법칙**
> 명사 앞에 빈자리가 있으면 형용사가 우선권을 가진다. 일단 함께 쓰이면 형용사와 명사는 떨어지지 않고 같이 움직인다.

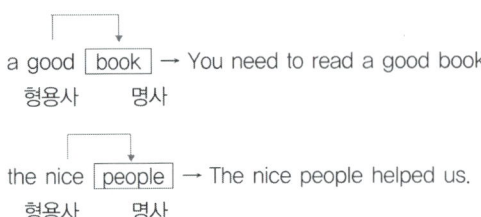

a good book → You need to read a good book.
형용사   명사

the nice people → The nice people helped us.
형용사   명사

Han's Grammar Clinic

- 부사를 구성하고 있는 대부분의 spell은 형용사로 이루어져 있다. **True** False
- 부사임을 표시하는 대표적인 기호는? ○ -ly
- 형용사 실력이 바로 부사 실력이라고 말할 수 있다. **True** False
- 부사가 필요할 때 맨 먼저 찾아보아야 할 단어 group은? ○ 형용사
- 문장 'Kindly he helped me. He helped me kindly.' 에서 눈치챌 수 있는 부사의 위치에 대한 변화는?
  ○ 부사의 위치가 자유로워졌다. 앞에 쓸수록 강조한 것이 된다.
- 부사 'seriously'를 쓸 수 없는 곳은? ₁He ₂answered ₃questions ₄. ○ 3번

Comprehension Quiz

Quiz 1 해석을 참고해서 'always(항상)' 가 들어갈 적절한 곳은?

₁I ₂liked ₃her ₄. (나는 그녀를 항상 좋아해.)

① 4 ② 3 ③ 2 ④ 1

Quiz 2 해석을 참고해서 'Occasionally(자주/빈번히)' 가 들어갈 적절한 곳은?

₁They ₂attend ₃the ₄single's party ₅. (그들은 독신자 파티에 자주 참석해요.)

① 5 ② 4 ③ 3 ④ 2

Quiz 3 해석을 참고해서 'still(여전히)' 이 들어갈 적절한 곳은?

₁I don't ₂understand why she is ₃keeping ₄her past habits. (나는 왜 그녀가 여전히 옛날 습관을 지키고 있는지 이해가 안 가.)

① 4 ② 3 ③ 2 ④ 1

Answer Key: Quiz 1. ③ Quiz 2. ④ Quiz 3. ②

Step 1
Grammar Application to Writing

| Check | 적절한 부사의 사용은 글의 수준을 높혀줍니다.

1. 나는 이미 눈치 챘다.
   I noticed.
   I already noticed.

2. 그는 여전히 안에 있다.
   He is in.
   He is still in.

3. Ted는 빈번하게 실수를 했다.
   Ted made mistakes.
   Ted occasionally made mistakes.

4. 나는 마침내 알아냈다.
   I figured out.
   I finally figured out.

5. 내 생각에 아마도 네가 옳은 것 같다.
   I think you are right.
   I think you are probably right.

6. 중고책은 일반적으로 싸다.
   Used books are cheap.
   Used books are generally cheap.

7. Anna은 항상 뭔가를 한다.
   Anna does something.
   Ann always does something.

8. Indian summer는 항상 덥다.
   Indian summer is hot.
   Indian summer is always hot.

9. 대중매체는 때때로/가끔 진실을 왜곡한다.
   Mass media twists the fact.
   Mass media sometimes twists the fact.

10. 그들은 좀처럼 방을 청소하지 않습니다.
    They clean the room.
    They seldom clean the room.

11. 나는 선물가게에서 토끼 발(rabbit's foot)을 자주 보았다.
    I saw a rabbit's foot in a souvenir shop.
    I often saw a rabbit's foot in a souvenir shop.

12. 이것은 그냥 그저 그런 일이예요.
    This is one of those things.
    This is just one of those things.

13. TV는 자주/흔히/종종 폭력장면들을 보여준다.
    TV shows violent scenes.
    TV often shows violent scenes.

14. 그 마을버스는 드물게 정시에 온다.
    The local bus comes on time.
    The local bus rarely comes on time.

15. 스포츠용품은 아주 드물게 세일한다.
    Sports goods are on sale.
    Sports goods are hardly ever on sale.

16. 우리는 보통 주말에 서로 본다(만난다).
    We see each other on weekend.
    We usually see each other on weekend.

Tip 빈도부사의 위치는 be동사 뒤, 일반동사 앞을 선호하지만 상황에 따라 문장 맨 앞(강조의 목적)과 문장 맨 뒤도 가능합니다.

Step 1

20 부사의 활용

영어 문장을 쓰는 데 자신감을 주고, 글과 말의 수준(Level)을 높여주는 부사에 대해서 살펴보자.

Learning Goals 왜 우리는 부사를 배워야 할까?

1 문장에서 부사의 위치와 역할

(1) 부사의 위치에 따라 달라지는 글의 감각

Always I go there. ➡ Always를 강조한 표현
I **always** go there. ➡ 약한 강도로 always를 강조한 표현
I go there **always**. ➡ 부연설명의 표현

(2) 부사의 사용에 따라 달라지는 글의 수준

Beginning Level	Expert Level
I am happy.	I am **extremely** happy.
It is true.	It is **absolutely** true.
He said "yes".	He **reluctantly** said "yes".
It takes 20 minutes.	It takes **approximately** 20 minutes.

2 자주 쓰는 빈도부사

(frequently 10번 중 9~10번, occasionally 10번 중 7~8번을 말한다.)

Han's Grammar Clinic

- 영어는 중요한 것, 강조하고 싶은 것일수록 ① 보낸다. 그러므로 부사를 맨 앞에 쓰게 되면 본인의 의지에 관계없이 ② 한 표현이 된다. ➡ ① 앞으로 ② 강조

- 부사가 형용사를 꾸며 주면서도 여전히 Adverb(Add+Verb: 더하다+동사)라고 불리는 이유는?

  I am extremely happy.

  ○ 부사는 형용사에 -ly를 붙여서 만들어지기 시작했기 때문이다. 형용사를 부사의 근원이라고 본다. 자신의 근원을 꾸며 주는 것은 당연한 일이기 때문에 따로 이름을 붙이지 않는다. 그러나 자신과 근원이 다른 동사를 꾸며주는 것은 특별한 일이기 때문이다. Adverb라고 이름을 붙인다.

- 부사가 다른 부사를 꾸며 주면서도 여전히 Adverb(Add+Verb)라고 불리는 이유는?

  She knew perfectly well.

  ○ 같은 부사끼리 서로 돕고 꾸며주는 것은 당연하므로 따로 이름을 붙이지 않는다.

Comprehension Quiz

Quiz 1 부사를 쓸 수 <u>없는</u> 곳은?

₁She ₂sent ₃roses to me ₄.

① 4 ② 3 ③ 2 ④ 1

Quiz 2 다음의 부사를 자주 일어나는 빈도 순서대로 바르게 나열한 것은?

① often-usually-sometimes-rarely seldom
② usually-often-sometimes-seldom-rarely
③ usually-often-seldom-sometimes-rarely
④ usually-sometimes-often-seldom-rarely

Answer Key Quiz 1. ② Quiz 2. ②

Step 1
100 Essential Adverbs

일상생활이나 시험 등에 자주 등장하는 필수 부사 100개를 외워두자.

1. 아름답게 — beautifully
2. 마지못해서 — reluctantly
3. 의심스럽게 — suspiciously
4. 몰래, 비밀스럽게 — secretly
5. 화를 내어 — angrily
6. 친절하게 — kindly
7. 관대하게 — generously
8. 바보스럽게 — foolishly
9. 나쁘게, 심하게 — badly
10. 결국, 마침내(는) — eventually
11. 당장에 — immediately
12. 행복하게 — happily
13. 염려스럽게, 갈망하여 — anxiously
14. 조용하게 — silently
15. 분명히, 명백히 — obviously
16. 틀림없이, 확실히 — certainly
17. 사실은 — actually
18. 아마, 추측컨대 — presumably
19. 겉보기에는, 명백히 — apparently
20. 확실히 — surely
21. 명백히 — definitely
22. 아마 — possibly
23. 정직하게 — honestly
24. 다행히, 운 좋게도 — fortunately
25. 솔직히 — frankly
26. 운 좋게 — luckily
27. 공식적으로 — officially
28. 자연스럽게 — naturally
29. 절대적으로, 전적으로 — absolutely
30. 겨우, 간신히 — barely
31. 전적으로, 완전히 — entirely
32. 극도로 — extremely
33. 공평하게, 꽤 — fairly
34. 정말로 — really
35. 마침내, 최종적으로 — finally
36. 새롭게 — newly
37. 정확히, 꼭 — exactly
38. 똑같이, 동등하게 — equally
39. 강하게 — strongly
40. 공손히, 예의 바르게 — politely
41. 쉽게 — easily
42. 성급하게, 허둥지둥 — hastily
43. 서둘러서 — hurriedly
44. 즐겁게, 명랑하게 — merrily
45. 갑자기 — suddenly
46. 차츰, 서서히 — gradually
47. 따스하게 — warmly
48. 현명하게 — wisely
49. 밝게, 명료하게 — clearly
50. 간단히, 간소하게 — simply
51. 완전히 — completely
52. 완전히, 충분히 — fully
53. 대단히, 크게 — greatly
54. 정치적으로 — politically
55. 보통, 정상적으로 — normally
56. 기술적으로 — technically
57. 민족(학)적으로, 인종(학)적으로 — ethnically

#	한국어	영어
58.	과학적으로	scientifically
59.	겸손하게	humbly
60.	각자, 제각기	respectively
61.	이전에, 예전에	formerly
62.	정식으로	formally
63.	단지, 그저	merely
64.	큰 (목)소리로, 소란스럽게	loudly
65.	의심할 여지 없이, 확실히	undoubtedly
66.	엄격하게	strictly
67.	적당하게, 알맞게	properly
68.	공손히, 정중하게	respectfully
69.	자유롭게	freely
70.	널리, 폭넓게	widely
71.	건전하게	soundly
72.	깊이, 극심하게	profoundly
73.	잘못해서, 부당하게	wrongly
74.	완벽하게	perfectly
75.	거칠게, 대략	roughly
76.	영구히, 불변으로	permanently
77.	모순되게	inconsistently
78.	전형적으로	typically
79.	흥미 있게	interestingly
80.	개별적으로	individually
81.	단단히, 꽉	tightly
82.	익명으로	anonymously
83.	급속히, 신속히	rapidly
84.	놀랄 만큼, 놀랍게도	surprisingly
85.	안전하게, 무사히	safely
86.	활발히, 적극적으로	actively
87.	크게, 대체로	largely
88.	의미심장하게, 상당히	significantly
89.	예외적으로	exceptionally
90.	같지 않게, 불평등하게	unequally
91.	비슷하게	similarly
92.	지나치게, 과도하게	overly
93.	견실[착실]하게, 꾸준히	steadily
94.	육체적으로	physically
95.	효과적으로	effectively
96.	거의 ~아니다[없다]	hardly
97.	사실상, 실질적으로는	virtually
98.	외견상으로, 겉보기에는	seemingly
99.	정신적으로	mentally
100.	믿을 수 없을 만큼	incredibly

Step 1 | 17~20

앞에서 배운 예문을 기억하기 위한 연습입니다. 예문을 쓰고 외우고 있는 것이 그 문법을 내 것으로 만드는 지름길입니다.

1. 그는 방안으로 들어갔다.
   He went _____ the room.

2. 나는 너처럼 했어.
   I did it _____ you.

3. 그것은 주유소 근처에 있어.
   It is _____ the gas station.

4. 나는 나의 경험을 통해서 그것을 배웠어.
   I learned it _____ my experience.

5. 누가 이것을 너에게 주었니?
   Who gave this ___ you?

6. 몇 년 안에, 우리의 프로젝트는 끝날 것입니다.
   _____ a few years, our project will be finished.

7. 나는 아무 걱정 없이 그것에 사인을 했다.
   I signed it _____ any worries.

8. 그녀는 공포와 함께 비명을 질렀다.
   She screamed _____ fears.

9. 그녀는 늘(항상) 바쁘다.
   She is _____ busy.

10. 우리는 늘(항상) 아침에 운동한다.
    We _____ exercise in the morning.

11. 우리는 주로 주말에 서로 본다.
    We _____ see each other on weekend.

12. 그 영화는 나의 마음에 깊이 감동을 주었다.
    The movie _____ touched my heart.

13. 나는 나의 순서를 인내심 있게 기다렸다.　　　　　　　　　해당문법　부사의 위치
    I _____ waited for my turn..

14. 그들은 몰래 떠났다.　　　　　　　　　　　　　　　　　　해당문법　부사의 위치
    They _____ left.

15. 실은 이것이 사실이다.　　　　　　　　　　　　　　　　　해당문법　부사의 위치
    This is _____ true.

16. 그는 마지못해서 '그렇다' 라고 말했어.　　　　　　　　　해당문법　부사의 위치
    He _____ said "Yes".

17. 친절하게 그는 나를 도왔다.　　　　　　　　　　　　　　해당문법　자유로운 부사의 위치
    _____ he helped me.

18. 그는 나를 아낌없이 도왔어요.　　　　　　　　　　　　　해당문법　자유로운 부사의 위치
    He helped me _____.

19. 그는 신중하게 그 질문에 대답을 했다.　　　　　　　　　해당문법　자유로운 부사의 위치
    He answered the question _____.

20. 나는 이미 눈치챘어.　　　　　　　　　　　　　　　　　해당문법　자유로운 부사의 위치
    I _____ noticed.

21. 나는 너무너무 행복해.　　　　　　　　　　　　　　　　해당문법　형용사를 꾸미는 부사
    I am extremely _____.

22. 그는 완벽하게 잘 알고 있었어.　　　　　　　　　　　　해당문법　부사가 부사 꾸미기
    He knew perfectly _____.

문법이란? 말에는 법이 있다는 것으로 그 법을 알면 글이 써지고, 그 법을 알면 말이 들린다. 우리가 영어를 배우면서 문법을 배우는 이유는 말이 되고, 글이 되는 이 법칙에 익숙해지고자 하는 것이다. 우리가 쓰는 한국어도 말이고, 영어도 말이다. 그러므로 한국어에서 많이 쓰이는 문법은 영어에서도 많이 쓰기 마련이다.

한국에서 유일한 기초 영문법 Step • 2

01 말과 글의 수준(level)을 높이는 부사

문법을 배웠다면, 배운 문법을 통해서 말과 글이 되는지 반드시 확인해야 한다. 말과 글이 되는지 확인하는 가장 좋은 방법은 생활영어를 예문으로 외워두는 것이다.

문장에서 정해진 부사의 위치는 일반 동사 앞, be동사 뒤라고 했다. 하지만 세월이 지나면서 문장에서 부사의 위치가 많이 자유로워져 문장 맨 앞과 맨 뒤에 쓸 수 있다고 했다. 즉, 문법의 영향을 거의 받지 않는 끼워 넣는 문법이 되었다는 것이다. 결국 우리는 말이나 글에서 사용하기만 하면 말과 글의 수준(level)을 높일 수 있는 부사를 일상생활에서 대단히 많이 사용할 수 있는 자유를 얻게 된 것이다.

Learning Goals 일상생활에서 많이 사용하는 중요한 부사를 살펴보자.
부사를 쓰기 전과 쓰고 난 후의 문장이 겪는 변화를 살펴보자.

1 말의 수준(level)을 높이는 일상생활 속 부사의 활용

(1) 부사의 종류는 크게 2가지로, 형용사 뒤에 '-ly'를 붙이는 경우와 단어 자체가 부사인 경우가 있다. 형용사 뒤에 '-ly'를 붙여서 만들어진 부사를 활용하여 말의 수준이 어떻게 높아지는지 살펴보자.

- We **barely** know each other.
  우리는 서로 **겨우** 안다. (우리는 서로 잘 모른다.)
  ➡ 동사 'know'가 일반 동사이므로 일반 동사 'know' 앞에 barely를 쓴다.

- It is **definitely** better than nothing.
  그것은 **확실히** 없는 것 보다는 낫다.
  ➡ 동사 'is'가 be동사이므로, be동사 'is' 뒤에 definitely를 쓴다.
  Tip 'surely, certainly'와 바꾸어 쓸 수 있다.

- You are **probably** right this time.
  아마도 이번에는 네가 맞아.
  ➡ 동사 'are'가 be동사이므로, be동사 'are' 뒤에 probably를 쓴다.
  Tip 'maybe, perhaps'와 바꾸어 쓸 수 있지만, 'probably'는 가능성의 정도가 더 높은 뉘앙스를 전달한다.

- **Generally** speaking, women live longer.
  일반적으로 말해서, 여자들이 더 오래 산다.
  ➡ 강조하기 위해 부사 'generally'를 문장 맨 앞으로 보냈다.

- She's **really** hurt.
  그녀는 **정말로** 상처를 받았다.
  ➡ 동사 'is'가 be동사이므로 be동사 'is' 뒤에 쓴다.

- This is **strictly** between us, okay?
  이것은 **엄격하게** 우리 사이의 비밀이야, 알았지?

- **Finally**, the teacher understood us.
  드디어, 그 선생님이 우리를 이해했습니다.
  ➡ 강조하기 위해 부사 'finally'를 문장 맨 앞으로 보냈다.

- **Obviously** you have more important things on your mind.
  확실히 너의 마음속에 더 중요한 것들이 있겠지.
  ➡ 강조하기 위해 부사 'obviously'를 문장 맨 앞으로 보냈다.

- Not **really**. 꼭 그런 건 아니야.
  Tip 'No'와 같은 의미를 나타내지만, 직접적으로 부정을 나타내지 않는 센스 있는 표현이다.

- I **really** don't mind.
  나는 **정말로** 신경 쓰지 않아. (나는 정말로 관심 없어.)

- The words 'learn' and 'run' is **obviously** troublesome for Korean students.
  한국 학생들에게는 단어 'learn'과 'run'이 **명백하게** 문제가 된다.
  ➡ 동사 'is'가 be동사이므로, be동사 'is' 뒤에 obviously를 쓴다.

- He replied **immediately**.
  그는 즉시 대답했다.
  ➡ 문장의 길이가 짧을 때는 부사가 문장 맨 뒤에 쓰여 부연설명의 의미를 나타낸다.

- I **especially** enjoyed the cake.
  나는 **특히** 그 케이크를 즐겼다.
  ➡ 동사 'enjoyed'가 일반 동사이므로, 일반 동사 'enjoyed' 앞에 especially를 쓴다.

- Drive **carefully**! 조심해서 운전하세요.

- I **unintentionally** embarrassed other people.
  나는 **본의 아니게** 다른 사람들을 당황스럽게 했다.
  Tip 동사 'embarrass'는 '당황스럽게 하다'는 뜻으로 동사 'surprise (놀라게 하다)'와 다른 뉘앙스를 지닌다.

(2) 이제부터는 –ly가 붙지 않고 단어자체가 부사인 것을 활용하여 말의 수준이 어떻게 높아지는지 살펴보자.

- It **also** doesn't make any sense. 그것 **또한** 말도 안 돼.
- You're **always** so impatient. 너는 **늘** 정말로 참을성이 없어.
  ➡ 동사 'are'가 be동사이므로, be동사 'are' 뒤에 always를 쓴다.

  Tip 부사는 끼워 넣는 문법으로 생략해도 문법에 영향을 받지 않는다.
  You're ~~always~~ so impatient. (O)

- Authorized Personnel **Only**! 관계자 **외** 출입금지!
- You're the **only** one I can turn to.
  너는 내가 의지할 수 있는 **유일한** 사람이야.

  Tip turn to 의지하다

- Are you **already**? 벌써 왔어?
- It's **already** three o'clock. 벌써 3시야.
  ➡ 동사 'is'가 be동사이므로, be동사 'is' 뒤에 already를 쓴다.

- It **sometimes** happens. **때때로** 일어나는 일이야.
  ➡ 동사 'happens'가 일반 동사이므로, 일반 동사 'happens' 앞에 sometimes를 쓴다.

- How **often** do you go there?
  당신은 얼마나 **자주** 거기에 가나요?

- I **seldom** go there. 나는 **드물게** 거기에 갑니다.
  ➡ 동사 'go'가 일반 동사이므로, 일반 동사 'go' 앞에 seldom을 쓴다.

- I **just** want to talk to you for a second.
  나는 **단지** 잠시 동안 너와 이야기하기를 원해.
  ➡ 동사 'want'가 일반 동사이므로, 일반 동사 'want' 앞에 just를 쓴다.

- You'll **never** know until you try.
  네가 시도할 때까지는 **절대** 알 수 없을 거야. (길고 짧은 건 대봐야 알지.)

2 글의 수준(level)을 높이는 부사의 활용

부사를 쓰기 전과 부사를 쓰고 난 후의 문장이 겪는 변화를 살펴보자. 부사를 쓴 쪽의 문장수준이 훨씬 높아진다.

Before   The spring vacation came.
After   Finally, the spring vacation came.
          드디어 봄 방학이 왔습니다.

Before   I wanted to go back to Los Angeles.
After   I really wanted to go back to Los Angeles.
          나는 정말로 Los Angeles로 돌아가는 것을 원했습니다.

Before   I had one week.
After   I had only one week.
          나는 단지 일주일의 시간이 있었습니다.

Before   The spring vacation was short.
After   The spring vacation was relatively short.
          봄방학은 상대적으로 짧았습니다.

Before   I had to leave.
After   I had to leave immediately.
          나는 즉시 떠나야만 했습니다.

Before   I arrived in Nebraska in two days.
After   Fortunately, I arrived in Nebraska in two days.
          운 좋게도 나는 이틀 만에 Nebraska주에 도착했습니다.

Before   I saw the sign on the road.
After   I clearly saw the sign on the road.
          나는 선명하게 길에 있는 표지판을 보았습니다.

It said, "Welcome to the State of Potatoes."
"감자의 주에 오신 것을 환영합니다."라고 적혀 있었습니다.

Before   I expected Nebraska had many potatoes.
After   I undoubtedly expected Nebraska had so many potatoes.
         나는 의심의 여지없이 Nebraska주는 정말로 많은 감자를 가지고 있으리라 기대했습니다.

Before   It had many potatoes.
After   Actually, it had too many potatoes.
         실제로, 그 주는 너무 많은 감자를 가지고 있었습니다.

I saw potatoes for two days.
나는 이틀 동안 감자를 보았습니다.

Before   I drove the potato field for eighteen hours.
After   I interminably drove the potato field for eighteen hours.
         나는 18시간 동안 감자 밭을 끝도 없이 운전했습니다.

I had potatoes for every meal, five meals.
나는 매 끼니마다 다섯 끼니를 감자를 먹었습니다.

Before   I dreamed potatoes talking and chasing me.
After   I even dreamed potatoes talking and chasing me.
         나는 심지어 감자가 말을 걸고 나를 쫓아오는 꿈을 꾸었습니다.

Before   I drove 100 miles an hour to get out of the state.
After   I hurriedly drove 100 miles an hour to get out of the state.
         나는 그 주를 나오기 위해서 서둘러서 시속 100마일로 운전했습니다.

Before   I took the wrong way in the third night.
After   I mistakenly took the wrong way in the third night.
         나는 실수로 3일째 밤에 길을 잘못 들어섰습니다.

Before   I drove all night.
After   I angrily drove all night.
          나는 밤새도록 화를 내며 운전했습니다.

Before   I was happy when I saw the sign of Kansas in the morning.
After   I was so happy when I clearly saw the sign of Kansas in the morning.
          나는 아침에 선명하게 Kansas라는 표지판을 보았을 때 정말로 기뻤습니다.

It said, "Welcome to the State of Wheat."
"밀의 주에 오신 것을 환영합니다."라고 적혀 있었습니다.

Before   I was worried.
After   I was extremely worried.
          나는 극도로 걱정되었습니다.

Before   As soon as I got in Kansas, there was a wheat field.
After   As soon as I got in Kansas, there was a wheat field endlessly.
          내가 Kansas에 들어서자마자 한도 끝도 없이 밀밭이 있었습니다.

Before   I became impatient.
After   I became gradually impatient.
          나는 점진적으로(조금씩) 조바심이 났습니다.

For fourteen hours, I saw wheat.
14시간 동안, 나는 밀을 보았습니다.

Before   I had wheat bread for every meal, five meals.
After   I inevitably had wheat bread for every meal, five meals.
          나는 어쩔 수 없이 매 끼니마다 다섯 끼니를 밀 빵을 먹었습니다.

Wheat was everywhere.
밀은 어디에나 있었습니다.

Before   I slept in Motel 6 next to the wheat field.

After   I slept uncomfortably in Motel 6 next to the wheat field.
나는 밀밭 옆에 있는 Motel 6에서 불편하게 잤습니다.

I had car accidents in Kansas, twice.
나는 Kansas주에서 두 번이나 교통사고를 당했습니다.

Before   I hit the bridge in my first trip to L.A. and in my second trip, I drove into the wheat field.

After   I hit the bridge in my first trip to L.A. and in my second trip, I unconsciously drove into the wheat field.
나는 LA로 가는 첫 번째 여행에서 다리를 들이받았고, 두 번째 여행에서 무의식적으로 밀밭 안으로 들어갔습니다.

Tip consciously or unconsciously 의식적이든지, 무의식적이든지

Before   I will not forget this experience.

After   I will never forget this experience.
나는 결코 이 경험을 잊지 않을 것입니다.

Before   It was unforgettable trip.

After   It was definitely unforgettable trip.
그것은 확실히 잊을 수 없는 여행이었습니다.

Comprehension Quiz

Quiz 1 내용상 어색한 부사가 하나씩 들어 있다. 올바르게 연결된 것은?

> (a) She is (1anxiously, 2badly, 3definitely, 4very) hurt.
> (b) You are (1probably, 2absolutely, 3obviously, 4kindly) right.
> (c) It happened (1already, 2sometimes, 3last time, 4only).

① (a) 1, (b) 4, (c) 2   ② (a) 1, (b) 2, (c) 4
③ (a) 1, (b) 2, (c) 3   ④ (a) 1, (b) 4, (c) 4

영어에서 부사를 맨 앞에 쓰면 ─────── 표현이 된다.
① 중요한　　　　② 고상한　　　　③ 장황한　　　　④ 강조한

 부사의 위치에 따라 달라지는 글의 감각 중 옳은 것은?

> (a) Always I go there.　(b) I always go there.　(c) I go there always.

① (a) 강조역할 (b) 일반적 (c) 부연설명　② (a) 일반적 (b) 강조역할 (c) 부연설명
③ (a) 부연설명 (b) 강조역할 (c) 일반적　④ (a) 강조역할 (b) 부연설명 (c) 일반적

 다음 부사와 뜻의 연결 중 옳은 것은?
① extremely – 드물게　　　　② reluctantly – 자발적으로
③ approximately – 대략　　　④ inconsistently – 일정하게

 부사를 쓰기 전과 부사를 쓰고 난 후의 문장이 겪는 가장 큰 변화는?
① 문장이 길어진다.　　　　　② 글의 수준이 높아진다.
③ 문장의 내용이 풍부해진다.　④ 앞뒤 문장과의 연결이 자연스러워진다.

Quiz 6　아래의 표현은 고급 영어를 가능하게 하며, 일상생활에서 많이 사용되는 부사 표현이다. 순서대로 바르게 영어로 옮긴 것은?

> 간략하게 말하자면 – 짧게 말하자면 – 결론적으로 말하자면

① Shortly speaking – Conclusively speaking – Briefly speaking
② Shortly speaking – Briefly speaking – Conclusively speaking
③ Briefly speaking – Shortly speaking – Conclusively speaking
④ Briefly speaking – Conclusively speaking – Shortly speaking

 밑줄 친 부분에 내용상 가장 알맞은 부사는?

> I had to leave ──────

① extremely　　　　② immediately
③ mistakenly　　　　④ definately

Step 2 02 부사절의 발생 배경

문법을 공부할 때 다른 어떤 것보다도 문법용어를 이해하지 못해서 어려움을 겪는 경우가 많다. 그 가운데 하나가 바로 '절'과 '구'의 의미를 구분 짓는 것이다. 영어는 문법용어에 전반적인 문법의 성격이 드러나기 때문에 가장 먼저 문법용어를 정의해보고, 살펴보는 것이 좀 더 쉽게 그 문법을 이해할 수 있는 방법이 된다.

Learning Goals
문장의 가장 이상적인 단어 배열을 반드시 기억하자.
문장(절)과 구를 구별하는 특징을 살펴보자.
문장(절)이 될 수 있는 최소 단어 개수를 살펴보자.
특수 부사의 특징을 살펴보자.
일상생활에서 많이 쓰이는 특수 부사 6개를 반드시 기억하자.
특수 부사를 맨 앞에 쓴 문장을 무엇이라고 부르는지 살펴보자.
특수 부사가 문장 앞에 쓰이면서 문장이 겪는 변화를 살펴보자.
부사절과 뒤에 오는 문장의 문법적 용어에 대해서 살펴보자.

1 가장 이상적인 문장의 단어 배열

다음은 영어에서 주로 사용하는 영어를 말하고 쓸 때 기본적으로 지켜야하는 단어 배열이다. 영어 전체 문장의 70% 가량이 이 단어 배열을 바탕으로 만들어진다.

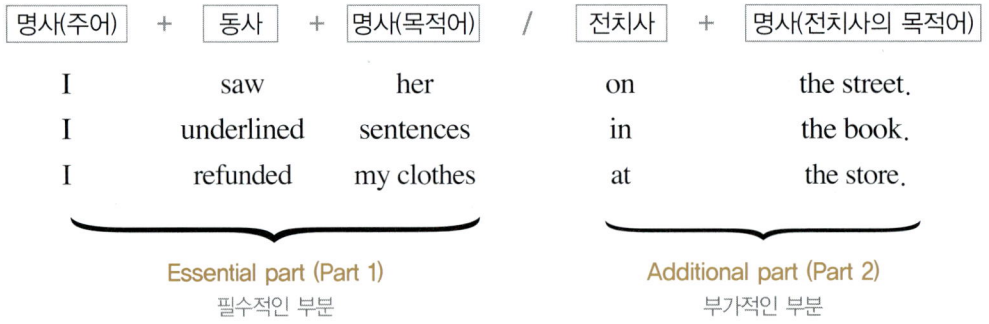

2 절과 구의 구별

(1) 절 : 항상 두 단어 이상으로 구성되어 있으며 주어와 동사를 포함하고 있다.

| I see. | People visit. | They laugh. | Everybody runs. |
| 명사 동사 | 명사 동사 | 명사 동사 | 명사 동사 |

> **❓ 절 = 문장**
> 전문적인 용어인 '절'이 어렵다면 쉽게 '문장'이라고 생각하면 된다. 모든 문장은 반드시 '주어'와 '동사'를 포함하고 있다.

(2) **구** : 두 단어 이상으로 구성되어 있으나, 주어와 동사를 포함하고 있지 않다.

Parking places	Body shops	Dead and streets	Historically famous places
동명사 명사	명사 명사	형용사 명사 명사	부사 형용사 명사

> **❓ 구 = 단어와 문장의 중간 단계**
> 아무리 단어 개수가 많고 길이가 길어도 주어와 동사를 포함하고 있지 않으면 '문장'이 될 수 없다.

┤ Han's Grammar Clinic ├

- 가장 사용빈도 수가 높은 문장의 단어 배열은? ◐ 명사+동사+명사/전치사+명사
- A와 B의 가장 큰 차이점은? ◐ A(문장), B(구)

A	B
I see.	Street parking
They laugh.	Surprisingly expensive cars
We follow.	Dead end street

- '문장'이란, ＿＿＿＿＿＿를 반드시 포함하고 있다. ◐ 주어와 동사
- '구'란, ＿＿＿＿가 없다. ◐ 주어와 동사
- '문장'과 '구'를 구별하는 가장 큰 기준은? ◐ 주어와 동사, 특히 동사의 사용 여부

---

3 특수 부사

특수 부사는 지금까지 살펴본 부사와는 반대되는 특징이 있다.

	일반 부사	특수 부사
위치	명사 앞을 제외하고, 일반동사 앞, be동사 뒤, 문장의 맨 앞, 문장의 맨 뒤에 자유롭게 쓸 수 있다.	항상 문장의 맨 앞에 쓰도록 위치가 정해져 있으며, 정해진 위치 이외에 쓰면 틀린다.
개수	형용사 뒤에 '-ly'를 붙여서 만든 경우와 단어 자체가 부사인 경우로 개수가 많다.	개수가 많지 않다.

> **❓ 대표적인 특수 부사 5개** : 특수부사 뒤에는 문장(주어+동사)을 쓸 수 있다.
> (1) after: ~한 뒤에(after I finish) (2) before: ~하기 전에(before you do)
> (3) when: ~할 때(when you go there) (4) because: ~ 때문에(because I like it)
> (5) while: ~하는 동안에(while they are working)

4 '특수 부사+절=부사절'

(1) 문장에서 특수 부사의 활용: 특수 부사는 항상 문장의 맨 앞에 쓰도록 위치가 정해져 있다. 문법적으로 '문장을 이끈다' 또는 '부사절을 이끈다' 라고도 한다.

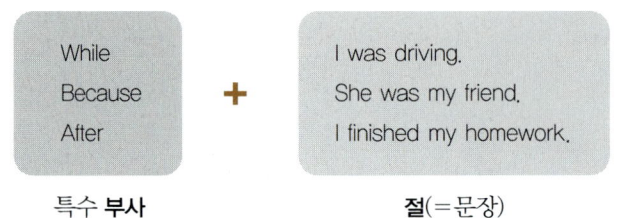

특수 부사   절(=문장)

❓ '부사절' 이라는 이름
문장, 즉 '절' 앞에 특수 부사 'after, before, when, because, while' 을 쓰면 '부사절'이 된다.

(2) 특수 부사를 만난 절(문장)이 겪게 되는 변화
완벽한 내용을 전달하는 문장 'I was driving.(나는 운전하고 있었다.)'의 맨 앞에 특수 부사 'While' 을 쓰면 'While I was driving.(내가 운전하고 있던 동안에)'라고 내용이 끝나지 않은 미완성된 문장으로 바뀐다. 따라서 'I was driving.'에서 문장도 끝나고, 내용도 끝났음을 표시하는 마침표(.)가 'While I was driving,' 에서는 문장은 끝났지만 내용이 끝나지 않았음을 표시하는 쉼표(,)로 바뀌게 된다. 특수 부사부터 쉼표까지가 부사절이다.

(3) 미완성된 내용의 완성: 미완성된 내용을 전달하는 부사절은 그 뒤에 내용을 보충해주는 또 다른 문장이 와야 한다.

While I was driving,   +   I saw the car accident.
특수 부사   절1(=문장1)   절2(=문장2)

➡ **While I was driving**, I saw the car accident.
내가 운전하고 있던 동안에, 나는 자동차 사고를 보았다.

Because she was my friend,   +   she encouraged me.
특수 부사   절1(=문장1)   절2(=문장2)

➡ **Because she was my friend,** she encouraged me.
그녀는 나의 친구였기 때문에, 그녀는 나를 격려해주었다.

After I finish my homework,   +   I will call you.
특수 부사   절1(=문장1)   절2(=문장2)

➡ **After I finish my homework,** I will call you.
내가 숙제를 마친 후에, 너에게 전화할 것이다.

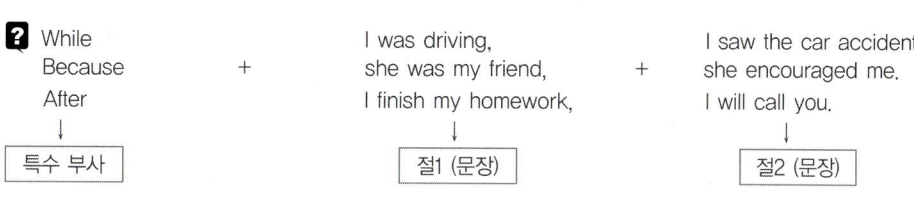

| 부사절 = 원인절 = 의존절 = 종속절 | | 결론절 = 독립절 = 주절 |

보는 시각에 따른 명칭의 차이일 뿐, 결과적으로는 같은 것을 나타내는 문법용어이다.

Tip 전통 문법에서는 특수 부사 'after, before, when, because, while'을 접속사라고 부르기도 한다. 왜냐하면 '주절'과 '종속절'을 내용상 연결해주기 때문이다. 'after, before, when, because, while'이 가지고 있는 내용적인 성격이 두 개의 문장을 연결시켜주는 접속사의 역할을 한다. → 부사+문장(절)=부사절 → 부사절의 문법적인 역할=종속접속사

Han's Grammar Clinic

- 문장에서 부사를 쓸 수 있는 4군데는? ◐ be 동사 뒤, 일반동사 앞, 문장 맨 앞, 문장 맨 뒤
- 항상 문장 앞에 쓰도록 정해져 있으며, 문장에서 접속사 역할을 하는 특별한 부사 대표적인 5개는?
  ◐ after, before, when, because, while
- 부사절만 쓸 때는 내용이 불완전하다. (True) False
- 부사절의 마침표(.)가 쉼표(,)로 바뀌는 이유는?
  ◐ 부사절이라는 문장은 끝났지만 내용이 끝나지 않았으므로 쉼표(,)를 찍는다.

Comprehension Quiz

Quiz 1 가장 빈도 수가 높은 문장의 단어 배열은?

① 명사+명사+동사 / 부사+부사
② 부사+명사+동사 / 형용사+명사
③ 명사+동사+명사 / 전치사+명사
④ 부사+형용사+명사 / 동사+전치사

Quiz 2 다음의 표현 가운데 문장인 것은?

① Speaking and listening.
② Manager in the store.
③ Han's grammar class.
④ It's over there.

Quiz 3 문장에 대해서 잘못 설명하고 있는 것은?

① 문장 하나에 한 개의 동사를 사용한다.
② 주어와 동사를 나란히 쓰면 항상 문장이다.
③ 명사 뒤에 동사를 쓰는 순간 바로 문장이 된다.
④ be동사 뒤에 일반동사를 쓴다.

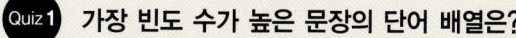
Answer Key Quiz 1. ③ Quiz 2. ④ Quiz 3. ④

Step 2 — 03 부사구의 등장 배경

특수 부사 'after, before, when, because, while'을 문장 앞에 붙여 부사절을 만든다고 했다. 이렇게 만들어진 부사절은 내용상 미완성된 문장으로 바뀌게 되므로 그 내용을 완벽하게 해줄 수 있는 또 다른 문장이 뒤에 와야 한다. 여기서 새로운 문제가 발생한다. 어떤 문제가 발생하는지 살펴보자.

Learning Goals
영어는 문법적 형식을 먼저 알릴까, 아니면 중요한 내용을 먼저 알릴까?
부사절을 앞에 쓰는 것이 정식일까, 아니면 주절을 앞에 쓰는 것이 정식일까?
모든 주절을 앞에 쓸 수 없는 이유에 대해 알아보자.
부사절을 앞에 썼을 때, 주절을 빨리 듣고 싶다면?

1 영어는 내용보다 문법을 먼저 알린다

누군가 뛰어와 'Do you ~?' 또는 'Will you ~?' 아니면 'You are not ~.', 심지어, 'If ~,' 라고 말하고 쓰러졌다면 그 말의 내용을 짐작할 수 없을 것이다. 하지만 사용된 문법은 알 수 있다. 영어는 첫 번째, 두 번째, 세 번째 단어에서 그 문장이 사용할 문법을 보여준다.

Do [Will] you ~?	➡ 내용은 모르지만 의문문(문법)임을 알 수 있다.
You are not ~.	➡ 내용은 모르지만 부정문(문법)임을 알 수 있다.
If ~,	➡ 내용은 모르지만 가정법(문법)임을 알 수 있다.

❓ 영어는 내용보다 문법을 먼저 알리기 때문에 부사절이라는 문법을 먼저 쓴다.

> While I was driving, I saw a car accident.
> 부사절(=종속절)   주절

2 영어는 중요하고 강조하고 싶은 내용일수록 문장 앞으로 보낸다

일반적으로 주절이 내용상 더 중요한 의미를 가지고 있다. 왜냐하면 부사절의 미완성된 내용이 주절에 의해서 내용적으로 완성되어지기 때문이다.

While I was driving,   +   I saw a car accident.
부사절(=종속절, 문장1)   주절(=문장2)
내가 운전하고 있던 동안에,   +   나는 자동차 사고를 보았다.

중요한 내용을 문장 앞으로 보낸다는 영어의 성격 때문에 주절(=문장2)을 앞으로 보낼 수 있다. 주절을 앞에 쓰고 부사절(=종속절)을 뒤에 썼을 때는 쉼표(,)가 마침표(.)로 바뀌어야 한다.

I saw a car accident while I was driving.
　주절(=문장2)　　　　부사절(=종속절, 문장1)

3 주절을 앞에 쓰지 않으면서 강조하는 방법

영어는 내용보다 문법을 먼저 알리는 것이 우선이므로 부사절을 앞에 쓰고 주절을 뒤에 쓰는 것이 일반적이다. 물론 주절의 내용을 강조하고 싶을 때는 앞으로 보낼 수 있지만 매번 앞에 쓰지 않도록 자제하는 것이 좋다. 내용상 중요한 주절이 뒤에 있는 상태에서 그 주절의 내용을 빨리 듣게 하기 위해서 앞에 있는 부사절을 가능한 짧게 부사구로 바꾸는 문법이 만들어졌다.

Han's Grammar Clinic

- 영어는 중요하고, 강조하고 싶은 내용일수록 앞으로 보낸다. (True) False
- 종속절과 주절 중 어느 것이 주로 더 중요한 말일까? ◐ 주절
- 주절을 모두 앞에 쓸 수 없는 이유는? ◐ 주절을 모두 앞에 쓰면 모두 강조한 것이 되기 때문이다.
- 부사절을 앞에 쓰는 것과 부사절을 뒤에 쓰는 것 중 어느 것이 원칙일까? ◐ 앞
- 주절을 빨리 듣기 위해서 할 수 있는 두 가지는? ◐ ❶ 앞으로 보내기 ❷ 부사절을 짧게 줄이기

Comprehension Quiz

 'While, After, Before, Because, When'을 부사절을 이끄는 부사라고 한다. 그 이유에 대한 설명으로 올바른 것은?

① 'While, After, Before, Because, When'이 부사이고, 그 뒤에 문장을 쓸 수 있기 때문에
② 'While, After, Before, Because, When'이 부사이고, 문장 뒤에 쓸 수 있기 때문에
③ 'While, After, Before, Because, When'이 부사이고, 그 뒤에 또 다른 부사를 쓸 수 있기 때문에
④ 'While, After, Before, Because, When'이 부사이고, 그 위치가 자유롭기 때문에

 다음의 문장 중 '주절'을 '부사절(종속절)'보다 더 중요하게 취급해서 위치를 정한 것은?

① While I was running to the restroom, I had to be careful.
② After I worked all day, I had a beer with my friends in the bar.
③ Since I met you in the class, I never forgot you.
④ I like romantic movies because the words in the movies are nice.

Answer Key Quiz 1. ① Quiz 2. ④

04 부사절을 부사구로 고치기

'be동사'와 '일반 동사'가 쓰인 경우에 따라 부사절을 부사구로 고치는 방법에 차이가 있다. 어렵지 않으므로 차근차근 동사의 종류에 따라 어떠한 방법의 차이가 있는지 살펴보자.

Learning Goals 부사절을 부사구로 고치는 2가지 방법에 대해 살펴보자.
부사절을 부사구로 고칠 수 없는 경우에 대해 살펴보자.

1 부사절을 부사구로 고치는 2가지 방법

'부사절을 부사구로 고친다.'는 말은 부사절 속에서 생략 가능한 단어를 최대한 생략해서 짧게 줄이겠다는 말이다. 즉, 문법의 정확성을 포기하면서라도 부사절의 길이를 줄이겠다는 뜻이다. 비록 부사절의 길이가 줄어들지만 전달하고자 하는 내용에는 손상이 없어야 하므로 내용에 손상을 가장 적게 주는 단어를 생략해야 한다.

(1) 부사절에 be동사가 있는 경우

While I was driving, I saw a car accident.
➡ While ~~I~~ was driving, I saw a car accident.

영어는 반복을 대단히 싫어한다. 특히, 같은 주어가 두 번 반복되는 것을 싫어하므로 주절과 부사절에서 반복되는 주어를 생략한다. 부사절의 주어가 생략되어도 주절을 보면 무엇이 생략되었는지 알 수 있다.

While I **was** driving, I saw a car accident.
➡ While ~~I~~ **was** driving, I saw a car accident.

be동사 (am, are, is, was, were, be)는 '~이다, ~있다, ~이 되다'의 뜻으로 정확한 뜻을 알 수 없다. 그러므로 생략해도 전체 내용에 크게 손상을 주지 않는다.

(2) 부사절에 일반 동사가 있는 경우

After I finish college, I will start my own business.
➡ After ~~I~~ finish college, I will start my own business.

반복되는 주어 중 하나를 생략한다.

After I **finish** college, I will start my own business.
➡ After ~~I~~ **finishing** college, I will start my own business.

일반 동사는 특정한 의미를 가지고 있기 때문에 생략할 경우 전체 내용에 영향을 크게 미친다. 그렇기 때문에 be동사처럼 생략할 수 없다. 대신 동사의 성질을 버릴 수 있도록 그 모양을 동사가 아닌 것처럼 바꾸어 주어야 한다.

❓ 동사 'work'를 동사의 성질을 버릴 수 있도록 형태를 변형시켜보자.

work	+	-s	→	work**s**(동사 ○)
work	+	-ed	→	work**ed**(동사 ○)
work	+	-ing	→	work**ing**(동사 ✕)
work	+	-er	→	work**er**(동사 ✕)

동사 뒤에 '-er'을 붙이는 경우와 '-ing'를 붙이는 두 가지 경우에 동사의 성질이 사라짐을 알 수 있다.

➡ '동사+ -er'
 모든 동사에 붙일 수 있는 것이 아니고, 붙일 수 있는 동사와 붙일 수 없는 동사가 있다.
 worker(○), liker(✕), sayer(✕), wanter(✕), haver(✕)

➡ '동사+ -ing'
 동사의 성질을 버릴 수 있도록 만드는 방법이고 모든 동사에 적용할 수 있다.

2 부사절을 부사구로 바꾸지 않는 두 가지 경우

(1) **정확한 시제를 알리고자 하는 경우**: 부사절을 부사구로 고치기 위해 be동사를 생략하거나 일반 동사를 '-ing' 형태로 고치면, 동사가 가지고 있는 시제는 영원히 사라진다. 따라서 정확한 시제를 보여주기 원하는 경우 부사절을 부사구로 고치지 않는다.

(2) **주절과 종속절에 반복되는 주어가 없는 경우**

❓ **부사절을 부사구로 고치는 것은 위험하다**
 부사구는 문법적으로 안전한 문법이라고 할 수 없다. 문장이 갖추어야 하는 중요한 조건인 주어와 동사가 생략되었고 그 이유 때문에 시제를 정확히 알 수 없다. 주어와 동사가 사라지고 시제를 알 수 없는 문장은 안전한 문장이라고 할 수 없다.

Han's Grammar Clinic

- 부사절을 부사구로 고치는 순서는?
  → be동사가 있을 때: ○ 주어 생략, be동사 생략
  → 일반 동사가 있을 때: ○ 주어 생략, 일반동사 원형에 -ing를 붙이기
- 부사절을 부사구로 고칠 수 없는 2가지 경우는? ○ 정확한 시제를 원할 때, 양쪽 문장의 주어가 다를 때
- Speaking에서 부사절을 부사구로 고치는 이유는? ○ 말을 빨리하기 위해서
- Writing에서 부사절을 부사구로 고치는 이유는? ○ 문법 실력을 보여주기 위해서

Comprehension Quiz

Quiz 1 be동사가 있는 부사절을 부사구로 고치는 방법 중 <u>틀린</u> 것은?
① 영어는 반복을 싫어하므로 반복되는 것을 찾아서 생략한다.
② 한 문장 안에 같은 주어가 두 번 반복되는 것은 상관없다.
③ 생략해도 내용상 가장 손상이 적은 단어를 생략한다.
④ be동사는 일반적으로 생략해도 전체 내용에 크게 손상을 주지 않으므로 생략한다.

Quiz 2 일반 동사가 있는 부사절을 부사구로 고치는 방법 중 <u>틀린</u> 것은?
① 영어는 반복을 싫어하므로 반복되는 것을 찾아서 생략한다.
② 한 문장 안에 같은 주어가 두 번 반복되는 것을 피한다.
③ 일반 동사의 원형에 '-ing'를 붙인다.
④ 일반 동사의 원형에 '-ed'를 붙인다.

Quiz 3 다음 밑줄 친 부사절을 부사구로 바르게 고친 것은?

<u>While we were camping</u>, we saw a bear.

① While we camping, we saw a bear.
② While we camped, we saw a bear.
③ Being camped, we saw a bear.
④ While camping, we saw a bear.

다음 밑줄 친 부사절을 부사구로 바르게 고친 것은?

> A: <u>After we had a conversation</u>, she decided to stay longer.
> B: <u>Because I loved her so much</u>, I decided to stay longer.

① A: After having a conversation, she decided to stay longer.
　B: 부사절을 부사구로 고치지 못한다.
② A: 부사절을 부사구로 고치지 못한다.
　B: loved her so much, I decided to stay longer.
③ A: 부사절을 부사구로 고치지 못한다.
　B: Because loving her so much, I decided to stay longer.
④ A: After having a conversation, she decided to stay longer.
　B: Because loving her so much, I decided to stay longer.

 다음 밑줄 친 부사절을 부사구로 바르게 고친 것은?

> <u>After I met him</u>, I changed my mind.

① After met him, I changed my mind.
② After meeting him, changing my mind.
③ After meeting him, I changed my mind.
④ After met him, changing my mind.

 다음 밑줄 친 부사절을 부사구로 바르게 고친 것은?

> <u>While Kate was looking for her cellphone</u>, she found her lost earring under the sofa.

① While looked for her cellphone, she found her lost earring under the sofa.
② Looking for her cellphone, she found her lost key under the sofa.
③ While looking for her cellphone, Kate found her lost earing under the sofa.
④ Looking for her cellphone, she found her lost earring under the sofa.

Answer Key | Quiz 1. ② Quiz 2. ④ Quiz 3. ④ Quiz 4. ④ Quiz 5. ③ Quiz 6. ③

Step 2 | 01~04

앞에서 배운 예문을 기억하기 위한 연습입니다. 예문을 쓰고 외우고 있는 것이 그 문법을 내 것으로 만드는 지름길입니다.

1. 우리는 거의 서로 잘 모른다.
   We _____ know each other.

2. 그녀는 정말 상처 받았다.
   She is _____ hurt.

3. 이것은 오로지 (엄격하게) 우리 사이의 일이다.
   This is _____ between us.

4. 분명히 너는 더 중요한 일이 네 마음에 있다.
   _____ you have more important things on your mind.

5. 그는 즉각 대답했다.
   He replied _____.

6. 그것은 가끔 일어난다.
   It _____ happens.

7. 너 매우 피곤해 보인다.
   You look _____ tired.

8. 운이 좋게도 나는 이틀 만에 도착했다.
   _____, I arrived in two days.

9. 나는 실수로 길을 잘못 들었다.
   I _____ took the wrong way.

10. 나는 그녀를 길에서 봤다.
    _____ saw _____ _____ the street.

11. 나는 책에 있는 문장들을 밑줄 그었다.
    I _____ _____ _____ the book.

12. 나는 내 책상 위에 많은 책들을 가지고 있다.
    I _____ many books _____ my desk.

13. 나는 운전하고 있는 동안에, 교통사고를 보았다.　　　　　　　　　　　　해당문법　부사절
    _____ I was driving, I saw the car accident.

14. 그녀가 나의 친구였기 때문에, 그녀는 나를 격려해 주었다.　　　　　　　해당문법　부사절
    _____ she was my friend, she encouraged me.

15. 내 숙제를 끝낸 후에, 내가 너에게 전화할게.　　　　　　　　　　　　　해당문법　부사절
    _____ I finish my homework, I will call you.

16. 나는 교통사고를 보았어 운전하고 있는 동안에.　　　　　　　　　　　　해당문법　주절을 강조
    _____ _____ _____ _____ _____ while I was driving.

17. 그녀는 나를 격려해 주었다 왜냐하면 그녀는 내 친구거든.　　　　　　　해당문법　주절을 강조
    _____ _____ _____ because she was my friend.

18. 내가 너에게 전화할게 내 숙제 끝나고 나서.　　　　　　　　　　　　　해당문법　주절을 강조
    _____ will _____ _____ after I finish my homework.

19. 운전하고 있는 동안에, 교통사고를 보았다.　　　　　　　　　　　　　해당문법　부사절을 부사구로 고치기
    While _____, I saw a car accident.

20. 숙제를 끝낸 후에, 내가 너에게 전화할게.　　　　　　　　　　　　　　해당문법　부사절을 부사구로 고치기
    After _____ my homework, I will call you.

21. 캠프하는 동안에, 우리는 곰을 보았다.　　　　　　　　　　　　　　　해당문법　부사절을 부사구로 고치기
    While _____, we saw a bear.

22. 그들 만난 후에, 나는 마음을 바꿨다.　　　　　　　　　　　　　　　해당문법　부사절을 부사구로 고치기
    After _____ him, I changed my mind.

· 121

Step 2
05 be동사가 있는 경우

〈be동사가 있는 부사절을 부사구로 고치는 방법〉
1. 영어는 반복을 싫어한다. 특히, 한 문장 안에 같은 주어가 두 번 반복되는 것을 싫어하므로 부사절과 주절에서 반복되는 주어를 찾아서 생략한다.
2. 생략해도 내용상 가장 손상이 적은 단어를 생략한다. be동사(am, are, is, was, were, be)는 '~이다, ~있다, ~이 되다' 라는 뜻으로 앞뒤 말을 듣기 전에는 정확한 뜻을 알 수 없으므로 생략해도 문장의 전체 내용에 크게 손상을 주지 않는다.

Learning Goals be동사가 있는 부사절을 부사구로 고쳐보자.

1 부사절을 부사구로 바꾸는 데 자신감을 갖자!

* While I was cleaning my room, I listened to the music.
  ➡ While cleaning my room, I listened to the music.
  내가 방을 청소하는 동안에, 나는 음악을 들었다.

  Tip 'while'도 부사구로 고칠 때 생략할 수 있다.
  Cleaning my room, I listened to the music.

* While I was walking on the street, I ran into an old friend.
  ➡ While walking on the street, I ran into an old friend.
  ➡ Walking on the street, I ran into an old friend.
  내가 길을 걷는 동안에, 나는 우연히 옛날 친구를 만났다.

* While we were camping, we saw a bear.
  ➡ While camping, we saw a bear.
  우리가 캠핑 중일 때, 우리는 곰을 보았다.

  ? '캠핑 중이었다'는 '진행형 시제'를 지키고 싶은 경우
  부사절을 부사구로 고치면 be동사가 사라져 '진행형 시제'를 나타낼 수 없게 된다. 정확한 시제를 알리고자 한다면 부사절의 형태를 유지해야 한다.

* While Kathy was sitting next to me, she silently looked at me.
  ➡ While sitting next to me, Kathy silently looked at me.
  ➡ Sitting next to me, Kathy silently looked at me.
     Kathy가 내 바로 옆에 앉아 있던 동안에, 그녀는 나를 조용하게 바라보았다.

  ❓ 부사절의 주어 'Kathy'와 주절의 주어 'she'는 내용상 같은 사람으로 주어가 반복되고 있다. 주절의 'she'가 구체적으로 누구를 가리키고 있는지 알려주기 위해서 'Kathy'로 바꾼다.

* While I was reading a book, I fell asleep.
  ➡ While reading a book, I fell asleep.
  ➡ Reading a book, I fell asleep.
     내가 책을 읽고 있던 동안에, 나는 잠들어버렸다.

* When the students were taking a test, they used their dictionaries.
  ➡ When taking a test, the students used their dictionaries.
     그 학생들이 시험을 볼 때, 그들은 그들의 사전을 사용했다.

  Tip when 대신에 'on, upon'으로 바꾸어 쓸 수 있다.
  On taking a test, the students used their dictionaries.

  ❓ 부사절의 주어 'the students'와 주절의 주어 'they'는 내용상 같은 사람으로 주어가 반복되고 있다. 부사절에서 생략한 주어에 대한 정보를 구체적으로 나타내 주어야 하므로 주절의 주어 'they'는 'the students'로 바뀌어야 한다.

* Because she was extremely happy, she kissed everyone around her.
  ➡ Because extremely happy, she kissed everyone around her.
     그녀는 극도로 행복했기 때문에, 그녀는 그녀 주변의 모든 사람들에게 키스를 했다.

  Tip 'because, since'도 생략할 수 있다. 또한 'because'는 be동사를 생략하지 않고 be동사 원형에 '-ing'를 붙이기도 한다.
  Extremely happy, she kissed everyone around her.
  Being extremely happy, she kissed everyone around her.

* Because I am not studying now, I can take a rest.
  ➡ Because not studying now, I can take a rest.
  ➡ Not studying now, I can take a rest.
  ➡ Being not study now, I can take a rest.
     나는 지금 공부를 하지 않는 중이기 때문에, 나는 쉴 수 있다.

＊ Because she was unable to help me, she called my brother.
  ➡ Because unable to help me, she called my brother.
  ➡ Unable to help me, she called my brother.
  ➡ Being unable to help me, she called my brother.
     그녀가 나를 도울 수 없었기 때문에, 그녀는 나의 형제를 불렀다.

＊ When the kids were playing outside, they were wearing uniforms.
  ➡ When playing outside, the kids were wearing uniforms.
  ➡ On playing outside, the kids were wearing uniforms.
     그 아이들이 밖에서 놀고 있었을 때, 그들은 유니폼을 입고 있는 중이었다.

  ❓ 부사절의 주어 'the kids'와 주절의 주어 'they'는 내용상 같은 사람으로 주어가 반복되고 있다. 'they'가 구체적으로 누구를 가리키고 있는지 알 수 없기 때문에 'the kids'로 바뀌어야 한다.

＊ Before the patient was released, he had to sign a hospital form.
  ➡ Before released, the patient had to sign a hospital form.
     그 환자가 퇴원하기 전에, 그는 병원 양식에 서명을 해야만 했다.

  ❓ 부사절의 주어 'the patient'와 주절의 주어 'he'는 내용상 같은 사람으로 주어가 반복되고 있다. 'he'가 구체적으로 누구를 가리키고 있는지 알 수 없기 때문에 'the patient'로 바뀌어야 한다.

＊ Before Tony and Jack are selected, they were tested several times.
  ➡ Before selected, Tony and Jack were tested several times.
     Tony와 Jack이 선출되기 전에, 그들은 몇 차례 시험을 받았다.

  ❓ 부사절의 주어 'Tony and Jack'과 주절의 주어 'they'는 내용상 같은 사람으로 주어가 반복되고 있다. 'they'가 구체적으로 누구를 가리키고 있는지 알 수 없기 때문에 'Tony and Jack'으로 바뀌어야 한다.

＊ While the teacher was lecturing to the class, I carefully listened to him.
     그 선생님이 수업시간에 강의하는 동안에, 나는 주의 깊게 들었다.

  ❓ 부사절의 주어 'the teacher'와 주절의 주어 'I'가 서로 다르기 때문에 부사구로 고칠 수 없다. 다시 말해서 반복되는 주어가 없다.

Comprehension Quiz

 Quiz 1 부사절에는 쉼표(,) 또는 마침표(.)를 사용하게 된다. 기호를 올바르게 사용한 부사절은 어느 것인가?

① When you try new things. you need courage.
② You need courage, when you try new things.
③ When you try new things, you need courage.
④ You need courage. when you try new things.

 Quiz 2 다음 'When'이 쓰인 부사절을 부사구로 고친 것 중 바르게 고친 것은?

> When Jack speaks in English, he looks confident.

① When speaking in English, he looks confident.
② When speaking in English, she looks confident.
③ When speaking in English, Jack looks confident.
④ When she speaks in English, looking confident.

 Quiz 3 'While I was walking on the street(부사절), I ran into an old friend(결론절). 내가 길을 걸어가고 있는 동안 나는 옛날 친구를 만났습니다.'에서 결론절 'I ran into an old friend.'를 빨리 듣기 원할 때 취할 수 있는 조치에 해당하지 <u>않는</u> 것은?

① 'I ran into an old friend'를 앞으로 보낸다.
② 'While I was walking on the street'를 짧게 줄인다.
③ 'While I was walking on the street'를 뒤로 보낸다.
④ 'I ran into an old friend'를 두 번 반복한다.

 Quiz 4 다음의 부사절은 부사구로 바꿀 수 없다. 그 이유로 올바른 것은?

> Because she helped us, we like her so much.

① 'Because'로 시작한 문장은 부사구로 바꿀 수 없기 때문에
② 'help'라는 일반 동사는 뒤에 '-ing'를 붙일 수 없기 때문에
③ 양쪽의 주어가 하나는 'he', 또 하나는 'we'로 쓰여서 서로 반복되지 않기 때문에
④ 양쪽의 시제가 서로 다르기 때문에

06 일반 동사가 있는 경우

〈일반 동사가 있는 부사절을 부사구로 고치는 방법〉
1. 영어는 반복을 싫어한다. 특히, 한 문장 안에 같은 주어가 두 번 반복되는 것을 싫어하므로 부사절과 주절에서 반복되는 주어를 찾아서 생략한다.
2. 일반 동사의 원형에 동사의 성질을 버릴 수 있는 유일한 방법인 '-ing'를 붙인다. 왜냐하면 부사구에는 절대로 동사가 있어서는 안 되기 때문이다. 주어가 생략되었으므로 동사도 변화를 겪는다.

> **Learning Goals**   일반 동사가 있는 부사절을 부사구로 고쳐보자.

1 부사절을 부사구로 바꾸는 데 자신감을 갖자!

* When I entered the restaurant, I smelled the aroma of coffee.
  ➡ When entering the restaurant, I smelled the aroma of coffee.
  내가 그 식당에 들어갔을 때, 나는 커피향을 맡았다.

  Tip 'when'은 'on, upon'으로 바꾸어 쓸 수 있다.
  Upon entering the restaurant, I smelled the aroma of coffee.

* When she noticed her boyfriend's affair, she didn't know what to do.
  ➡ When noticing her boyfriend's affair, she didn't know what to do.
  ➡ On noticing her boyfriend's affair, she didn't know what to do.
  그녀는 그녀의 남자친구가 바람 피운 것을 눈치챘을 때, 그녀는 무엇을 해야할지 몰랐다.

* When the police officer tried to stop them, they slapped each other.
  경찰관이 그들을 멈추게 하려고 노력했을 때, 그들은 서로의 뺨을 찰싹 때렸다.

  ❓ 부사절의 주어 'the police'와 주절의 주어 'they'가 서로 다르기 때문에 부사구로 고칠 수 없다.

* Before they signed the contract, they reviewed the conditions.
  ➡ Before signing the contract, they reviewed the conditions.
    그들이 그 계약서에 서명하기 전에, 그들은 그 상태를 재검토했다.

* After I met him, I changed my mind.
  ➡ After meeting him, I changed my mind.
    내가 그를 만난 후에, 나는 나의 마음이 변했다.

* After I study for the exam, I will go to the gym.
  ➡ After studying for the exam, I will go to the gym.
    나는 그 시험을 위해 공부한 후, 나는 체육관에 갈 것이다.

* After she takes off a cover, she never closes it properly.
  ➡ After taking off a cover, she never closes it properly.
    그녀가 뚜껑을 연후, 그녀는 그것을 절대로 제대로 닫지 않는다.

* After he cleaned his room, he had a lunch.
  ➡ After cleaning his room, he had a lunch.
    그가 그의 방을 청소한 후에, 그는 점심을 먹었다.

* After he had cleaned his room, he had a lunch.
  ➡ After having cleaned his room, he had a lunch.
    그가 그의 방을 현재까지 청소한 후에, 그는 점심을 먹었다.

* I will start my own business after I finish college.
  나는 학교를 마치고 나는 나의 사업을 시작할 것이다.

  ❓ 주절의 내용을 앞에서 먼저 말했기 때문에 주절 뒤에 쓰인 부사절을 부사구로 고칠 필요가 없다. 그러나 Speaking에서는 말을 줄여서 빨리 하는 것을 좋아하므로 주절 뒤에 쓰인 부사절을 부사구로 고치기도 한다.
  ➡ I will start my own business after finishing college.

✻ Since they came from another country, they were not familiar with our culture.
    ➡ Since coming from another country, they were not familiar with our culture.
    그들이 다른 나라로부터 왔기 때문에, 그들은 우리의 문화에 친숙하지 않았다.

  Tip 'because, since'도 생략할 수 있다.
  Coming from another country, they were not famililar with our culture.

✻ Since Jenny left, Jenny's parents missed her.
    Jenny가 떠난 이후로, Jenny의 부모님은 그녀를 그리워했다.

  ❓ 부사절의 주어 'Jenny'와 주절의 주어 'Jenny's parents'가 서로 다르기 때문에 부사구로 고칠 수 없다.

✻ Since he had a job, he has been busy everyday.
    ➡ Since having a job, he has been busy everyday.
    ➡ Having a job, he has been busy everyday.
    그가 직업을 가진 이후로, 그는 매일 바빴다.

✻ Because she got up late, she took a taxi.
    ➡ Because getting up late, she took a taxi.
    ➡ Getting up late, she took a taxi.
    그녀는 늦게 일어났기 때문에, 그녀는 택시를 탔다.

✻ Because James lived with his family, he took care of his parents.
    ➡ Because living with his family, James took care of his parents.
    ➡ Living with his family, James took care of his parents.
    James는 그의 가족과 함께 살았기 때문에, 그는 그의 부모님을 돌보았다.

  ❓ 부사절의 주어 'James'와 주절의 주어 'he'는 내용상 같은 사람으로 주어가 반복되고 있다. 부사절의 주어 'James'를 생략하면 주절의 주어 'he'가 구체적으로 누구를 가리키고 있는지 알 수 없기 때문에 'he'는 'James'로 바뀌어야 한다.

Comprehension Quiz

Quiz 1 부사구로 바뀌기 전에 무엇이 부사절의 빈칸에 있었을까?

> When _____ him, I will ask about me.
> → When meeting him, I will ask about me.

① I meet   ② I met   ③ I have met   ④ I had met

Quiz 2 다음은 'because'가 쓰인 부사절이다. 이 부사절을 부사구로 고친 것 중 바르게 고치지 <u>못한</u> 것은?

> Because he is typing a paper for 3 hours, he becomes tired.
> 그는 3시간 동안 서류를 작성하고 있는 중이기 때문에 피곤하다.

① Because typing a paper for 3 hours, he becomes tired.
② He becomes tired, typing a paper for 3 hours.
③ Typing a paper for 3 hours, he becomes tired.
④ Because typing a paper for 3 hours, becoming tired.

Quiz 3 빈칸에 들어가야 할 말로 알맞은 것은?

> After_____**1**_____ washed his hands,_____**2**_____ had dinner.
> = After_____**3**_____ his hands, _____**4**_____ had dinner.

① **1**-she, **2**-she, **3**-washing, **4**-he
② **1**-he, **2**-she, **3**-washed, **4**-he
③ **1**-he, **2**-he, **3**-washed, **4**-he
④ **1**-he, **2**-he, **3**-washing, **4**-he

Quiz 4 다음 부사절을 부사구로 고치려고 할 때 예상되는 결과는?

> While Tony is waiting for his friends, Tony's wife cooks dinner.

① While waiting for his friends, Tony's wife cooks dinner.
② While Tony is waiting for his friends, his wife cooking dinner.
③ 고칠 수 없다.
④ While waiting for his friends, his wife cooks dinner.

Answer Key | Quiz 1. ① Quiz 2. ④ Quiz 3. ④ Quiz 4. ③

07 High Level

일상생활에서 많이 쓰이는 대표적인 특별한 부사 5개 'after, before, when, because, while' 이외에 일상생활에서 사용되는 부사절을 이끄는 다양한 부사들에 대해 살펴보자.

Learning Goals High Level의 부사절을 부사구로 고쳐보자.
부사절을 이끄는 다양한 부사들에 대해 살펴보자.

1 부사절을 이끄는 다양한 부사

* As I was passing the store, I saw my friend in the store.
  ➡ As passing the store, I saw my friend in the store.
  내가 그 가게를 지나갈 때에 나는 그 가게 안에 있는 내 친구를 보았다.

* Once you buy it, you cannot exchange or refund it.
  ➡ Once buying it, you cannot exchange or refund it.
  일단 한 번 구입하면 그것을 교환하거나 환불하실 수 없습니다.

* Every time we met, we go to the same coffee shop.
  ➡ Every time meeting, we go to the same coffee shop.
  우리는 만날 때마다 매번 같은 커피샵에 간다.

* Even though she was busy, she stopped by to help me.
  ➡ Even though busy, she stopped by to help me.
  그녀가 바빴음에도 불구하고 나를 돕기 위해서 잠깐 들렀다.

* Because I have seen the movie before, I don't want to go again.
  ➡ Because having seen the movie before, I don't want to go again.
  ➡ Having seen the movie before, I don't want to go again.
  나는 전에 그 영화를 보았기 때문에, 나는 다시 가고 싶지 않다.

* Because I haven't seen the movie before, I really want to go.
  ➡ Because not having seen the movie before, I really want to go.
  ➡ Not having seen the movie before, I really want to go.
  ➡ Not seeing the movie before, I really want to go.
  나는 전에 그 영화를 보지 않았기 때문에, 나는 정말로 가고 싶다.

  ❓ 부사절이 부정문일 때 : 부정을 나타내는 단어 'not'을 문장 앞에 쓴다.

* Because I don't work everyday, I can have much free time.
  ➡ Because not working everyday, I can have much free time.
  ➡ Not working everyday, I can have much free time.
  나는 매일 일하지 않기 때문에, 나는 자유로운 시간을 많이 가질 수 있다.

  ❓ 부사절이 부정문일 때 : 부정을 나타내는 단어 'not'을 문장 앞에 쓴다.

* As soon as she carried two heavy bags, she became quite angry.
  ➡ As soon as carrying two heavy bags, she became quite angry.
  그녀가 2개의 무거운 가방을 옮기자마자, 그녀는 아주 화를 냈다.

  Tip 'As soon as'는 'on, upon'으로 바꾸어 쓸 수 있다.
  On carrying two heavy bags, she became quite angry.

  ❓ **부사절을 이끄는 다양한 부사**

  'after, before, when, because, while'을 포함하여 일상생활에서 많이 사용되는 부사절을 이끄는 부사들을 외워두자!

• After	후에, 뒤에, 나중에
• Before	~전에, 앞쪽에, 앞서서
• When	~때, 언제
• While	~하는 동안에, ~하는 한
• As	~와 같을 정도로, ~만큼, ~때에
• By the time	막 ~했을 때
• Since	그 후, ~이래, ~이후
• Until	~까지, ~때까지
• As soon as	~하자마자
• Once	한번, 이전에, 옛날에, 한번 ~하면
• As/So long as	~하는 한
• Whenever	~할 때는 언제든지

- Every time — 매번, 매회
- The first time (that) — 처음으로, 최초로
- The second time (that) — 두 번째로
- The last time (that) — 마지막으로, 끝으로
- The next time (that) — 다음 번에
- Because — ~때문에
- Since — ~한 까닭에, ~때문에
- As — ~이므로, ~로써
- Now that — 이제 ~이기 때문에
- In as much as — ~이므로, ~이기 때문에
- So (that) — 그렇게 함으로써
- In order that — 그렇게 함으로써
- Even though — ~함/임에도 불구하고
- Although — 비록 ~일지라도
- Though — 그러나, 그래도
- Whereas — ~임에 반해서
- Unless — ~하지 않으면, ~하지 않는 한
- Only if — 오로지/오직 ~이면
- Whether or not — ~인지 아닌지, ~한지 아닌지
- Even if — 비록 ~할지라도
- In case (that) — ~일 경우를 대비해서
- In the event (that) — ~일 경우를 대비해서

Comprehension Quiz

 Quiz 1 부사절을 이끄는 부사의 해석이 잘못된 것은?
① Until — ~까지, ~때까지
② Even though — 비록 ~이지만
③ Whereas — ~어디에서든지
④ Whenever — ~할 때는 언제든지

 Quiz 2 부사절을 이끄는 부사의 해석이 잘못된 것은?
① While — ~하는 동안에
② As soon as — ~하자 마자
③ since — ~때문에, ~이래로
④ even if — 만일 ~이면

 Quiz 3 부사절과 부사구를 잘 읽고 쓰기 위한 문법지식이라고 볼 수 없는 것은?
① 부사절을 부사구로 고치는 경우는 be동사가 있을 때와 일반 동사가 있을 때가 있다.
② 부사절은 두 개 또는 세 개씩 연속으로 연달아 쓰는 것이 일반적이다.
③ 부사절을 부사구로 고치면 시제는 영원히 사라진다.
④ 부사절은 양쪽에 반복되는 주어가 있을 때만 부사구로 고치는 것이 가능하다.

 Quiz 4 부사절을 만들 수 있는 부사들이 영어에는 정해져 있다. 다시 말해 뒤에 문장을 쓸 수 있는 부사들이 정해져 있다는 것이다. 다음의 그룹 중 부사절을 만들 수 없는 단어, 즉 그 뒤에 문장을 쓸 수 없는 단어로 이루어진 그룹은?
① once, after
② as long as, as soon as
③ whenever, because
④ throughout, because of

Answer Key | Quiz 1. ③ Quiz 2. ④ Quiz 3. ② Quiz 4. ④

Step 2 08 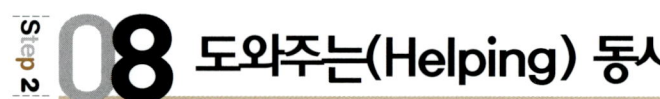 도와주는(Helping) 동사(Verb) Ⅰ

영어는 문법용어에 그 문법의 성격이 숨어있기 때문에 먼저 문법용어를 정의해보고, 살펴보는 것이 좀 더 쉽게 그 문법을 이해할 수 있는 방법이 된다.

Learning Goals
'조동사'라는 이름의 배경을 살펴보자.
일반 동사를 도와주는 조동사의 역할에 대해서 살펴보자.
조동사를 쓰기 전과 쓰고 난 후의 문장이 겪는 변화를 살펴보자.
확신의 정도를 나타내는 'may'와 'might'에 대해서 살펴보자.
충고의 정도를 나타내는 'should'와 'ought to'에 대해서 살펴보자.
충고의 의미를 나타내는 'had better'에 대해서 살펴보자.

1 조동사의 정의

우리는 일상생활에서 다른 사람에게 도움을 주기도 하고 다른 사람으로부터 도움을 받기도 한다. 도움을 주는 사람을 영어로 'Helping Person'이라고 한다. 동사도 마찬가지로 도움을 주는 동사와 도움을 받는 동사가 있다. 도움을 주는 동사를 'Helping Verb'라고 한다.

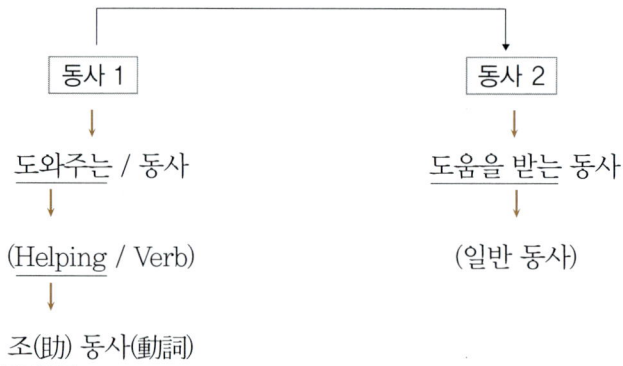

2 조동사의 역할

조동사는 일반 동사 앞에 쓰여서 일반 동사를 도와주는 Helping Verb(조동사)이다. 그렇다면 조동사가 어떻게 일반 동사를 도와줄까?

(1) 일반 동사가 가지고 있는 부담감

➡ 인칭에 따른 변화: 주어가 3인칭 단수(He, She, It)일 때 일반 동사 뒤에 '-s, -es'를 붙인다

➡ 시제에 따른 변화: 과거를 나타낼 때 일반 동사 뒤에 '-d, -ed'를 붙이거나 불규칙 변화한다.

(2) 일반 동사가 가지고 있는 이러한 부담감을 덜어주는 조동사
➡ 주어가 3인칭 단수(He, She, It)라 하더라도 조동사 다음에 오는 일반 동사에는 '-s, -es'를 붙일 필요가 없다.

➡ 조동사는 시제에 따른 일반 동사의 변화, 즉 과거시제를 나타낼 때 일반 동사 뒤에 '-d, -ed'를 붙이거나, 불규칙적으로 변화하는 것을 막아준다.

3 조동사의 종류

일반 동사를 도와주는 조동사의 개수는 정식의 조동사와 그 조동사의 보조표현을 포함해서 단지 18개뿐이다. 각각의 조동사가 가지고 있는 뉘앙스를 잘 구분하는 것이 중요하다.

	I go.	나는 간다.
➡	I **may** go.	나는 갈지도 모른다.
➡	I **might** go.	나는 갈지도 모른다.
➡	I **should** go.	나는 가야만 한다.
➡	I **ought to** go.	나는 가야만 한다.
➡	I **have to** go.	나는 반드시 가야만 한다.
➡	I **will(shall)** go.	나는 갈 것이다.
➡	I **can** go.	나는 갈 수 있다.
➡	I **would(used to)** go.	나는 가곤 했다.
➡	I **could** go.	나는 갈 수 있었다.
➡	I **must** go.	나는 죽어도 가야만 한다.
➡	I **had better** go.	나는 가는 편이 좋겠다.
➡	I **am supposed to** go.	나는 가야한다는 것을 추측당한다.
➡	I **am to** go.	나는 가야한다는 것을 강하게 추측당한다.
➡	I **am able to** go.	나는 갈 수 있다.
➡	I **am going to** go.	나는 갈 예정이다.
➡	I **have got to** go.	나는 반드시 가야만 한다.

❓ 조동사는 생략해도 전체 문장의 문법이 틀리지 않는다. 즉, 조동사는 문법의 영향을 받지 않으면서 일반 동사 앞에 끼워 넣는 문법이다. 조동사를 쓰면 문장의 길이가 길어지고, 글의 내용도 더욱 자세해진다. 따라서 당연히 글의 수준(Level)도 올라간다.

4 may & might

'may' 와 'might' 는 기본적으로 전달하는 뜻은 같지만 확신의 정도가 다르다.

may

- **공손한 요구:** ~할 수 있을까요?
  May I borrow your bicycle?
  제가 당신의 자전거를 빌릴 **수 있을까요**?
- **허락:** ~해도 좋다
  You **may** leave the room.
  너는 그 방을 떠나**도 좋다**.
- **50% 정도의 확신:** ~일지도 모른다
  He **may** be at the library.
  그는 도서관에 있을**지도 모른다**.

might

- **공손한 요구:** ~할 수 있을까요?
  Might I borrow your bicycle?
  제가 당신의 자전거를 빌릴 **수 있을까요**?
- **20% 정도의 확신:** ~일지도 모른다
  He **might** be at the library.
  그는 도서관에 있을**지도 모른다**.

> **Notice** 말을 퍼센트(%)로 표현하는 것이 무리가 될 수 있지만, 그 방법이 뉘앙스를 구별하기 쉬운 방법이기 때문에 퍼센트(%)로 표현하도록 하겠다.

뉘앙스를 잡아라!

(1) 'may'와 'might'의 뜻이 똑같다면 모양도 똑같아야 한다. 그런데 모양이 다르므로 무엇인가 차이점이 있다.

(2) 'may'와 'might'는 확신의 정도가 다르다.
   He may come. → 50% 정도의 그가 올 확률
   He might come. → 20% 정도의 그가 올 확률
   It may rain. → 50% 정도의 비가 올 확률
   It might rain. → 20% 정도의 비가 올 확률

(3) 친구의 생각이 거의 맞을 확률이 없는 상황이다. 그렇다고 직접적으로 "너 틀렸어!"라고 하기도 좀 미안하다. 친구의 생각이 맞을 확률이 전혀 없는 것은 아니지만 거의 틀린 것 같다. 이때는 You might be right.라고 할 수 있다.
   You are wrong. → 틀릴 확률이 100%
   You may be right. → 맞을 확률이 50%, 틀릴 확률도 50%
   You might be right. → 맞을 확률이 20%, 틀릴 확률은 80%

(4) 일상생활에서는 'may'를 더 많이 사용한다. 'might'를 많이 사용하면 확률이 낮은 말을 많이 하는 인상을 주기 때문이다.

5 should & ought to

'should'와 'ought to'는 기본적으로 전달하는 뜻은 같지만 충고의 정도가 다르다.

should
- 충고: ~해야만 한다
  We **should** study today.
  우리는 오늘 공부**해야만 한다**.
- 90% 정도의 확신: ~임에 틀림없다
  John **should** pass the test.
  John이 그 시험을 통과**했음에 틀림없다**.

ought to
- 충고: ~해야만 한다
  You **ought to** study today.
  우리는 오늘 공부**해야만 한다**.
- 90% 정도의 확신: ~임에 틀림없다
  John **ought to** pass the test.
  John이 그 시험을 통과**했음에 틀림없다**.

뉘앙스를 잡아라!

(1) 'should'와 'ought to'는 충고의 정도가 다르다.
   You should go there.
   → 친구 사이에 가볍게 사용할 수 있는 충고로 상하관계를 알 수 없다.
   You ought to go there.
   → 윗사람이 아랫사람에게 사용하는 가벼운 명령이며 'should'보다 강한 충고로 상하관계를 알 수 있다.

(2) 일상생활에서는 서열에 관계없이 친구사이에 가볍게 사용할 수 있는 'should'를 더 많이 사용한다.

6 had better

'had better'는 상대방이 잘 되었으면 하는 바람에서 하는 충고의 표현이다.

> **had better**
> • 충고: 하는 것이 낫다, 하는 편이 좋다
> You **had better** be there on time.
> 너는 거기에 제시간에 도착**하는 것이 좋다**.

뉘앙스를 잡아라!

(1) 친구가 잘 되었으면 하는 바람에서 'You had better go there.'라고 충고를 해 주었는데, 친구가 가지 않았다.
   → 내 입장: 아쉽고 안타까운 감정을 느낀다.
   → 친구 입장: 나중에 반드시 후회한다.

(2) 'ought to'도 윗사람이 아랫사람에게 사용하는 말이고, 'had better'도 윗사람이 아랫사람에게 사용하지만 일상생활에서 'had better'를 더 많이 사용한다.

(3) 'ought to' 보다 'had better'가 Speaking에 더 자주 사용된다.

Han's Grammar Clinic

- 조동사는 동사를 도와준다는 뜻이다. (True) False
- 조동사의 위치는? ◎ 동사 앞
- 조동사의 위치는 문장 속에 쓰기 전까지 예측할 수 없다. True (False) ◎ (항상 동사 앞)
- 조동사와 일반 동사 중 어느 쪽의 개수가 많을까? ◎ 일반 동사
- 조동사를 쓰기 전과 쓰고 난 후의 문장이 겪는 변화는? ◎ 글의 자세함, 길이
- 조동사는 끼워 넣는 문법이다. (True) False
- 조동사는 문장에서 생략해도 문법에 영향을 주지 않는다. (True) False
- 조동사는 동사가 없었더라면 생기지 않았을 단어라고 할 수 있다. (True) False
- 동사는 조동사 없이도 자유롭게 문장에 쓸 수 있다. (True) False
- 조동사는 동사 없이도 자유롭게 문장에 쓸 수 있다. True (False)
- 어떤 문장이든지 그 안에 조동사를 쓸 수 있다. (True) False

Comprehension Quiz

 Quiz 1 조동사 뒤에는 동사가 와야 한다. 동사의 형태가 올바른 것은?
① may worked
② should moving
③ might worked
④ ought to finish

 Quiz 2 빈칸에 들어갈 조동사로 바르게 연결된 것은?

> A: I will buy the lottery ticket. I have a 50/50 chance to win. I _____ win the lottery.
> B: I don't want to involve in this problem, so I _____ say a word.

① A-may, B-had not better
② A-had better not, B-may
③ A-may, B-not had better
④ A-may, B-had better not

 Quiz 3 'may'와 'might'에 관한 설명 중 옳지 <u>않은</u> 것은?
① 'may'와 'might'는 둘 다 공손한 요구를 말한다.
② 'might'가 'may'보다 더 정식이고, 격식을 갖춘 말이다.
③ 'She might leave.'가 'She may leave.'보다 더 높은 가능성을 나타낸다.
④ 'may'가 'might'보다 일상생활에서 더 자주 쓰인다.

 Quiz 4 'should'와 'ought to'에 관한 설명 중 옳지 <u>않은</u> 것은?
① 'should'와 'ought to'는 둘 다 충고할 때 쓴다.
② 'ought to'는 주로 낮은 사람이 높은 사람에게 쓴다.
③ 'should'보다 'ought to'가 더 격식을 차린 말이다.
④ 일상 생활에서는 'ought to'보다 'should'를 더 선호한다.

Answer Key: Quiz 1. ④, Quiz 2. ④, Quiz 3. ③, Quiz 4. ②

Step 2 | 05~08　　　　　　　　　　　　　　Writing Quiz

> 앞에서 배운 예문을 기억하기 위한 연습입니다. 예문을 쓰고 외우고 있는 것이 그 문법을 내 것으로 만드는 지름길입니다.

1. 내가 길을 걷는 동안에, 나는 옛날 친구를 만났다.　　[해당문법 | be동사가 있는 부사절을 부사구로 고치기]
   While I was walking on the street, I ran into an old friend.
   While _____ on the street, I ran into an old friend.

2. 그 학생들이 시험을 볼 때, 그들은 그들의 사전을 사용했다.　　[해당문법 | be동사가 있는 부사절을 부사구로 고치기]
   When the students were taking a test, they used their dictionaries.
   When _____ a test, they used their dictionaries.

3. 나는 지금 공부하는 중이 아니기 때문에, 나는 쉴 수 있다.　　[해당문법 | be동사가 있는 부사절을 부사구로 고치기]
   Because I am not studying now, I can take a rest.
   Because _____ _____ now, I can take a rest.

4. 그 환자가 퇴원하기 전에, 병원서류에 서명해야 한다.　　[해당문법 | be동사가 있는 부사절을 부사구로 고치기]
   Before the patient was released, he had to sign a hospital form.
   Before _____, the patient had to sign a hospital form.

5. 내가 그 식당에 들어섰을 때, 나는 커피 향을 맡았다.　　[해당문법 | 일반동사가 있는 부사절을 부사구로 고치기]
   When I entered the restaurant, I smelled the aroma of coffee.
   When _____ the restaurant, I smelled the aroma of coffee.

6. 그를 만나기 전에, 나는 나의 마음을 바꿨다.　　[해당문법 | 일반동사가 있는 부사절을 부사구로 고치기]
   Before I met him, I changed my mind.
   Before _____ him, I changed my mind.

7. 그가 그의 방을 청소한 후에, 그는 점심을 먹었다.　　[해당문법 | 일반동사가 있는 부사절을 부사구로 고치기]
   After he cleaned his room, he had a lunch.
   After _____ his room, he had a lunch.

8. 그가 직업을 가진 이후로, 그는 매일 바쁘다.　　[해당문법 | 일반동사가 있는 부사절을 부사구로 고치기]
   Since he had a job, he has been busy every day.
   Since _____ a job, he has been busy every day.

9. 그녀가 늦게 일어났기 때문에, 그녀는 택시를 탔다. **해당문법** 일반동사가 있는 부사절을 부사구로 고치기
   Because she got up late, she took a taxi.
   Because _____ up late, she took a taxi.

10. 내가 그 가게를 지나가고 있을 때, 나는 가게 안에 있는 **해당문법** High level의 부사절을 부사구로 고치기
    내 친구를 보았다.
    As I was passing the store, I saw my friend in the store.
    As _____ the store, I saw my friend in the store.

11. 비록 그녀가 바빴지만, 그녀는 나를 돕기 위해서 들렀다. **해당문법** High level의 부사절을 부사구로 고치기
    Even though she was busy, she stopped by to help me.
    Even though _____, she stopped by to help me.

12. 일단 그것을 구입하고 나면, 당신은 그것을 교환하거나 **해당문법** High level의 부사절을 부사구로 고치기
    환불할 수 없다.
    Once you buy it, you cannot exchanged or refund it.
    Once _____ it, you cannot exchanged or refund it.

13. 방을 나가도 좋다. **해당문법** 공손한 허락을 말하는 조동사. 50%의 결정권
    You _____ leave the room.

14. 그는 도서관에 있을지도 모른다. **해당문법** may보다 약한 추측과 확신을 말하는 조동사
    He _____ be at the library.

15. 우리는 오늘 공부해야만 해. **해당문법** 일반적인 충고를 말하는 조동사
    We _____ study today.

16. 너는 오늘 공부해야만 해. **해당문법** should보다 강한 충고를 말하는 조동사
    You _____ _____ study today.

17. 너는 거기에 정시에 가 있는 편이 좋겠다. **해당문법** '~하는 편이 좋다'라고 말하는 조동사
    You _____ _____ be there on time.

09 도와주는(Helping) 동사(Verb) II

조동사는 기본적으로 비슷한 의미를 전달하는 경우가 있다. 그러나 문장 속에서 쓰임에 따라 해석과 뉘앙스의 차이를 나타낸다. 해석과 뉘앙스의 차이에 주의하면서 문장을 통해 조동사의 종류를 살펴보자.

Learning Goals
강한 충고와 의무를 나타내는 'have to'에 대해 살펴보자.
조동사가 할 수 있는 가장 강한 충고를 나타내는 'must'에 대해 살펴보자.
'have got to'의 발생 배경에 대해 살펴보자.
능력과 가능성의 정도를 나타내는 'can'과 'could'에 대해 살펴보자.

1 have to

'have to'는 'should, ought to' 보다 훨씬 강한 충고·의무의 뉘앙스를 가지고 있다.

---
have to

- **강한 의무:** 반드시 ~해야만 한다
 I **have to** attend the meeting today.
 나는 오늘 그 모임에 **반드시 참석해야만 한다**.
- **어떤 일의 불필요성을 말할 때:** ~할 필요가 없다
 I **don't have to** attend the meeting today.
 나는 오늘 그 모임에 참석할 **필요가 없다**.

뉘앙스를 잡아라!

(1) 'have to'는 'should'보다 더 강한 의미의 충고·의무를 나타낸다.

(2) 친구에게 'You have to go there.'라고 충고를 해 주었는데 친구가 가지 않았다.
→ 내 입장: 섭섭하고 서운함을 느낀다.
→ 친구 입장: 손해를 보게 된다.

> **Tip** You should go there. 내 입장: 가벼운 친구사이의 충고로 다른 감정을 느끼지 않는다.
> 친구 입장: 가벼운 친구사이의 충고로 다른 감정을 느끼지 않는다.
> You had better go there. 내 입장: 아쉽고 안타까운 감정을 느낀다.
> 친구 입장: 나중에 반드시 후회한다.

(3) 'ought to'와 'had better'는 윗사람이 아랫사람에게 사용하는 충고지만, 'have to'는 서열에 관계없이 윗사람이 아랫사람에게 또는 아랫사람이 윗사람에게 사용할 수 있다.

(4) 'have to'의 과거는 'had to'이다.

(5) 'have to'보다 더 강한 충고를 나타내는 것이 'must'이다.

2 must

'must'는 대단히 가장 강한 충고·의무의 뉘앙스를 가지고 있다.

---

must

- **대단히 강한 의무:** 죽어도 ~해야만 한다
  I **must** get up early in the morning.
  나는 **죽어도** 아침에 일찍 일어**나야 한다**.
- **금지:** 죽어도 ~해서는 안 된다
  You **must not** sleep late.
  너는 **죽어도** 늦게 잠들어**서는 안 된다**.
- **90~99% 정도의 확신:** ~임에 틀림없다
  He **must** be in the library.
  그는 도서관에 있**음에 틀림없다**.

Tip 100% 확신 → He is in the library.

뉘앙스를 잡아라!

(1) 친구에게 'You must go there.'라고 충고를 해주었는데, 친구가 가지 않았다.

　→ 내 입장: 할 수 있는 가장 강한 충고를 했음에도 불구하고 하지 않았으므로 다시 충고를 하지 않는다.

　→ 친구 입장: 후회도 하고 또 큰 손해도 보게 된다.

Tip You should go there.	내 입장: 가벼운 친구사이의 충고로 다른 감정을 느끼지 않는다.
	친구 입장: 가벼운 친구사이의 충고로 다른 감정을 느끼지 않는다.
You had better go there.	내 입장: 아쉽고, 안타까운 감정을 느낀다.
	친구 입장: 나중에 반드시 후회한다.
You have to go there.	내 입장: 섭섭하고, 속상함을 느낀다.
	친구 입장: 손해를 보게 된다.

(2) 'must'는 너무 강한 충고·의무를 나타내기 때문에 일상생활에서 자주 사용하면 듣는 사람의 감정이 상할 수 있으므로 자주 사용하지 않고, 'should'나 'have to'를 더 많이 사용한다.

(3) 'had better'와 'ought to'보다 더 강한 어조인 'have to'와 'must'는 서열에 관계없이 윗사람이 아랫사람에게 또는 아랫사람이 윗사람에게 사용할 수 있다.

(4) 'must'는 충고를 듣지 않으면 큰 손해도 보고 후회도 하는 상황을 모두 이야기하고 있으므로 'must'보다 더 강한 충고는 없다.

(5) 'must'는 자체의 과거형이 없기 때문에 가장 가까운 의미인 'have to'의 과거형 'had to'를 쓴다.

> **Tip** I had to go.
> 'have to'의 과거형인지 'must'의 과거형인지 알 수 없다.

(6) 'had to'는 과거에 했어야 했는데 하지 못한 아쉬움을 표현하기도 한다.

> **Tip** I had to meet Jenny.
> 나는 죽어도 Jenny를 만났어야 했다. (Jenny를 못 만났을 확률이 더 높은 뉘앙스를 가진다.)
> You had to tell me earlier.
> 네가 일찍 말했어야만 했는데. (일찍 말하지 못한 아쉬움을 표현한다.)

❓ 충고의 정도

should < ought to < have to < must 의 강도로 세진다.

3 have got to

'have got to'는 'have to'와 뜻이 똑같고 모양도 매우 비슷하다. 'have got to'는 왜 만들어지게 되었을까? 그 이유는 동사 'have'가 여러 가지 다른 뜻을 가지고 많이 반복되기 때문이다.

첫 번째: 동사 'have' 뒤에 '명사'가 오면 '먹다, 가지다'로 해석된다. ➡ have+명사

두 번째: 동사 'have' 뒤에 '동사 원형'이 오면 '시키다'라는 사역동사로 해석된다. ➡ have+동사원형

세 번째: 동사 'have' 뒤에 'to'가 오면 조동사 '반드시 ~해야 한다'로 해석된다. ➡ have+to

네 번째: 동사 'have' 뒤에 '과거분사'가 오면 '완료형 시제'(현재까지 ~했다)로 해석된다. ➡ have+과거분사

반복을 싫어하는 영어에서 'have'를 그냥 놔두었을 리가 없다. 영국영어에서 현재 완료형으로 사용하는 'have got'을 가져와서 'have'의 대용으로 사용하게 되었다. 'have got'은 Speaking에 주로 쓰이면서 줄여서 발음하기도 한다.

I have got to go. ➡ I've got to go.
➡ I got to go.
➡ I gotta go.

have got to

- **강한 의무:** 반드시 ~해야 한다
  I **have got to** attend the meeting today.
  나는 오늘 그 모임에 반드시 참석**해야 한다**.
  I **had got to** attend the meeting yesterday.
  나는 어제 그 모임에 반드시 참석**했어야 했다**.

뉘앙스를 잡아라!

(1) 'have got to, got to, gotta'는 Speaking에서 주로 쓰이는 비공식적인 영어이므로 Writing에는 자제한다.
(2) 'have got to'를 가벼운 편지, 메모와 같이 비공식적인 Writing에는 사용할 수 있다.

4 can & could

'can'과 'could'는 기본적으로 전달하는 뜻은 같지만 뉘앙스가 다르다. 즉, 능력·가능성의 정도가 다르다.

can

- **90% 정도의 능력·가능성:** ~할 수 있다
  I **can** type fast. 나는 타이프를 빨리 칠 **수 있다**.
- **가벼운 허락:** ~해도 좋다
  You **can** use my computer tomorrow. 너는 내일 내 컴퓨터를 사용**해도 좋다**.
- **가벼운 부탁·요구:** ~할 수 있을까요?
  Can you pass me the salt? 저에게 소금을 건네줄 **수 있을까요**?
- **추측:** ~일 리가 없다
  That **cannot** be true. 그것은 사실**일 리가 없다**.

> ### could
>
> - **과거의 능력:** ~할 수 있었다
>   I **could** type fast. 나는 타이프를 빨리 칠 **수 있었다**.
> - **공손한 요구:** ~할 수 있겠습니까?
>   **Could** I borrow your laptop? 제가 당신의 휴대용 컴퓨터를 빌릴 **수 있겠습니까**?
> - **60~70% 이하의 미래에 대한 확신:** ~할 수 있을 거야.
>   You **could** get a discount. 너는 할인을 받을 **수 있을 거야**.

뉘앙스를 잡아라!

(1) 'could'는 'can'의 과거가 될 수 있다.
   I could try because the question was not difficult.
   나는 그 문제가 어렵지 않았기 때문에 시도할 수 있었다.

(2) 'could'는 'can'의 미래도 될 수 있다.
   Please e-mail the question tomorrow! I could try.
   그 문제를 내일 e-mail로 보내세요. 내가 시도해 볼게요.

   ❓ 'could'는 문장의 앞, 뒤 내용에 따라 'can'의 과거형이 될 수도 있고, 'can'의 미래형이 될 수도 있다.

(3) 'could'는 'can'보다 공손한 표현을 나타낸다.
   Could you help me?
   좀 도와 주시겠습니까?
   Can you help me?
   나 좀 도와 줄래?

(4) 'could'는 처음 만나서 낯선 경우 그리고 예의를 차리는 경우에 사용하며, 'can'은 친한 경우에 주로 사용한다.

Comprehension Quiz

 Quiz 1 다음 중 가장 강한 말투는?

① should   ② ought to   ③ had better   ④ must

 Quiz 2 'could'에 대한 설명으로 틀린 것은?

① can의 과거이다.
② can의 미래이다.
③ 'I could try next time.'에서 'could'는 'can'의 과거이다.
④ 'can' 보다 공손한 말이다.

Quiz 3 빈칸에 들어갈 조동사를 바르게 고른 것은?

> I _____ go there because I promised.
> 나는 약속했기 때문에 거기에 가야만 한다.
> I am not sure about it. So, I _____ say a word.
> 나는 그것이 확실하지 않아요. 그래서 아무 말 하지 않는 편이 낫겠어.

① may, had not better
② had better not, may
③ may, not had better
④ have to, had better not

 Quiz 4 다음 중 말하는 사람의 확신이 가장 낮은 문장은?

① He is sick.   ② He can't be sick.
③ He must be sick.   ④ He may be sick.

 Quiz 5 가장 강한 의지를 가지고 있는 사람은?

> Ted: I have got to win.   Sujung: I have to win.
> Misun: I must win.   Sam: I should win.

① Ted   ② Sujung   ③ Misun   ④ Sam

Answer Key: Quiz 1. ④, Quiz 2. ②, Quiz 3. ④, Quiz 4. ④, Quiz 5. ③

10 도와주는(Helping) 동사(Verb) III

조동사가 비슷한 의미를 전달하는 경우도 있다. 그러나 문장 속에서 쓰임에 따라 해석과 뉘앙스의 차이를 나타낸다. 해석과 뉘앙스의 차이에 주의하면서 문장을 통해 조동사의 종류를 살펴보자.

Learning Goals 능력을 나타내는 'can'과 'be able to'에 대해 살펴보자.
미래를 나타내는 'will'과 'be going to'에 대해 살펴보자.

1 be able to

'be able to'는 'can'과 'could'처럼 능력·가능성을 나타내며 그 정도가 가장 강하다. 'be able to'는 100%에 가까운 능력, 즉 전문가 수준의 구체적이고 확실히 해낼 수 있는 능력을 나타낸다.

> **be able to**
>
> • **구체적인 능력:** ~할 수 있다
> I am able to help you.
> 나는 너를 도와줄 수 있다.
> I will be able to help you.
> 나는 너를 도와줄 수 있을 것이다.
> I was able to help you.
> 나는 너를 도와줄 수 있었다.

뉘앙스를 잡아라!

(1) '그는 그것을 할 수 있다.'
He is able to do that.
→ 'be able to'는 상대방을 전문가 수준의 구체적이고 확실한 능력을 갖춘 사람으로 치켜세울 때 쓸 수 있다.

(2) '너는 그것을 할 수 있니?'
Are you able to do that?
→ 전문가 수준의 구체적이고 확실히 해결할 수 있는 능력이 있는지 묻는다.
Can you do that?
→ 상대방의 부담감을 낮춰주면서 능력을 묻는다.

(3) 'Are you able to do that?'이라고 상대방이 물었을 때, 'Yes.'라고 대답했다.
→ 하지 못했을 경우, 상대방은 내가 거짓말한 것으로 생각할 수 있다.

(4) 'Can you do that?'이라고 상대방이 물었을 때, 'Yes.'라고 대답했다.
→ 하지 못했을 경우, 상대방은 내가 최선을 다했지만 하지 못한 것으로 생각할 수 있다.

(5) 일상에서 'be able to'를 자주 사용하면 자신의 능력을 과시하는 것으로 보일 수 있으므로 자주 사용하지 않는다.

2 will & be going to

'will' 과 'be going to'는 미래의 일을 나타내지만 뉘앙스가 다르다. 다시 말해서, 미래의 계획에 대한 확실성의 정도가 다르다.

will
- 단순한·불확실한 미래의 계획: ~할 예정이다
  I **will** see the movie with my friend.
  나는 **별일 없으면** 친구와 영화를 볼 **예정이다**.

be going to
- 예정된·확실한 미래의 계획: ~할 예정이다
  I **am going to** see the movie with my friend.
  나는 친구와 **이미 계획된** 영화를 볼 **예정이다**.
  I **was going to** see the movie with my friend.
  나는 친구와 **이미 계획된** 영화를 볼 **예정이었다**.

뉘앙스를 잡아라!

(1) 'will' 과 'be going to'는 미래의 계획에 대한 확실성의 정도가 다르다.
I will do my homework.
→ 단순한 미래, 상황에 따라 앞으로의 미래가 바뀔 수 있다.
I am going to do my homework.
→ 계획된 미래, 미래에 거의 변동 사항이 생기지 않고 처음 얘기한 것을 그대로 지킨다.
I will call you.
→ 막연한, 약간은 불확실한 미래로 전화 안 할 수도 있다는 의미
I am going to call you.
→ 거의 약속에 가까운 미래로 확실히 전화하겠다는 의미

(2) 'be going to'를 이용하여 질문했을 경우 두 가지로 대답할 수 있다.
What are you going to do tonight?
I am going to go to the pool with my roommate.
→ 이미 풀장에 가겠다고 계획한 미래를 의미한다. (그 계획이 바뀔 확률이 적음)
I will go to the pool with my roommate.
→ 풀장에 가겠다는 단순한 미래를 의미한다. (상황에 따라 바뀔 수도 있음)

Comprehension Quiz

 누군가 'Jackie is able to do this.'라고 말했을 때, 짐작할 수 있는 것은?
① Jackie의 능력에 대한 확신 없이 막연하게 말하고 있다.
② Jackie의 능력을 치켜세우고 있다.
③ 'Jackie can do this.'보다 약하게 말하고 있다.
④ Jackie의 실력을 약간 의심하고 있다.

 다음 중 약속에 가까운 의미를 나타내는 것은?
① She said she could make an appointment for me.
② She said she can make an appointment for me.
③ She said she will make an appointment.
④ She said she is going to make an appointment.

다음 중 주어진 상황에 맞는 'be able to'의 사용이 <u>아닌</u> 것은?
① 내가 어떤 일에 전문가임을 말하고 싶을 때 – I am able to do that.
② 내가 전문가임을 겸손하게 말하고자 할 때 – I am not able to do that.
③ 상대방이 나를 치켜세워서 소개할 때 – He(She) is able to do that.
④ 상대방의 구체적인 능력을 물어볼 때 – Are you able to do that?

 다음 중 주어진 상황과 어울리지 <u>않는</u> 조동사를 사용한 것은?
① 확실한 계획을 이야기할 때 – John is going to visit us.
② 전화벨이 갑자기 울렸을 때 – I am going to get it.
③ 비가 확실히 올 것 같은 분위기일 때 – It's going to rain.
④ 단순하고, 즉흥적인 계획을 이야기할 때 – I will go to the bookstore.

 조동사는 일상생활에서 대단히 많이 사용된다. 주어진 상황에 비추어 볼 때 내용상 가장 적절한 조동사를 사용한 것은?

> A : 사용해도 될까요?(공손하게 허락을 구할 때)
>   → _____ I use?
> B : 사용하는 편이 좋겠어요.(~하는 편이 좋다)
>   → You _____ _____ use.
> A : 사용하실 수 있겠어요?(상대방의 능력을 부담 없이 가볍게 물을 때)
>   → _____ you use?
> B : 네, 사용할 수 있어요.(구체적이고, 확실한 능력을 말할 때)
>   → Yes, I _____ _____ _____.

① May – had better – could – am able to
② May – had better – can – was able to
③ May – had better – can – am able to
④ Maybe – had better – can – am able to

Step 2 11 도와주는(Helping) 동사(Verb) Ⅳ

조동사가 비슷한 의미를 전달하는 경우도 있다. 그러나 문장 속에서 쓰임에 따라 해석과 뉘앙스의 차이를 나타낸다. 해석과 뉘앙스의 차이에 주의하면서 문장을 통해 조동사의 종류를 살펴보자.

Learning Goals
확신과 의지의 정도를 나타내는 'will'과 'would'에 대해 살펴보자.
과거의 습관을 나타내는 'would'와 'used to'에 대해 살펴보자.
다른 사람으로부터의 기대감을 나타내는 'be supposed to'와 'be to'에 대해 살펴보자.
'shall'을 대신하는 조동사에 대해 살펴보자.

1 will & would

'will'과 'would'는 기본적으로 전달하는 뜻은 같지만 뉘앙스가 다르다. 다시 말해서, 의지·확신의 정도가 다르다.

---

will

- **단순 미래:** ~할 예정이다
  I will open it. 나는 그것을 열 **예정이다.**
- **요구:** ~해 주시겠습니까?
  Will you please call me? 저에게 전화를 **주시겠습니까?**
- **90% 정도의 확신:** ~할 것이다
  She will be here at 2. 그녀는 여기에 2시에 **올 것이다.**

  Tip 거의 100%에 가까운 확신 → She is going to be here at 2.

---

would

- **공손한 요구:** ~해 주시겠습니까?
  Would you please answer the question? 당신은 그 질문에 대답해 주시겠습니까?
- **would rather:** 차라리 ~하겠다
  I **would rather** watch a movie than read a book. 나는 책을 읽는 것보다 차라리 영화를 보겠다.
- **60~70% 정도의 확신:** ~할 것이다
  He **would** do that for you. 그는 너를 위해서 그것을 할 것이다.

> **뉘앙스를 잡아라!**

(1) He/She will help you.
　　도와줄 사람의 의지가 90% 정도 된다는 의미
　　He/She would help you.
　　도와줄 사람의 의지가 60~70% 정도라는 의미
　　Would you give me that? 저를 좀 도와 주시겠어요?
　　(상대방이 도와줄 의지가 좀 낮을 수도 있다는 것을 미리 고려하여 물어보는 공손한 말)
　　Will you give me that? 나 좀 도와줄래?
　　(상대방이 도와줄 의지가 높을 것이라고 믿고 물어보는 일반적인 말)

(2) 'would'는 낯선 사람, 처음 만나는 사람, 또는 타인의 입장을 고려해야 하는 사이에 많이 사용하며, 'will'은 친한 사이에 자주 사용한다.

2 would & used to

'would'와 'used to'는 기본적으로 전달하는 뜻은 같지만 뉘앙스가 다르다. 다시 말해서 기간의 정도가 다르다.

---
would

- **과거에 그런대로 규칙적이었던 행동:** ~하곤 했다
  I **would** go to the bar to release my stress.
  나는 스트레스를 풀기 위해서 바에 **가곤 했다**.
  ❓ used to에 비해서 짧은 기간 동안 불규칙적으로 반복된 행동이라고 볼 수 있다.

---
used to

- **과거에 대단히 규칙적이었던 행동:** ~하곤 했다
  When I was a college student, I **used to** go to the bar every weekend.
  나는 대학생 때 주말마다 바에 **가곤 했다**.
  ❓ 일정한 주기를 가지는 습관적인 행동이었다고 볼 수 있으며, 상당히 장기간 동안 규칙적으로 반복된 행동이라고 볼 수 있다.

뉘앙스를 잡아라!

- I would be a teacher. → 선생님으로서 짧은 기간 일을 했음을 의미
- I used to be a teacher. → 선생님으로서 장기간 반복적으로 일을 했음을 의미하므로 직업이었을 가능성이 높다.

- He would fix the car. → 짧은 기간 자동차 수리하는 일을 했음을 의미
- He used to fix the car. → 장기간 반복적으로 자동차 수리하는 일을 했음을 의미하므로 직업이었을 가능성이 높다.

3 be supposed to & be to

'be supposed to' 와 'be to' 는 기본적으로 전달하는 뜻은 같지만 기대를 당하는 정도가 다르다.

---

be supposed to

- **가벼운 기대, 추측:** ~하기를 기대 당한다/추측 당한다.
  You are not supposed to sit there.
  당신은 거기에 앉지 않기를 **기대 당한다**.

---

be to

- **대단히 강한 기대:** ~하기를 강하게 기대 당한다/추측 당한다.
  You are to attend the meeting today.
  당신은 오늘 그 모임에 참석하기를 강하게 기대 당한다.

뉘앙스를 잡아라!

(1) 'be supposed to' 는 'ask(요청)' 수준의 의미를 나타낸다.
  → I am supposed to attend the meeting because my boss asked me .

(2) 'be to' 는 명령의 수준, 'must' 보다 더 강한 느낌을 나타낸다.
  → I am to attend the meeting because my boss ordered me .

(3) 'Don't do that!' 보다 부드러운 표현으로 상대방에게 어떻게 할지 결정권을 줘서 서로의 감정을 다치지 않게 하고자 할 때, 'You are not supposed to do that.' 이라고 말할 수 있다.

4 shall

'shall'은 'can'이나 'will'을 주로 쓰기 때문에 최근에는 많이 사용하지 않는다. 'shall'을 문장에 썼다면 강조한 표현이면서 정중한 표현이 된다.

> **shall**
>
> - 어떤 제안에 대해서 상대방의 의견을 공손하게 물어 볼 때 : 제가[우리가] ~할까요?
>   **Shall** I close the door? 제가 그 문을 닫을까요?
> - 'I'나 'We'를 주어로 상대방의 의지를 공손하게 물어 볼 때 : ~하실래요?
>   **Shall** we dance? 춤 추실래요?

뉘앙스를 잡아라!

- Shall we dance?는 Can we dance?로 바꿔서 말할 수 있고 Shall I go?는 Can I go?로 바꿔서 말할 수 있다. Can을 써서 말하는 것이 더 일상적이다.

Comprehension Quiz

 만일 당신이 제과점의 주인이라면 다음의 네 사람 중 누구와 누구를 뽑는 것이 가장 도움이 될까?

> Tim: I used to work at the bakery.
> Jack: I would work at the bakery.
> Sally: I used to make cakes.
> Dongmi: I would make cakes.

① Tim & Jack ② Jack & Sally
③ Sally & Dongmi ④ Sally & Tim

 'You must go there.'이라고 직접적으로 말하는 것을 피하고 완곡한 말투로 거기에 가야 한다고 말하고 싶다. 어느 조동사가 가장 적절한가?

① You have to go there.
② You are to go there.
③ You are supposed to go there.
④ You ought to go there.

Step 2 · 12 생활 속 조동사의 미묘한 차이

조동사는 문장 속에서 쓰임에 따라 해석과 뉘앙스의 차이를 나타낸다. 해석과 뉘앙스의 차이에 주의하면서 문장을 통해 조동사의 종류를 살펴보자.

Learning Goals 상황에 따른 조동사의 미묘한 차이에 대해 살펴보자.

1 조동사의 상황별 의미 차이

(1)

* 죽어도 예약을 해야 하는 상황을 말할 때
  → I **must** make an appointment on weekend.
  나는 죽어도 주말에 예약을 해야한다.

* 예약을 하기로 1주일 전부터 계획하고 있었을 때
  → I **am going to** make an appointment on weekend.
  나는 주말에 예약을 할 것이다.

* 예약을 할 수 있다고 90% 정도의 능력을 말할 때
  → I **can** make an appointment on weekend.
  나는 주말에 예약을 할 수 있다.

* 반드시 예약해야 한다고 Speaking form으로 말할 때
  → I **have got to** make an appointment on weekend.
  나는 주말에 반드시 예약을 해야만 한다. (=gotta)

* 과거에 그런대로 자주 예약을 하곤 했을 때
  → I **would** make an appointment on weekend.
  나는 주말에 예약을 하곤 했었다.

* 예약을 해도 좋은지 공손하게 물어볼 때
  → **May / Could / Would** I make an appointment on weekend?

내가 주말에 예약을 해도 될까요 / 예약을 할 수 있을까요?

> **Tip** 의문문일 때 조동사가 문장 맨 앞에 위치해야 한다.

(2)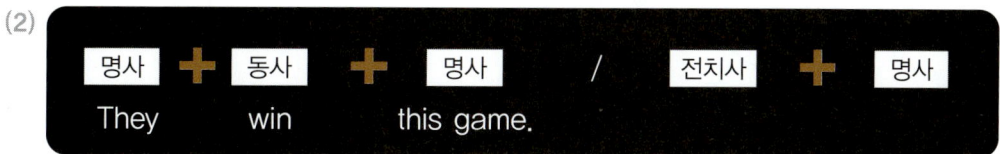

* 그들이 경기에 이길지도 모른다고 50% 정도 추측할 때
  ➡ They may win this game.
  그들은 이 경기에 이길지도 모른다.

* 반드시 그 경기에 이겨야 한다고 강하게 말할 때
  ➡ They have to win this game.
  그들은 이 경기에 반드시 이겨야 한다.

* 그들이 경기에 이길 것이라고 미래를 90% 정도 확신할 때
  ➡ They will win this game.
  그들은 이 경기에 이길 것이다.

  > **Tip** 'be going to'는 'will' 보다 더 확실하게 일어날 미래이기 때문에 보다 더 확률이 높음을 의미한다.
  > They are going to win this game. (99% 정도의 확신)

* 그들이 이길 능력이 있다고 90% 정도 확신할 때
  ➡ They can win this game.
  그들은 이 경기에 이길 수 있다.

* 그들이 이길 능력이 있다고 70% 정도 확신할 때
  ➡ They could win this game.
  그들은 이 경기에 이길 수 있다.

* 그들이 경기에 이기는 편이 좋겠다고 말할 때
  ➡ They had better win this game.
  그들이 이 경기에 이기는 편이 낫다.

(3)

| 명사 + 동사 + 명사 / 전치사 + 명사 |
| Jack try something new / for the assignment. |

* Jack과 내가 확실한 문제 해결 능력이 있음을 말할 때
  ➡ Jack and I are able to try something new for the assignment.
  Jack과 나는 과제를 위한 새로운 무엇인가를 시도할 수 있다.

* Jack과 내가 새로운 것을 시도하기를 강하게 추측당할 때
  ➡ Jack and I are to try something new for the assignment.
  Jack과 나는 과제를 위한 새로운 무엇인가를 시도하기를 강하게 추측당한다.

* Jack과 내가 새로운 것을 시도하기를 가볍게 추측당할 때
  ➡ Jack and I are supposed to try something new for the assignment.
  Jack과 내가 과제를 위한 새로운 무엇인가를 시도하기를 가볍게 추측당한다.

* Jack과 내가 새로운 것을 위해서 상당히 장기간 시도해왔음을 말할 때
  ➡ Jack and I used to try something new for the assignment.
  Jack과 내가 과제를 위한 새로운 무엇인가를 시도하곤 했었다.

? 조동사의 센스 있는 사용

- He is sick.   → 100%의 확신
  He must be sick.   → 99%의 확신
  He can't be sick.   → 90%의 확신
  He could be sick.   → 60~70%의 확신
  He may be sick.   → 50%의 확신

- 'used to(~하곤 했다)' vs. 'be used to(~하는 데 익숙하다)'
  → 단어의 모양이 비슷하기 때문에 혼돈하기 쉽다.
     be used to(= get used to = be accustomed to)+ing

- 어느 특정한 순간에 가졌던 눈에 띄는 능력은 'could'가 아니라 'was (were) able to'로 나타낸다.
  Tom started an exercise program. He was able to run for four hours without stopping.
  → Tom은 운동 프로그램을 시작했다. 그는 쉬지 않고 4시간 동안 달릴 수 있었다.
  They could reach the top of Mt. Mckinly. (×)
  They were able to reach the top of Mt. Mckinly. (○)
  → 맥킨리산(6000m) 정상에 올라갈 수 있는 능력은 아무나 가질 수 있는 능력이 아니다. 전문적인 기술과 체력과 훈련이 필요하다. 그래서 구체적인 능력을 말할 때 쓰는 'be able to'를 써야 한다.

Comprehension Quiz

Quiz 1 주어진 상황과 어울리는 조동사를 써서 문장을 만든 것은?

① 미리 세워둔 계획을 이야기할 때 – He will call you.
② 갑자기 누군가 초인종을 누를 때 – I'm going to go.
③ 변동 가능성이 큰 미래를 말할 때 – I am going to visit next week.
④ 누군가가 물어본 김에 대답할 때 – I will read some magazines.

Quiz 2 다음 중 조동사의 쓰임이 올바른 문장은?

① I have to taking the TOEFL test.
② I had not better tell you.
③ The class is supposed begin at 2.
④ You have got to leave the door open.

Quiz 3 다음 주어진 내용을 적절한 조동사를 사용해서 영어로 옮기고자 한다. 주어진 상황에 맞는 조동사를 사용해서 바르게 옮긴 것은?

> A: 나의 동생이 상당히 장기간 다른 사람을 도왔음을 말할 때
> B: 그 직원이 100% 확실한 문제 해결 능력이 있음을 말할 때

① A: My brother would help other people.
　B: The worker could solve the problem.
② A: My brother used to help other people.
　B: The worker is able to solve the problem.
③ A: My brother is going to help other people.
　B: The worker had to solve the problem.
④ A: My brother might help other people.
　B: The worker should solve the problem.

Quiz 4 다음 중 조동사의 쓰임이 올바른 문장은?

① I would to go to the bar every Sunday.
② I was used to see him from time to time.
③ Susan would be a teacher for 20 years.
④ He used to think of her because he couldn't forget her.

Answer Key | Quiz 1. ④ Quiz 2. ④ Quiz 3. ② Quiz 4. ④

Step 2

Grammar Application to Speaking

| **Check** | 조동사가 사용된 생활영어를 종류별로 알고 있는 것이 곧 실력이다.

- **Should** I say "Yes" or "No"?
  "Yes"라고 해야 하니, 아니면 "No"라고 해야 하니?

- When **should** I call you?
  내가 언제 전화할까?
  ➡ 의문문일 때는 조동사가 앞에 위치한다. 의문문을 제외하고는 조동사의 위치는 항상 일반 동사 앞에 쓴다.

- **May** I~ ?
  내가 ~해도 될까요?
  ➡ 일상생활에서 대단히 많이 사용하는 표현으로, 누군가의 허락을 받을 때 아주 가볍게 쓰는 표현이다.

- I **have to** take the TOEFL test.
  나는 TOEFL 시험을 봐야만 한다.
  ➡ 나는 TOEFL 시험을 보지 않으면 분명히 손해를 보게 될 것이다.

- How much **will** that be?
  그것이 얼마쯤 돼요?

- How much **would** that be?
  그것이 얼마쯤 될까요?
  ➡ 해석은 두 문장 모두 '그것이 얼마쯤 될까요?'라고 묻는 말이지만, 분명히 사용된 조동사가 다르다. 'How much would that be?'가 좀 더 공손한 분위기를 전달한다.

- **Can** or **can't**?
  할 수 있다는 거니, 할 수 없다는 거니?
  ➡ 미국영어에서는 [t] 발음을 굉장히 약하게 하기 때문에 일반 speaking에서 빨리 말하다 보면 'can'과 'can't'를 잘 구분하지 못할 때가 대단히 많다. 그럴 때는 'Can or can't?'라고 되물어 볼 수 있다.

- **Can** you tell me what is what?
  너는 뭐가 뭔지 말할 수 있겠니?
  Word Tips what is what. 뭐가 뭔지

- I **used to** exercise every morning.
  나는 매일 아침 운동하곤 했습니다.
  ➡ 꾸준하게 장기간 매일 운동한 사람임을 나타낸다.

- The doctor from Yanbian **would** eat at IN-N-OUT.
  Yanbian에서 온 그 의사는 IN-N-OUT에서 먹곤 했습니다.

- I would make mistakes because ~.
  나는 ~때문에 실수를 하곤 했습니다.
  Word Tips make a mistake 실수하다
  ➡ 조동사 'would'를 쓰지 않고 'used to'를 썼다면 사람들은 너무 실수를 자주하는 사람이라고 생각할 것이다. 어떤 조동사를 사용했느냐에 따라 기본적인 해석은 같지만 전달되어지는 뉘앙스는 완전히 달라진다는 것을 명심하자.

- It could hurt you.
  그것이 너를 다치게 할 수도 있어.
  ➡ 'can'으로 표현하면, 상대방이 다칠 가능성을 너무 크게 잡아서 전달하게 되므로 이러한 상황은 상대를 배려하는 마음에서 'could'로 한 단계 낮추어서 전달해주는 것이 좋다.

- I must do this.
  나는 죽어도 이것을 해야 해.

- Come on. You must know.
  자, 어서. 너는 틀림없이 알아야 해.

- I had better not tell you.
  나는 너에게 말하지 않는 편이 좋겠다.

- I'd better go now.
  나는 지금 가는 편이 좋겠다.

- The class is supposed to begin at 2.
  그 수업은 2시에 시작하도록 되어 있어[기대되고 있어].

- Who is supposed to do this?
  누가 이것을 해야 하니?

- Jackie is able to do this.
  Jackie는 이것을 확실하게 할 능력이 있어.
  ➡ Jackie의 능력은 거의 전문가 수준의 능력임을 알 수 있다.

- J. J Kim is going to meet you there.
  J. J Kim이 (사전 계획대로) 거기에서 너를 만날 거야.

- I was going to ask the same thing.
  나는 같은 것을 물어보려는 참이었어.

- You have got to see him.
  너는 그를 만나야만 해.
  ➡ 'have got to'는 생활영어에 많이 사용된다.

Step 2 | **09~12**

앞에서 배운 예문을 기억하기 위한 연습입니다. 예문을 쓰고 외우고 있는 것이 그 문법을 내 것으로 만드는 지름길입니다.

1. 나는 오늘 그 모임에 참석해야만 한다.
    I _____ _____ attend the meeting today.
    > 해당문법 | '반드시~해야 한다' 라고 말하는 조동사

2. 나는 오늘 그 모임에 참석할 필요가 없다.
    I _____ _____ _____ attend the meeting today.
    > 해당문법 | '~할 필요가 없다' 라고 말하는 조동사

3. 나는 아침에 죽어도 (무슨 일이 있어도) 일찍 일어나야 된다.
    I _____ get up early in the morning.
    > 해당문법 | '죽어도~해야 한다' 라는 가장 강한 충고의 조동사

4. 나는 Jenny를 만났어야 했다.
    I _____ _____ meet Jenny.
    > 해당문법 | have to의 과거

5. 나는 가야만 한다.
    I _____ _____ _____ go.
    > 해당문법 | have to의 speaking형태

6. 나는 빨리 타이프 칠 수 있다.
    I _____ type fast.
    > 해당문법 | '~할 수 있다' 라고 일반적인 능력을 말하는 조동사

7. 너는 내일 내 컴퓨터를 써도 된다.
    You _____ use my computer tomorrow.
    > 해당문법 | '~해도 좋다' 라고 가벼운 허락을 하는 조동사

8. 내가 당신의 노트북을 좀 빌려도 될까요?
    _____ I borrow your laptop?
    > 해당문법 | '~할 수 있겠습니까?' 라는 can보다 공손한 조동사

9. 너는 할인을 받을 수 있을 거다.
    You _____ get a discount.
    > 해당문법 | '~할 수 있을 거야' 라고 60~70%정도의 확신을 말하는 조동사

10. 나는 너를 도울 능력이 있다.
    I _____ _____ _____ help you.
    > 해당문법 | can보다 더 구체적인 능력을 말하는 조동사

11. 나는 너를 도울 능력이 있었다.
    I _____ _____ _____ help you.
    > 해당문법 | be able to의 과거

12. 나는 나의 친구와 영화를 볼 예정이다. | 해당문법 | 단순한 불확실한 미래를 말하는 조동사

    I _____ see the movie with my friend.

13. 나는 나의 친구와 영화를 볼 예정이다. | 해당문법 | 예정된 확실한 미래를 말하는 조동사

    I _____ _____ _____ see the movie with my friend.

14. 나는 너에게 전화를 할 예정이었다. | 해당문법 | be going to의 과거

    I _____ _____ _____ call you.

15. 질문에 대답을 해 주시겠어요? | 해당문법 | will 보다 공손한 뜻을 전달하는 조동사

    _____ you please answer the question?

16. 그가 너를 위해서 그것을 해 줄 거다. | 해당문법 | will 보다 약한 확신을 말하는 조동사

    He _____ do that for you.

17. 나는 그 책을 읽느니 차라리 영화 보겠다. | 해당문법 | '차라리~하겠다' 라고 말하는 표현

    I_____ _____ watch a movie than read the book.

18. 나는 bar에 가곤 했다. | 해당문법 | 과거에 그런대로 규칙적이었던 행동

    I _____ go to the bar.

19. 나는 주말마다 bar에 가곤 했다. | 해당문법 | 과거에 대단히 규칙적이었던 행동

    I _____ _____ go to the bar every weekend.

20. 너는 여기에 앉기를 기대 당하지 않는다. | 해당문법 | '~하기를 기대 당하다' 라고 말하는 조동사

    You _____ not _____ _____ sit here.

21. 너는 오늘 그 모임에 참석하기를 강하게 기대 당한다. | 해당문법 | be supposed to 보다 강한 조동사

    You _____ _____ attend the meeting today.

Step 2 13 과거분사 (Past Participle)

'분사'라는 문법을 대단히 어려워하고, 부담스러워하는 경우가 생각보다 많다. 그럴 수밖에 없는 것이 첫째, 문법 용어 자체가 대단히 어렵다. 둘째, 분사라는 문법은 다른 여러 가지 문법에 영향을 미치기 때문이다. 즉, 분사의 개념을 이해하지 못한다면 다른 영어문법을 이해하는 것도 힘들어지게 된다. 그러나 알고 보면 분사의 개념은 너무나 간단하다. 우선 분사의 두 가지 종류 가운데 '과거분사'에 대해 살펴보자.

Learning Goals
'과거동사'와 '과거분사'의 형태에 대해 살펴보자.
'과거분사'라는 이름의 배경을 살펴보자.
'과거분사'의 품사에 대해 알아보자.
'과거동사'와 '과거분사'의 구별에 대해 살펴보자.

1 동사의 형용사화

일상생활에서 사용하는 '~당한'이라는 한국말은 동사를 형용사처럼 쓸 수 있게 만든다.

한국어 '~당한'이라는 말은 영어에서도 많이 사용한다. 영어에서는 '-ed'를 붙인다.

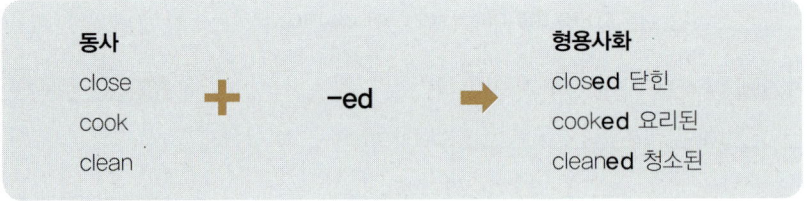

2 형용사 '~당한'의 이름

일상생활에서 'closed(닫힌), cooked(요리된)'와 같은 표현들이 많이 사용되면서 영어권 사람들이 그 특징을 살려서 문법적인 이름을 붙여주었다. 이렇게 '~당한' 또는 '~된'이라는 의미를 지닌 형용사를 과거분사라고 부르는데 이유는 두 가지가 있다.

개념1 과거동사의 부분으로 만들어진 새로운 형용사 → 과거분사

↓   ↓   ↓
Past Part i ciple
↑   ↑   ↑

개념2 과거동사와 부분적으로 시제가 같은 형용사 → 과거분사

❓ 과거동사와 과거분사는 둘 다 과거에 있었던 일을 말한다. 그래서 과거동사와 과거분사는 '부분적으로 시제가 같다' 라고 한다.
  closed (닫았다) – 과거에 있었던 일   closed (닫힌) – 과거에 있었던 일

❓ 과거분사는 형용사의 또 다른 이름으로, 형용사를 빼고 그 자리에 과거분사를 넣을 수 있다.
  hot (→ boiled) water   clean (→ washed) dishes

3 과거분사(-ed)는 형용사로서 뒤에 오는 명사를 꾸며준다

boiled | water 끓여진 물   cleaned | room 청소된 방
형용사   명사   형용사   명사
(과거분사)   (과거분사)

Han's Grammar Clinic

• 과거동사가 없다면 당연히 과거분사도 없다. (True) False
• 과거분사는 형용사의 또 다른 이름이다. (True) False
• 형용사를 빼고, 그 자리에 과거분사를 넣을 수 있다. (True) False
• 모든 과거동사는 과거분사가 있다. (True) False
• 왜 과거분사를 만들었을까?
  ◑ ❶ 동사를 형용사로 만들기 위해서 ❷ 동사의 생동감을 그대로 가지고 있는 형용사를 만들기 위해서

Comprehension Quiz

Quiz 1 다음 문장을 과거분사를 사용하여 영어로 올바르게 옮긴 것은?

  배달된 소포는 책상 위에 있습니다.

① The delivered package is on the desk.   ② The sent package is on the desk.
③ The received package is on the desk.   ④ The arrived package is on the desk.

Answer Key Quiz 1. ①

Step 2
Memorize These Past Partciple!!!

Challenge 아래의 과거분사는 반드시 기억해야 합니다.

- became
  bec_me
- began
  beg_n
- bent
  bent
- bit
  bit_ _ _
- blew
  bl_w_
- was
  _ _ _ _
- broke
  broke_
- brought
  brought
- built
  built
- bought
  bought
- caught
  caught
- chose
  chose_
- came
  c_me
- cost
  cost

- cut
  cut
- dug
  dug
- did
  d_ _ _
- drew
  dr_w_
- drank
  dr_nk
- drove
  dr_ve_
- ate
  _ _te_
- fell
  f_ll_ _
- fed
  fed
- felt
  felt
- fought
  fought
- found
  found
- fit
  fit
- flew
  fl_w_

- forgot
  forgot_ _ _
- forgave
  forg_ve_
- froze
  froze_
- got
  got
- gave
  g_ve_
- grew
  gr_w_
- hung
  hung
- had
  had
- heard
  heard
- hid
  hid_ _ _
- hit
  hit
- held
  held
- hurt
  hurt
- kept
  kept

- knew
  kn_w_
- led
  led
- left
  left
- lent
  lent
- let
  let
- laid
  laid
- lit
  lit
- lost
  lost
- made
  made
- meant
  meant
- met
  met
- paid
  paid
- put
  put
- quit
  quit

- read
  read
- rode
  r_d_e_
- rang
  r_ng
- rose
  r_se_
- ran
  r_n
- said
  said
- saw
  s_ _ _
- sold
  sold
- sent
  sent
- set
  set
- shook
  sh_k_ _
- shot
  shot
- sang
  s_ng
- sat
  sat
- slept
  slept
- spoke
  spoke_

- spent
  spent
- spread
  spread
- stood
  stood
- stole
  stole_
- stuck
  stuck
- swore
  swor_
- swept
  swept
- swam
  sw_m
- took
  t_k_ _
- taught
  taught
- tore
  tor_
- told
  told
- thought
  thought
- threw
  thr_w_
- understood
  understood
- upset
  upset

- woke
  w_ke_
- wore
  wor_
- won
  won
- withdrew
  withdr_w_
- wrote
  wr_tte_
- shut
  shut

Step 2

Memorize These Past Partciple!!!

Check 아래의 과거분사는 반드시 기억해야 합니다.

• became become	• cut cut	• forgot forgotten	• knew known
• began begun	• dug dug	• forgave forgiven	• led led
• bent bent	• did done	• froze frozen	• left left
• bit bitten	• drew drown	• got got	• lent lent
• blew blown	• drank drunk	• gave given	• let let
• was been	• drove driven	• grew grown	• laid laid
• broke broken	• ate eaten	• hung hung	• lit lit
• brought brought	• fell fallen	• had had	• lost lost
• built built	• fed fed	• heard heard	• made made
• bought bought	• felt felt	• hid hidden	• meant meant
• caught caught	• fought fought	• hit hit	• met met
• chose chosen	• found found	• held held	• paid paid
• came come	• fit fit	• hurt hurt	• put put
• cost cost	• flew flown	• kept kept	• quit quit

- read
  read
- rode
  ridden
- rang
  rung
- rose
  risen
- ran
  run
- said
  said
- saw
  seen
- sold
  sold
- sent
  sent
- set
  set
- shook
  shaken
- shot
  shot
- sang
  sung
- sat
  sat
- slept
  slept
- spoke
  spoken

- spent
  spent
- spread
  spread
- stood
  stood
- stole
  stolen
- stuck
  stuck
- swore
  sworn
- swept
  swept
- swam
  swum
- took
  taken
- taught
  taught
- tore
  torn
- told
  told
- thought
  thought
- threw
  thrown
- understood
  understood
- upset
  upset

- woke
  woken
- wore
  worn
- won
  won
- withdrew
  withdrawn
- wrote
  written
- shut
  shut

14 현재분사 (Present Participle)

'분사' 라는 문법을 대단히 어려워하고, 부담스러워하는 것은 첫째, 문법용어 자체가 대단히 어렵다. 둘째, 분사라는 문법은 다른 여러 가지 문법에 영향을 미치기 때문이다. 즉, 분사의 개념을 이해하지 못한다면 다른 영어문법을 이해하는 것도 힘들어지게 된다. 분사의 두 가지 종류 가운데 '현재분사'에 대해 살펴보자.

Learning Goals
- '현재분사'라는 이름의 배경을 살펴보자.
- '현재분사'의 품사에 대해 살펴보자.
- '현재분사'와 '동명사'의 구별에 대해 살펴보자.

1 동사의 형용사화

'~하는' 이라는 우리말은 동사를 형용사로 바꾸어 준다.

영어에서 '~하는' 의 의미를 지닌 말은 동사 뒤에 '-ing'를 붙여 만든다.

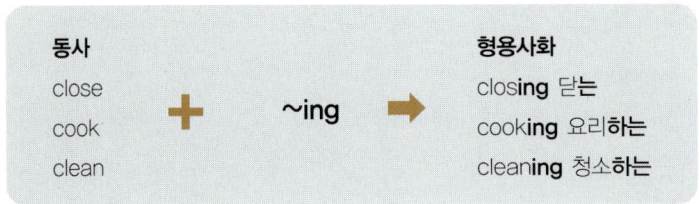

2 형용사 '~하는' 의 이름

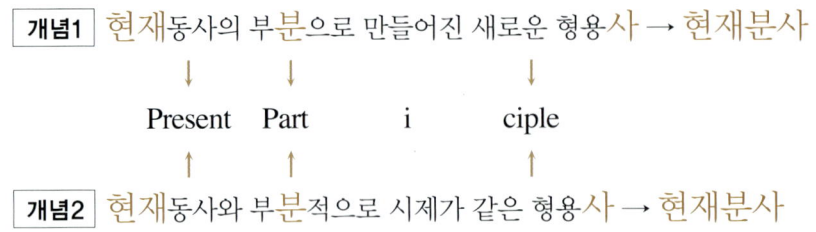

❓ 현재동사와 현재분사는 둘 다 현재에 일어나고 있는 일을 말한다. 그래서 현재동사와 현재분사는 '부분적으로 시제가 같다' 라고 한다.

❓ 현재분사는 형용사의 또 다른 이름으로 형용사를 빼고, 그 자리에 현재분사를 넣을 수 있다.
　　hot (→ boiling) water　　　fast (→ flying) planes

3 현재분사 '~하는'과 동명사 '~하는 것'의 구별

(1) sleeping baby 잠자는 아기 : 명사가 주어가 됐을 때 내용이 자연스러우면 '현재분사'이다.
　　형용사　명사　　　　　　　　A baby is sleeping. (아기가 잠을 잔다.)

(2) a walking stick 지팡이 : 명사가 주어가 됐을 때 내용이 어색하면 '동명사'이다.
　　동명사　　명사　　　　　　　A stick is walking. (지팡이가 걸어다닌다.)

Han's Grammar Clinic

- 현재동사가 없다면 당연히 현재분사도 없다. (True) False
- 현재분사는 형용사의 또 다른 이름이다. (True) False
- 형용사를 빼고, 그 자리에 현재분사를 넣을 수 있다. (True) False
- 모든 현재동사는 현재분사가 있다. (True) False
- 왜 현재분사를 만들었을까?
  ○ ❶ 동사를 형용사로 만들어 쓰기 위해서　❷ 동사처럼 생동감 있게 형용사를 만들기 위해서
- 과거분사와 현재분사를 어떻게 구별할까?　○ 과거분사 -ed, 현재분사 -ing가 동사 뒤에 붙으므로 쉽게 구별된다.

Comprehension Quiz

Quiz 1 현재분사가 만들어질 때 근원 또는 근거가 된 단어는?
　① 현재동사　　② 과거동사　　③ be동사　　④ 조동사

Quiz 2 현재분사를 한국어로 번역할 때 가장 자연스러운 것은?
　① ~했다　　② ~이다　　③ ~하는　　④ ~당한

Answer Key | Quiz 1. ①　Quiz 2. ③

Step 2

15 생활 속 분사의 활용

일상생활에서 대단히 많이 사용하는 형용사, 즉 '과거분사' 와 '현재분사' 가 쓰이는 표현들에 대해 살펴보자.

Learning Goals 일상생활에서 분사가 활용되는 표현들을 살펴보자.

1 과거분사 활용

과거분사를 사용해서 명사를 꾸미는 것에 자신감을 갖자.

(1) 동사 reserve(예약하다) + 명사 seats(자리)

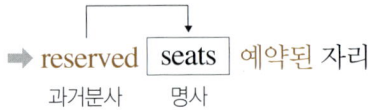 예약된 자리

(2) 동사 delay(연착하다) + 명사 planes 또는 flights(비행기)

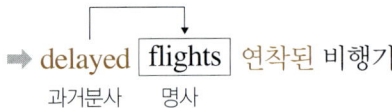 연착된 비행기

(3) 동사 fix(고정하다) + 명사 eyes(시선)

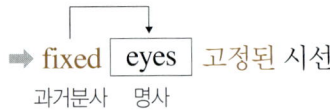 고정된 시선

(4) 동사 underline(밑줄 긋다) + 명사 sentences(문장들)

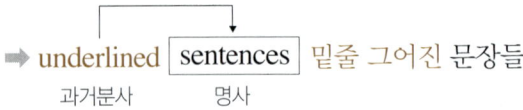 밑줄 그어진 문장들

(5) 동사 crowed(북적이다) + 명사 classes(교실)

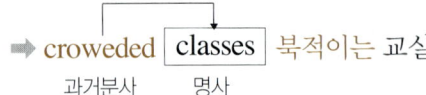 북적이는 교실

(6) 동사 seal(봉하다)+명사 caps(뚜껑)

➡ sealed caps 봉해진 뚜껑
　 과거분사　명사

(7) 동사 close(잠그다)+명사 doors(문)

➡ closed doors 잠긴 문
　 과거분사　명사

(8) 동사 use(사용하다)+명사 cars(차)

➡ used cars 중고차
　 과거분사　명사

(9) 동사 lose(잃어버리다)+명사 children(아이들)

➡ lost children 잃어버린 아이들
　 과거분사　명사

(10) 동사 detail(자세하다)+명사 information(정보)

➡ detailed information 자세해진 정보
　 과거분사　명사

(11) 동사 exaggerate(과장하다)+명사 scenes(장면)

➡ exaggerated scenes 과장된 장면
　 과거분사　명사

(12) 동사 damage(손상하다)+명사 buildings(건물)

➡ damaged buildings 손상된 건물
　 과거분사　명사

2 현재분사 활용

현재분사를 사용해서 명사를 꾸미는 것에 자신감을 갖자.

(1) 동사 run(달리다) + 명사 trains(기차)

➡ running trains 달리는 기차
    현재분사   명사

(2) 동사 burn(불타다) + 명사 hearts(마음)

➡ burning hearts 불타는 마음
    현재분사   명사

(3) 동사 work(일하다) + 명사 people(사람들)

➡ working people 일하는 사람들
    현재분사   명사

(4) 동사 embarrass(난처하다/당황스럽다) + 명사 questions(질문)

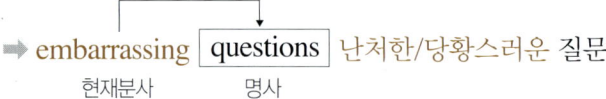
➡ embarrassing questions 난처한/당황스러운 질문
     현재분사   명사

(5) 동사 twinkle(반짝이다) + 명사 star(별)

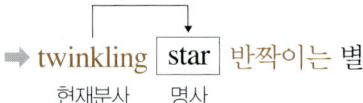
➡ twinkling star 반짝이는 별
    현재분사   명사

(6) 동사 bother(방해하다) + 명사 think(생각)

➡ bothering think 방해하는 생각
    현재분사   명사

(7) 동사 confuse(헷갈리다) + 명사 situation(상황)

➡ confusing situation 헷갈리는/혼동되는 상황
    현재분사   명사

Comprehension Quiz

 다음 중 해석이 틀린 것은?

① delayed planes – 연착된 비행기
② burning hearts – 불타는 마음
③ damaged buildings – 피해 입은 건물들
④ offering time – 제공된 시간

 다음 표현을 분사를 사용하여 영어로 옮긴 것 중 맞는 것은?

① 잠긴 문 – closing doors
② 강조된 단어 – highlighted words
③ 잃어버린 물건 – losing items
④ 혼돈되는 상황 – confused situation

 다음 중 한국어에 일치하는 분사가 쓰인 것은?

① 밑줄 그어진 문장 – underlining sentences
② 중고차 – using cars
③ 일하는 사람들 – working people
④ 끓고 있는 물 – bolied water

Quiz 4 다음 중 분사의 쓰임이 가장 자연스러운 것은?

① reserving seats　　② sealed caps
③ run trains　　　　④ confused situations

Answer Key Quiz 1. ④, Quiz 2. ②, Quiz 3. ③, Quiz 4. ②

Step 2

16 단락(Paragraph) 속 분사의 활용

분사가 쓰이기 전과 분사가 쓰인 후의 문장이 겪는 변화를 살펴보자.

Learning Goals 문장 속에서 분사의 활용을 살펴보자.

1 분사를 쓴 문장의 수준이 높다

* A woman came to the laboratory.
  한 여성이 실험실에 왔습니다.

  Before The woman had no idea about the test.
  그 여성은 그 실험에 대해 아무 생각이 없었습니다.

  After   The invited woman had no idea about the carefully designed test.
  초대된 여성은 조심스럽게 설계된 실험에 대해 아무 생각이 없었습니다.

  Before An experimenter gave her a pen.
  한 실험가는 그녀에게 펜 하나를 주었습니다.

  After   An experimenter gave her a prepared pen.
  한 실험가는 그녀에게 준비된 펜 하나를 주었습니다.

* The experimenter asked her to read a cartoon.
  그 실험가는 그녀에게 만화 읽는 것을 요청했습니다.

  Before The woman held the pen with her teeth.
  그 여성은 그녀의 이로 그 펜을 잡았습니다.

  After   The woman held the given pen with her teeth.
  그 여성은 그녀의 이로 그 주어진 펜을 잡았습니다.

  Before She read the cartoon without thinking about her facial expression.
  그녀는 그 만화를 그녀의 얼굴표정에 대해서 별 생각 없이 읽었습니다.

  After   She read the given cartoon without thinking about her forced facial expression.
  그녀는 그녀의 억지로 지어진 얼굴표정에 대해서 별 생각 없이 그 주어진 만화를 읽었습니다.

Before   She did not notice her face.
그녀는 그녀의 얼굴표정을 눈치채지 못했습니다.

After   She did not notice her smiling face.
그녀는 그녀의 웃고 있는 얼굴표정을 눈치채지 못했습니다.

Before   After a short break, the experimenter gave her another cartoon.
짧은 휴식 후에, 그 실험가는 그녀에게 또 다른 만화를 주었습니다.

After   After a short break, the experimenter gave her another prepared cartoon.
짧은 휴식 후에, 그 실험가는 그녀에게 또 다른 준비된 만화를 주었습니다.

Before   She read the cartoon.
그녀는 그 만화를 읽었습니다.

After   She read the offered cartoon.
그녀는 그 제공된 만화를 읽었습니다.

* This time the woman held the pen with her lips.
이번에 그녀는 그녀의 입술로 그 펜을 물었습니다.

* After reading the cartoons, the experimenter asked her, "Which cartoon was funnier?"
그 만화들을 읽은 후에, 그 실험가는 그녀에게 물었습니다. "어느 만화가 더 재미있었나요?"

* She rated the first cartoon was funnier.
그녀는 첫 번째 만화가 더 재미있었다고 평가했습니다.

Before   According to this experiment, we unconsciously make expressions on our face and these expressions greatly change our mood.
이 실험에 의하면 우리는 무의식적으로 우리의 얼굴에 표정을 만들고, 이 표정들은 굉장하게 우리의 감정(분위기)을 바꿉니다.

After   According to this interesting experiment, we unconsciously make fixed expressions on our face and these appeared expressions greatly change our working and studying mood.
이 흥미 있는 실험에 의하면 우리는 무의식적으로 우리의 얼굴에 고정된 표정을 만들고, 이 나타나진(드러난) 표정들은 굉장하게 우리의 일하고 공부하는 감정(분위기)을 바꿉니다.

출처_ Introduction to psychology. Kalat, James W. (Belmont: Wadsworth Publishing Company, 1999. p. 443)

Han's Grammar Clinic

- 분사를 쓰기 전과 쓰고 난 후, 어느 쪽이 글의 수준(level)이 높을까? ◎ 분사를 쓴 쪽
- 기존의 형용사들이 많은데, 왜 동사에서 형용사를 만들었을까?
  ◎ 동사의 생동감을 그대로 가진 형용사를 만들기 위해서

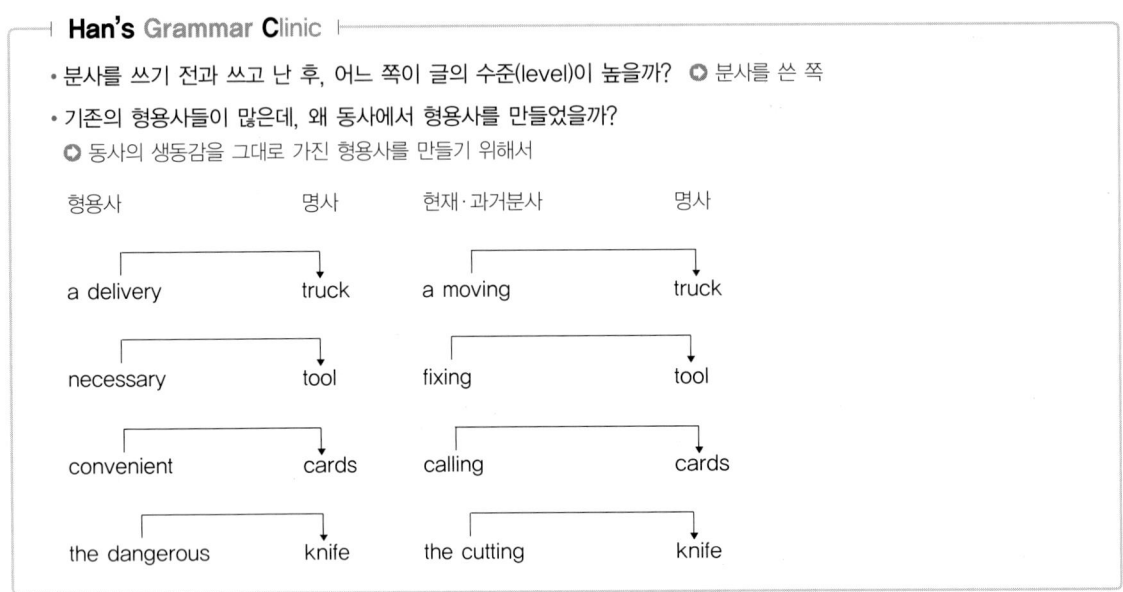

형용사	명사	현재·과거분사	명사
a delivery	truck	a moving	truck
necessary	tool	fixing	tool
convenient	cards	calling	cards
the dangerous	knife	the cutting	knife

Comprehension Quiz

 Quiz 1 다음 문장의 ( ) 안에 들어갈 분사를 순서대로 옳게 나열한 것은?

> According to this ( ) experiment, we unconsciously make ( ) expressions on our face and these appeared expressions greatly change our ( ) mood.

① interesting – fixing – worked and studied
② interested – fixed – worked and studied
③ interested – fixing – working and studying
④ interesting – fixed – working and studying

 Quiz 2 일반 형용사 'cold'를 대신해서 분사를 쓰려고 한다. 적절한 분사를 사용해서 글의 수준(level)을 높인 것은?

> He likes to drink a cold tea.

① He likes to drink the chilly tea.
② He likes to drink an iced tea.
③ He likes to drink the icy tea.
④ He likes to drink the cool tea.

 Quiz 3 일상생활에서 자주 쓰이는 분사가 들어간 표현들이다. 바르게 쓴 것은?

① 깜짝 파티 – surprised party
② 긴급뉴스 – broken news
③ 전환점 – turned point
④ 예약석 – reserved seat

 Quiz 4 밑줄 친 단어의 문법 명칭으로 틀린 것은?

① They are the <u>confused</u> students. – 과거분사
② It is a <u>confusing</u> question. – 현재분사
③ Her explanation <u>confused</u> the students. – 과거동사
④ Her explanation is <u>confusing</u>. – 현재동사

Answer Key: Quiz 1. ④ Quiz 2. ② Quiz 3. ④ Quiz 4. ④

Step 2

Grammar Application to Writing

| Check | 아래의 분사는 반드시 기억해야 합니다. 분사는 생활 속에서 사용빈도 수가 높은 문법입니다.

1. 자 이제 시작합시다!

   Let's get started!

2. 구운 감자 드시기를 원하세요, 아니면 으깬 감자 드시기를 원하세요?

   Would you like baked potatoes or mashed potatoes?

3. 나는 튀긴 치킨을 먹을게요.

   I'll have a fried chicken.

4. 자판기가 어디 있지요?

   Where is the vending machine?

5. 구르는 돌에는 이끼가 끼지 않는다.

   A rolling stone gathers no moss.

6. 나는 일반통장과 저축통장 만들기를 원합니다.

   I'd like to open a checking and saving account.

7. 당신은 당신의 성과 이름을 적으셔야 합니다.

   You should write down your family name and given name.

8. 그 낚싯배는 6시에 떠납니다.

The fishing boat leaves at 6.

9. 너 미국에 갔다 온 적이 있니?

Have you ever been to the United States?

10. 너 미국에 살아 본적이 있니?

Have you ever been in the United States?

11. 아이스 차 부탁합니다. 작은 것으로요. 고맙습니다.

Iced tea, please. Small size. Thank you.

12. 등기 우편은 얼마예요?

How much is the registered mail?

13. 너는 필기 시험을 봐야 해.

You should take a written test.

14. 너는 UFO를 믿니? (Unidentified Object)?

Do you believe UFO?

Step 2 | 13~16

앞에서 배운 예문을 기억하기 위한 연습입니다. 예문을 쓰고 외우고 있는 것이 그 문법을 내 것으로 만드는 지름길입니다.

1. 끓여진 물
   _____ water 　　　　　　　　　　　해당문법 과거분사

2. 청소된 방
   a _____ room 　　　　　　　　　　해당문법 과거분사

3. 그 배달된 소포는 책상 위에 있다.
   The _____ package is on the desk. 　해당문법 과거분사

4. 끓는 물
   _____ water 　　　　　　　　　　　해당문법 현재분사

5. 잠자는 아기
   a _____ baby 　　　　　　　　　　해당문법 현재분사

6. 예약된 자리들
   _____ seats 　　　　　　　　　　　해당문법 과거분사

7. 연착된 비행기들
   _____ planes 　　　　　　　　　　해당문법 과거분사

8. 밑줄 그어진 문장들
   _____ sentences 　　　　　　　　　해당문법 과거분사

9. 잠긴 문
   a _____ door 　　　　　　　　　　해당문법 과거분사

10. 중고차들
    _____ cars 　　　　　　　　　　　해당문법 과거분사

11. 과장된 장면들
    _____ scenes 　　　　　　　　　　해당문법 과거분사

12. 달리는 기차
    a _____ train 　　　　　　　　　　해당문법 현재분사

13. 일하는 사람들

_____ people　　　　　　　　　　　　　[해당문법 | 현재분사]

14. 당황스러운 질문들

_____ questions　　　　　　　　　　　[해당문법 | 현재분사]

15. 강조된 단어들

_____ words　　　　　　　　　　　　　[해당문법 | 과거분사]

16. 그 초대된 여자는 그 실험에 대해서 아무것도 몰랐다.

The _____ woman had no idea about the test.　　[해당문법 | 과거분사]

17. 실험하는 사람은 그녀에게 준비된 연필을 주었다.

An experiment gave her a _____ pen.　　　[해당문법 | 과거분사]

18. 그녀는 그녀의 웃고 있는 얼굴을 눈치채지 못했다.

She did not notice her _____ face.　　　　[해당문법 | 현재분사]

19. 그녀는 제공된 만화를 읽었다.

She read the _____ cartoon.　　　　　　　[해당문법 | 과거분사]

20. 당신은 필기 시험을 봐야 한다.

You should take a _____ test.　　　　　　[해당문법 | 과거분사]

21. 긴급(한) 뉴스

_____ news　　　　　　　　　　　　　　[해당문법 | 현재분사]

22. 전환점

a_____ point　　　　　　　　　　　　　　[해당문법 | 현재분사]

23. 깜짝 파티

a _____ party　　　　　　　　　　　　　[해당문법 | 현재분사]

24. 너 미국에 갔다 온 적이 있니?

Have you ever been to the _____ States?　　[해당문법 | 과거분사]

17 활용도가 높은 be동사

be동사를 쉽다고 생각하고 가볍게 생각하는 사람들도 많지만, be동사를 제대로 정리해두지 않으면 be동사가 영어의 다른 문법에 많은 영향을 미치는 문법이기 때문에 영어를 공부할 때 종종 곤란을 겪을 수 있다. 그러므로 반드시 한번쯤은 be동사를 제대로 정리해두어야 한다.

Learning Goals
be동사의 개수와 종류에 대해 살펴보자.
be동사의 세 가지 의미에 대해 살펴보자.
문장 속에서 be동사의 활용에 대해 살펴보자.
be동사가 쓰일 수 있는 위치에 대해 살펴보자.

1 be동사의 개수와 종류

be동사는 그 개수가 6개로 정해져 있다.
am, are, is, was, were, be

2 be동사의 뜻

(1) '~이다' →(과거동사) '~이었다'

You **are** attractive. 너는 매력적**이다**.
You **were** attractive. 너는 매력적**이었다**.

(2) '~있다' →(과거동사) '~있었다'

I **am** in the car. 나는 차 안에 **있다**.
I **was** in the car. 나는 차 안에 **있었다**.

(3) '~되다' →(과거동사) '~되었다'

➡ 사용 빈도가 가장 적다. 왜냐하면 일반적으로 '되다'는 'become'이라는 동사를 선호해서 사용하기 때문이다.

You **become** a chairperson. 너는 회장이 **되다**.
You **became** a chairperson. 너는 회장이 **되었다**.

3 be동사의 사용

주어의 수(단수, 복수)와 인칭(1, 2, 3인칭)에 따라서 쓰이는 be동사가 달라진다.

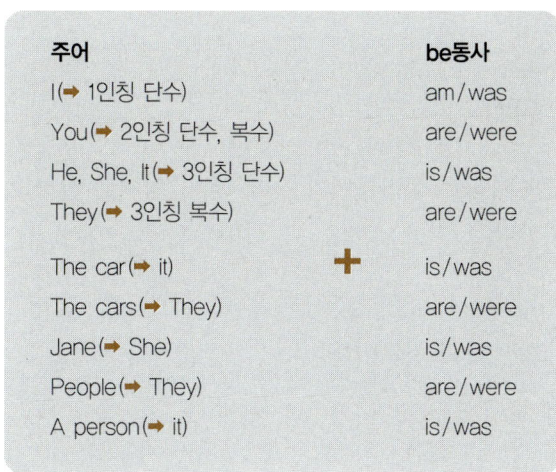

4 문장 속 be동사의 활용

(1) You be quiet! 너 조용히 해!
  ➡ 주어 'You'를 생략하고, 'Be quiet!' 라고 할 수 있다.

(2) I want to be a teacher. 나는 선생님이 되고 싶어요. ➡ to부정사 + 동사원형 (be)

(3) He will be a teacher. 그는 선생님이 될 것이다. ➡ 조동사 (will) + 동사원형 (be)

(4) Jane or I am responsible. Jane 아니면 나에게 책임이 있다.
  ➡ 'or'로 연결된 주어는 be동사에 가까운 주어에 따라 어떤 be동사를 쓸지 정한다.

(5) Jane and I are responsible. Jane과 나에게 책임이 있다.
  ➡ 'and'로 연결된 주어는 복수로 취급한다.

(6) Who is/are responsible? 누가 책임이 있니?
  ➡ 주어 'who'에 따라서 단수 'is'와 복수 'are'가 모두 가능하다. 주로 단수 'is'를 많이 쓴다.

(7) You are busy. 너는 바쁘다.
  Are you busy? 너는 바쁘니?
  ➡ 의문문에서 be동사를 문장 맨 앞으로 보낸다.

(8) It is expensive. 그것은 비싸다.
　　It is not expensive. 그것은 비싸지 않다.
　　➡ 부정문은 be동사 뒤에 not을 쓴다.

5 be동사를 쓸 수 있는 위치

be동사를 쓸 수 있고 없고에 따라서 실력차이가 크게 난다. 영어를 잘하고 싶다면 다음의 위치에 be동사를 쓸 수 있어야 한다.

(1) 명사 앞
　　➡ He is my friend . 그는 나의 친구이다.

(2) 형용사 앞
　　➡ It is cheap . 그것은 저렴하다.

(3) 전치사 앞
　　➡ I am in the class. 나는 교실 안에 있다.

(4) 현재분사와 과거분사 앞: 현재분사와 과거분사가 be동사와 만나면 '진행형'과 '수동태'라는 문법으로 발전한다.
　　➡ He is seeing . 그는 보는 중이다.
　　❓ 진행형: be+~ing

　　➡ He is cheated . 그는 놀림을 받는다.
　　❓ 수동태: be+~ed

Comprehension Quiz

Quiz 1 be동사에 대한 설명으로 올바른 것은?
① am, is, are, was, were 5개가 있다.
② be동사는 과거분사, 현재분사 앞에 모두 쓰일 수 있다.
③ be동사를 쓸 수 있는 자리는 명사 앞, 형용사 앞, 부사 앞, 전치사+명사 앞 등 4군데이다.
④ be동사가 과거분사 앞에 쓰여 진행형을 이룬다.

Quiz 2 be동사가 가지고 있는 특징이라고 말할 수 없는 것은?
① 주어에 따라 쓸 수 있는 be동사가 정해져 있다.
② 일반 동사에 비해 개수가 적기 때문에 외우기 쉽다.
③ be동사 뒤에는 명사, 형용사, 전치사를 써서 문장을 만들 수 있다.
④ 일반 동사와 be동사를 나란히 쓸 수 있다. 다시 말해 한 문장 안에 일반 동사와 be동사를 함께 쓸 수 있다.

Quiz 3 밑줄 친 부분에 be동사를 넣어서 주어진 내용에 맞는 문장을 완성하려고 한다. be동사를 바르게 선택한 것은?

> I _____ there yesterday. 나는 어제 거기에 있었어.
> As you see, nothing _____ sure. 너도 보다시피 아무것도 확실한 것이 없다.

① am, was ② was, is ③ was, are ④ is, was

Quiz 4 빈칸에 들어갈 be동사를 올바르게 연결한 것은?

> A: He and I _____ friends now.
> B: You will _____ okay.

① A-am, B-be
② A-are, B-be
③ A-am, B-is
④ A-are, B-is

Step 2
18 'be동사 + 과거분사 = ~당하다'

수동태는 이미 존재하고 있는 문법 'be동사'와 '과거분사'를 붙여, '~당하다, ~받다'라는 뜻을 나타낸다.

Learning Goals
'~당하다, ~받다'라는 말투에 대해 살펴보자.
수동태를 영어로 'Passive Voice'라고 부르는 이유에 대해 살펴보자.
'be동사+과거분사'로 문장을 만드는 과정을 살펴보자.

1 be동사 + 과거분사 = 수동태(Passive Voice)

기존에 있던 be동사와 과거분사를 붙여서 '~당하다', '~받다' 라는 말을 만든다.

주어	be동사 (am, are, is, was, were, be)	과거분사

The room   is (was)   big. 그 방은 크다(컸다). – 형용사
It   is (was)   fixed. 그것은 수리받는다(받았다). – 과거분사
You   are (were)   expected. 너는 기대 당한다(당했다). – 과거분사

2 일반동사를 가지고 쉽게 수동태(Passive) 만들기

(1) 일반동사를 '과거분사'로 고친 다음 '과거분사(형용사)+명사'의 표현을 만든다.
(2) '과거분사(형용사)+명사'에서 명사를 주어로 쓰고, 그에 맞는 be동사를 사용해서 문장을 만든다.

* expect

➡ expected results 기대된 결과들
➡ Results are/were expected. 결과들이 기대된다/기대되었다.

※ change
　→ changed plans 변경된 계획들
　→ Plans are/were changed. 계획들이 변경된다/변경되었다.

※ point
　→ pointed words 가리켜진 단어들
　→ Words are/were pointed. 단어들이 가리켜진다/가리켜졌다.

Han's Grammar Clinic

- '~당하다(받다)'라고 말하기 위해서 필요한 두 개의 단어는? ◎ be동사, 과거분사
- '~당하다(받다)'라고 말하는 말투의 이름은? ◎ 수동태
- 과거분사가 없었더라면 수동태는 생기지 않았을 문법이다. (True) False
- 기존에 이미 있는 문법을 합한 것이 '수동태'이다. (True) False
- 'The seat was reserved.'를 다시 '과거분사(형용사) + 명사', 즉 'the reserved seats'로 바꿔도 의미상 동일하다. (True) False
- 모든 과거분사 앞에는 be동사를 붙일 수 있다. (True) False
- 모든 과거분사 앞에는 be동사를 붙일 수 있고, 문장으로 만들 수 있다. True (False)

Comprehension Quiz

Quiz 1 다음의 문장 가운데 수동태라고 부를 수 있는 문장은?

① It is fixed cars.　　② I cleaned the room.
③ My name was called.　　④ They are reserved seats.

Quiz 1 과거분사 앞에 be동사를 써서 수동태 문장을 만드는 순서로 옳은 것은?

① test → be tests → are tests → They are tests.
② test → be tester → are tester → They are tester.
③ test → be tested → are tested → They are tested.
④ test → be testing → are testing → They are testing.

Answer Key: Quiz 1. ③ Quiz 2. ③

Step 2
19 수동태, 목적어를 강조한다

영어는 중요하고, 강조하고 싶은 것을 앞으로 보낸다. 수동태는 문장에서 목적어를 강조하기 위한 것이므로 목적어를 앞으로 보내야한다. 당연히 문장에 목적어가 없다면 수동태로 고칠 수 없다. 왜냐하면 강조할 대상이 없기 때문이다.

Learning Goals
목적어가 1개인 문장을 수동태로 고치는 방법에 대해 살펴보자.
'~에게 ~을 주다'의 뜻을 가진 수여동사에 대해 살펴보자.
목적어가 2개인 문장을 수동태로 고치는 방법에 대해 살펴보자.
전치사 'by'에 대해 살펴보자.

1 목적어가 하나인 문장을 수동태로 고치기

(1) 'The trainers instruct the trainees.' 에서 목적어 the trainees 를 강조하는 방법은?
　주어　　　동사　　　목적어

➡ 영어는 중요하고 강조하고 싶은 말을 문장 맨 앞으로 보낸다.

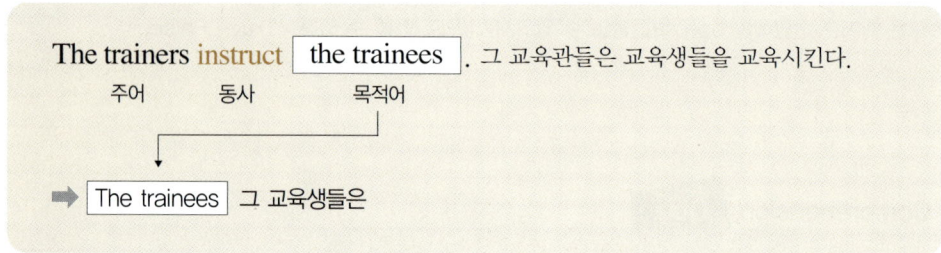

(2) 목적어 'the trainees'를 문장 맨 앞으로 보낸 다음 어떻게 할까?
➡ 두 번째 자리에 동사를 써야 한다. 기존 문장의 동사(instruct)를 그대로 쓰면 두 문장의 내용이 달라지므로 'be동사 + 과거분사 (be instructed)'의 형태로 바꾸어야 한다.

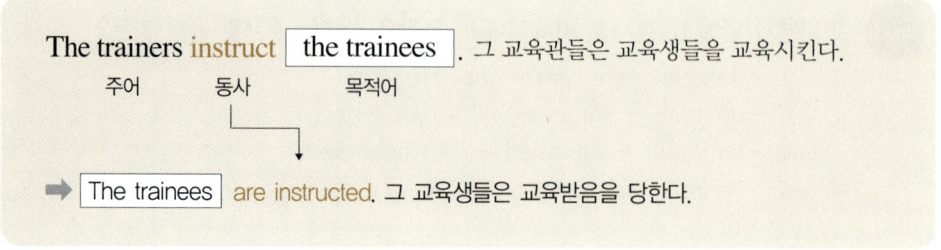

❓ be동사는 함께 사용되는 주어가 단수인지, 복수인지, 시제가 현재인지에 따라 달라지므로 주의해야 한다.

(3) 기존 문장의 주어는 어떻게 할까?
➡ 전치사 'by' 뒤에 써서 문장 맨 뒤로 보낸다.

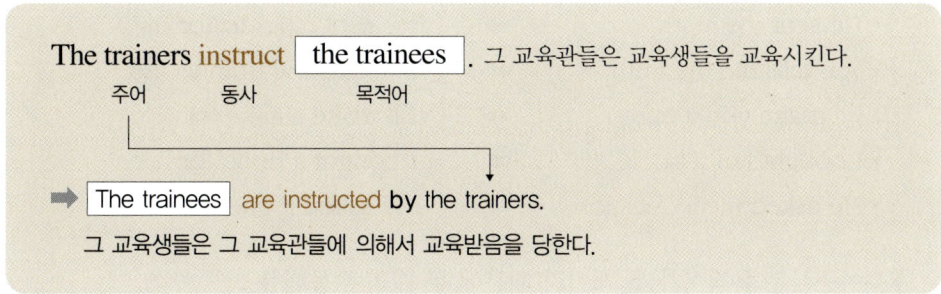

More View

(1) The tourists **surprised** local people. 그 관광객들은 동네 주민들을 놀라게 했다.
　　　주어　　　동사　　　목적어
→ Local people **were surprised by** the tourists.
　 동네 주민들은 그 관광객들에 의해서 놀라움을 당했다.

(2) The beautiful spring **came**. 아름다운 봄이 왔다.
　　　　주어　　　　동사
→ 목적어가 없으므로 수동태로 고칠 수 없다. 즉, 강조할 단어가 없으므로 수동태로 고칠 수 없다.

2 목적어가 두 개인 문장을 수동태로 고치기

(1) 동사 'give(주다), send(보내주다), tell(말해주다), teach(가르쳐주다), pay(지불해주다), lend(빌려주다), make(만들다), buy(사주다), cook(요리해주다)'는 '~에게 ~을 (해)주다'로 끝나는 해석상의 특징이 있다. 이러한 해석상의 특징 때문에 '주는 동사' 또는 '수여동사'라는 이름이 붙여지게 되었다.

(2) '수여동사(give, send, tell, teach, pay, lend, make, buy, ask, cook)+사람+사물'의 4형식 문장은 '수여동사(give, send, tell, teach, pay, lend, make, buy, ask, cook)+사물+전치사(to, for, of)+사람'의 3형식 문장으로 바꾸어 쓸 수 있다.

- He **sent** me roses. ➡ He **sent** roses **to/for** me.
- She **tells** me the truth. ➡ She **tells** the truth **to** me.
- I'll **make** you a cake. ➡ I'll **make** a cake **for** you.
- I **bought** her a book. ➡ I **bought** a book **for** her.
- He **asked** me a question. ➡ He **asked** a question **of** me.

(3) 수여동사는 목적어가 두 개이기 때문에 두 개의 수동태를 만들 수 있다.

Someone gave [me] [money]. 누군가 나에게 돈을 주었다.
　주어　동사　간접목적어 직접목적어

- 목적어 'money'를 강조하기 위해서 앞으로 보낸다.
  → [Money] was given to me by someone. 돈이 누군가에 의해서 나에게 주어졌다.

  ❓ 'was given'에서 'given'은 동사가 아니라 과거분사이다.

- 목적어 'me'를 강조하기 위해서 앞으로 보낸다.
  → [I] was given money by someone. 나는 누군가에 의해서 돈이 주어졌다.

3 전치사 'by'

항상 전치사 'by'를 사용하는 것은 아니다. 전달하는 내용에 따라서 얼마든지 다른 전치사를 사용할 수 있다. 또한 '전치사+명사'는 내용상 필요하지 않으면 생략하거나 문장 맨 앞으로 보내 강조해도 전혀 문법에 영향을 주지 않는다.

(1) 내용상 '~에 의해서'라고 말할 필요가 있을 때만 'by~'를 쓴다.

The Golden Gate Bridge was built **by** many Chinese immigrants.
금문교는 많은 중국 이민자들에 **의해서** 세워졌습니다.

➡ 만약 금문교를 누가 세웠는지 다 안다면 'by~'를 쓸 필요가 없으나 모를 경우에는 'by~'를 써 준다.

- 금문교를 누가 세웠는지 모두 알고 있거나 아니면 내용상 중요하지 않을 경우

  The Golden Gate Bridge was built.
  그 금문교는 지어짐을 당했다.

  The Golden Gate Bridge was built in San Francisco.
  그 금문교는 샌프란시스코에 지어짐을 당했다.

(2) by 외에 다른 전치사와 함께 사용할 수 있다. 내용에 따라 결정되는 것이므로 유연하게 전치사를 사용해야 한다.

- 누가 파괴했는지 모를 경우에는 'by~'를 생략한다.

  The temple was destroyed in 1700.
  그 사원은 1700년에 파괴되어짐을 당했다.

- 그 사원을 누가 파괴했는지 알 경우

  The temple was destroyed by foreigners in 1700.
  그 사원은 1700년에 외국인들에 의해서 파괴되어짐을 당했다.

- 'by~'를 강조할 경우

  By foreigners the temple was destroyed in 1700.
  외국인들에 의해서 그 사원은 1700년에 파괴되어짐을 당했다.

- 'in 1700'를 강조할 경우

  In 1700 the temple was destroyed by foreigners.
  1700년에 그 사원은 외국인들에 의해서 파괴되어짐을 당했다.

- 누가 재배하는지 모를 경우 (by ~ 를 생략)

  Rice is grown in Korea.
  쌀은 한국에서 재배되어짐을 당한다.

- 누가 수입하는지 중요하지 않은 경우 (by ~ 를 생략)

  The coffee was imported from Mexico.
  그 커피는 멕시코로부터 수입함을 당했다.

- 누가 수입했는지 알 경우

  The coffee was imported by my brother from Mexico.
  그 커피는 멕시코로부터 나의 형제에 의해서 수입함을 당했다.

- 'by~'를 강조할 경우

  By my brother the coffee was imported from Mexico.
  나의 형제에 의해서 그 커피는 멕시코로부터 수입함을 당했다.

- 'from Mexico'를 강조할 경우

  From Mexico the coffee was imported by my brother.
  멕시코로부터 그 커피는 나의 형제에 의해서 수입함을 당했다.

Han's Grammar Clinic

- 수동태를 왜 만들었을까? ◐ 문장 속에서 목적어를 강조하기 위해서
- 능동태에 목적어가 없으면 수동태로 고칠 수 없다. (True) False
- 내용상 중요하지 않을 경우 전치사 'by'를 수동태 문장 뒤에 쓰지 않는 경우도 있다. (True) False
- 수여동사를 해석하면 항상 '~에게 ~해주다'가 된다. (True) False
- 수여동사는 일반적으로 목적어를 두 개 가진다. (True) False
- 직접목적어와 간접목적어의 위치를 바꿀 수 있다. (True) False
- 수여동사가 쓰인 문장은 기본적으로 몇 개의 수동태가 가능할까? ◐ 2개

Comprehension Quiz

Quiz 1 다음 수동태를 능동태로 올바르게 바꾼 것은?

> The door was opened by the technician.
> 그 문은 기술자에 의해서 열렸다.

① The technician is opening the door.
② The technician opens the door.
③ The technician opened the door.
④ The technician has opened the door.

Quiz 2 아래의 수동태 문장 뒤에 '전치사+명사'를 쓰고자 한다. 만일 쓰게 되면 내용이 어색한 '전치사+명사'는?

The accident was recorded _____.

① with other accidents
② by the witness
③ in 1889
④ above the value

 Quiz 3 다음의 문장에서 유일하게 수동태로 쓰인 문장은?

① Jack is a married man.
② Chinese history is interesting.
③ They are the satisfied results.
④ Coupons are exchanged here.

 Quiz 4 주어진 능동태를 수동태로 바꾼 것 중 바르지 <u>못한</u> 것은?

① Someone sent a post card.
　= A post card was sent by someone.
② The loud voice bothered me.
　= I was bothered by the loud voice.
③ She introduced a new member.
　= She was introduced by a new member.
④ Students will share the item.
　= The item will be shared by the students.

 Quiz 5 수동태 뒤에 전치사가 올바르게 쓰인 것은?

① I am interested in taking part in the contest.
② I am interested on taking part in the contest.
③ I am interested at taking part in the contest.
④ I am interested for taking part in the contest.

Step 2  수동태로 쓰기로 작정한 표현

영어는 표현방식을 정해놓은 것들이 있다. 다음의 표현들은 수동태로 쓰기로 작정한 표현들로 반드시 문장과 함께 통째로 외워두기 바란다.

Learning Goals
'~에 관심이 있다'를 어떻게 표현할까?
'~에 만족하다'를 어떻게 표현할까?
'길을 잃다'를 어떻게 표현할까?
'~을 끝내다'를 어떻게 표현할까?
'~와 결혼하다'를 어떻게 표현할까?

1 사용빈도 수가 높은 수동태 표현

* I am interested in Korean music.
  나는 한국 음악에 관심이 있다.

* He is satisfied with the result.
  그는 그 결과에 만족한다.

* I don't know where I am. I am lost.
  내가 어디에 있는지 모르겠어요. 나는 길을 잃었어.
  Tip 영어에서는 사람은 아무 문제없지만 길이 낯설고, 복잡해서 사람이 길 잃음을 당했다고 생각한다.

* I can't find the purse. It is gone.
  나는 지갑을 찾을 수가 없어요. 사라졌어요.

* Are you finished with your homework?
  네 숙제는 끝냈니?

* Are you done?
  너는 끝냈니?

* Jack is married to Cindy.
  Jack은 Cindy와 결혼합니다.
  Tip Jack is getting married to Cindy. 결혼 준비가 한창 진행 중인 느낌이 강하다.

Comprehension Quiz

Quiz 1 관용적으로 정해놓고 쓰는 수동태 표현들은 외워 두는 것이 각종 영어시험에 도움이 된다. 다음 중 틀린 표현은?

① The doctor is known to everybody.
② I am interested in Russian music.
③ She was surprised at the news.
④ I was satisfied on my final grade.

Quiz 2 다음 영어문장을 완성하기 위해서는 단어가 필요하다. (   ) 안에 들어가야 하는 말로 올바르게 짝지어진 것은?

His parents (   ) pleased (   ) his letter.
그의 부모는 그의 편지에 기뻐했습니다.

① is, with   ② are, in   ③ were, with   ④ be, in

Quiz 3 다음 문장들 가운데 수동태로 쓰기로 작정한 표현에 해당하지 않는 것은?

① We are lost on the way to L.A.
② My cellular phone is gone.
③ The copy machine was repaired yesterday.
④ We are finished with the writing test.

Quiz 4 '그 병은 물로 가득 차 있다.'라는 말을 하고 싶다. 영어로 가장 바르게 옮긴 것은?

① The bottle is filled with water.
② The bottle is filled in water.
③ The bottle is filled by the water.
④ The bottle was filled on water.

Answer Key: Quiz 1. ④ Quiz 2. ③ Quiz 3. ③ Quiz 4. ①

Step 2
Grammar Application to Writing

| Check | 다음 수동태 문장을 능동태로 고쳐 보세요.

1. I was invited to the party by Sam.
   나는 샘에 의해서 그 파티에 초대되었다.

   Sam invited me to the party.

2. The children are taught by the qualified teachers.
   그 어린이들은 자격이 있는 선생님들에 의해서 가르침을 받는다.

   The qualified teachers teach the children.

3. This letter was sent to the office by the department head.
   이 편지는 부서장에 의해서 사무실로 보내졌다.

   The department head sent this letter to the office.

4. Joyce will be loved by Harry.
   Joyce는 Harry에 의해 사랑을 받을 것이다.

   Harry will love Joyce.

5. The window is opened by them.
   그 창문은 그들에 의해서 열려진다.

   They open the window.

| **Check** | 다음 능동태 문장을 수동태로 고쳐 보세요.

1. Jack directly returned this book to the library on Friday.
   Jack은 금요일에 이 책을 도서관으로 직접 반환했다.

   This book was directly returned to the library on Friday by Jack.
   ----

2. I told Mary and her friends about our changes in plans.
   나는 Mary와 그녀의 친구들에게 변경된 우리의 계획에 대하여 이야기했다.

   Mary and her friends were told about our changes in plans by me.
   ----

3. The counselor informs Tony about the meeting.
   그 고문은 Tony에게 그 모임에 대하여 안내했다.

   Tony is informed about the meeting by the counselor.
   ----

4. The architecture built this house over 200 years ago.
   그 건축가는 200년 전에 이 집을 지었다.

   This house was built over 200 yesrs ago by the architecture.

Step 2 | 17~20

앞에서 배운 예문을 기억하기 위한 연습입니다. 예문을 쓰고 외우고 있는 것이 그 문법을 내 것으로 만드는 지름길입니다.

1. 넌 (참) 매력적이다.
   You _____ attractive. 　　　　　　　　　해당문법 | be동사

2. 넌 (참) 매력적이었다.
   You _____ attractive. 　　　　　　　　　해당문법 | be동사의 과거

3. 나는 차 안에 있다.
   I _____ in the car. 　　　　　　　　　　해당문법 | be동사 위치 – 전치사 앞

4. 나는 선생님이 되고 싶다.
   I want to _____ a teacher. 　　　　　　해당문법 | be동사 원형

5. Jane 아니면 내가 책임이 있다.
   Jane or I _____ responsible. 　　　　　해당문법 | 올바른 be동사 쓰기

6. 그것은 비싸지 않다.
   It _____ _____ expensive. 　　　　　　해당문법 | be동사의 부정

7. 그는 보고 있는 중이다.
   He _____. 　　　　　　　　　해당문법 | be동사 + 현재분사

8. 그는 속았다.
   He _____. 　　　　　　　　　해당문법 | be동사 + 과거분사

9. 그것은 고쳐졌다.
   It _____. 　　　　　　　　　해당문법 | 수동태

10. 계획들이 변경되었다.
    Plans _____. 　　　　　　　해당문법 | 수동태

11. 내 이름이 불려졌다.
    My name _____. 　　　　　해당문법 | 수동태

12. 그 자리들은 예약되었다.
    The seats _____. 　　　　　해당문법 | 수동태

13. 그녀는 나에게 진실을 말해 주었다. | 해당문법 | 수여동사
    She tells me the truth. → She _____ the truth _____ me.

14. 나는 그녀를 위해서 책을 사주었다. | 해당문법 | 수여동사
    I bought her a book. → I _____ a book for her.

15. 그는 나에게 질문 하나를 물어봤다. | 해당문법 | 수여동사
    He asked me a question. → He _____ a question _____ me.

16. 그 절은 1700년에 파괴되었다. | 해당문법 | by없이 수동태 쓰기
    The temple _____ _____ in 1700.

17. 그 커피는 멕시코로부터 수입되었다. | 해당문법 | by없이 수동태 쓰기
    The coffee _____ _____ from Mexico.

18. 나는 한국음악에 관심이 있다. | 해당문법 | 수동태 표현
    I _____ _____ _____ Korean music.

19. 그는 그 결과에 만족한다. | 해당문법 | 수동태 표현
    He _____ _____ _____ the result.

20. 그것이 사라져 버렸다. | 해당문법 | 수동태 표현
    It _____ _____.

21. 넌 너의 숙제를 끝냈니? | 해당문법 | 수동태 표현
    _____ you _____ _____ your homework?

22. Jack은 Cindy와 결혼을 한다. | 해당문법 | 수동태 표현
    Jack _____ _____ _____ Cindy.

문법이란? 말에는 법이 있다는 것으로 그 법을 알면 글이 써지고, 그 법을 알면 말이 들린다. 우리가 영어를 배우면서 문법을 배우는 이유는 말이 되고, 글이 되는 이 법칙에 익숙해지고자 하는 것이다. 우리가 쓰는 한국어도 말이고, 영어도 말이다. 그러므로 한국어에서 많이 쓰이는 문법은 영어에서도 많이 쓰기 마련이다.

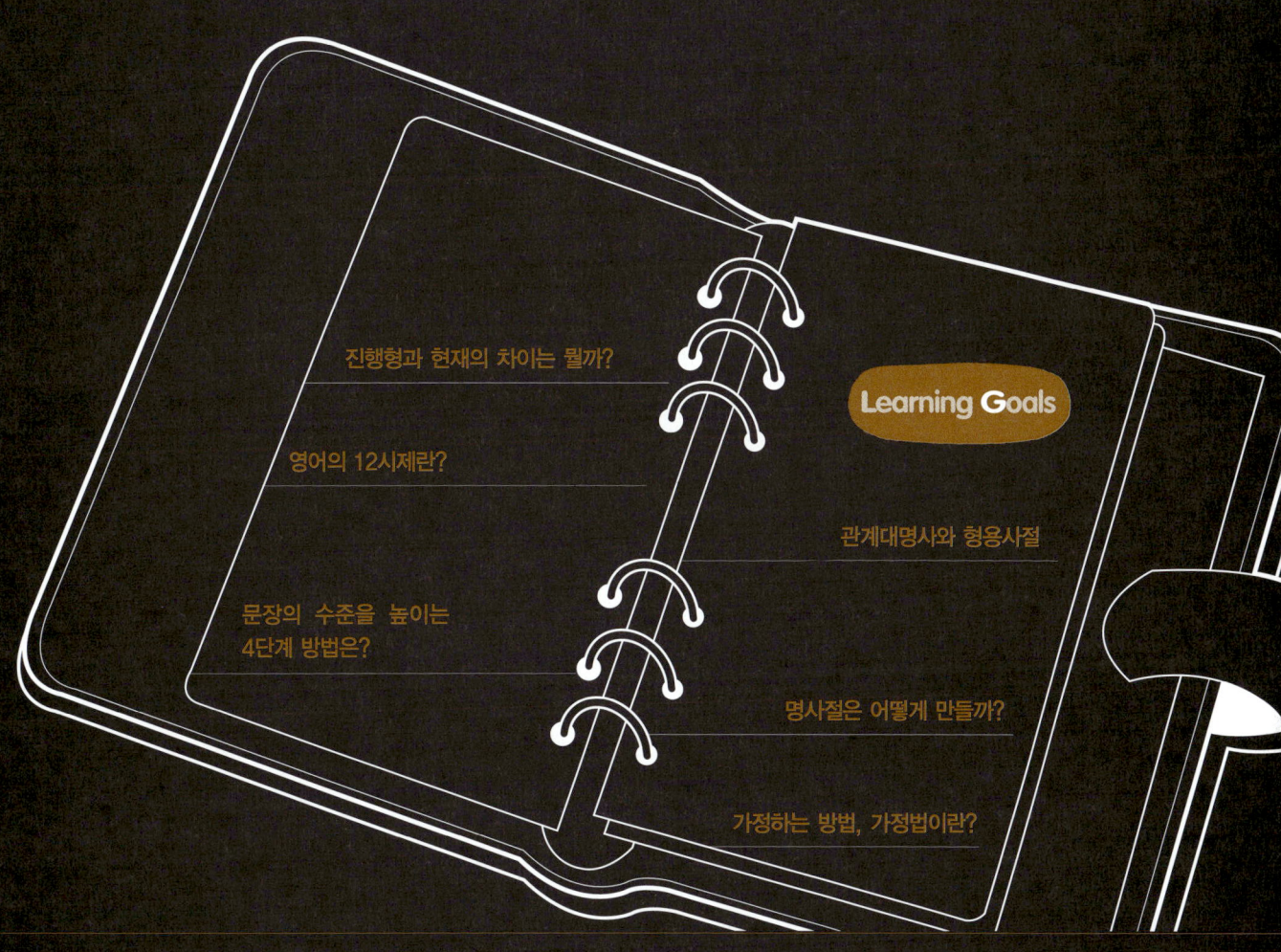

- 진행형과 현재의 차이는 뭘까?
- 영어의 12시제란?
- 문장의 수준을 높이는 4단계 방법은?
- 관계대명사와 형용사절
- 명사절은 어떻게 만들까?
- 가정하는 방법, 가정법이란?

Learning Goals

한국에서 유일한 기초 영문법 Step・3

Step 3 01 'be동사 + ~ing = ~하는 중이다'

현재분사는 현재동사의 부분으로 만들어진 새로운 단어, 즉 형용사라고 했다. be동사는 '~이다, ~있다, ~되다' 는 의미를 지니고 주어의 인칭과 시제에 따라서 6개(am, is, are, was, were, be)의 be동사가 다양하게 쓰인다고 했다. 이미 존재하는 '현재분사'와 'be동사'가 합쳐지면 새로운 뜻 '~하는 중이다'는 의미를 나타낸다.

Learning Goals
be동사 뒤에 붙여 쓸 수 있는 3가지에 대해서 살펴보자.
'~하는 중이다'라고 말하기 위해서 필요한 2개의 단어에 대해서 살펴보자.
be동사가 진행형의 종류에 미치는 영향에 대해서 살펴보자.
진행형 문장을 만드는 순서에 대해서 살펴보자.

1 'be동사 + ~ing' = 진행형

현재분사는 '형용사'이므로 be동사(am, are, is, was, were)를 붙여서 사용할 수 있다.

You are studying. 너는 공부하는 중이다.
〈be동사 현재형 + ~ing〉 ➡ 현재진행형

You were studying. 너는 공부하는 중이었다.
〈be동사 과거형 + ~ing〉 ➡ 과거진행형

2 'be동사 + ~ing', 진행형 문장을 만드는 순서

동사	work 일하다
현재분사	working 일하는
현재분사+명사	working people 일하는 사람들
진행형(현재)	People are working. 사람들은 일하는 중이다. 〈be동사 현재형 + ~ing〉 ➡ 현재진행형
진행형(과거)	People were working. 사람들은 일하는 중이었다. 〈be동사 과거형 + ~ing〉 ➡ 과거진행형

More View

(1) 동사　　　　　　wait 기다리다
　　현재분사　　　　waiting 기다리는
　　현재분사+명사　waiting customers 기다리는 손님들
　　진행형(현재)　　Customers **are** wait**ing**. 손님들이 기다리**는** 중이다.
　　　　　　　　　　〈be동사 현재형+~ing〉 → 현재진행형
　　진행형(과거)　　Customers **were** wait**ing**. 손님들이 기다리**는** 중이었다.
　　　　　　　　　　〈be동사 과거형+~ing〉 → 과거진행형

(2) 동사　　　　　　check 점검하다
　　현재분사　　　　checking 점검하는
　　현재분사+명사　checking officers 점검하는 관리자들
　　진행형(현재)　　Officers **are** check**ing**. 관리자들이 점검하**는** 중이다.
　　　　　　　　　　〈be동사 현재형+~ing〉 → 현재진행형
　　진행형(과거)　　Officers **were** check**ing**. 관리자들이 점검하**는** 중이었다.
　　　　　　　　　　〈be동사 과거형+~ing〉 → 과거진행형

3 '진행형'과 '현재형'의 시간차

현재형은 장기간의 일, 행동, 상황, 습관을 나타내는 반면, 진행형은 특정 순간의 멈추지 않고 계속 이어지는 일, 행동, 상황, 반복적인 습관을 나타낸다. 진행형은 단순현재형과 단순과거형의 강조라고 보면된다.

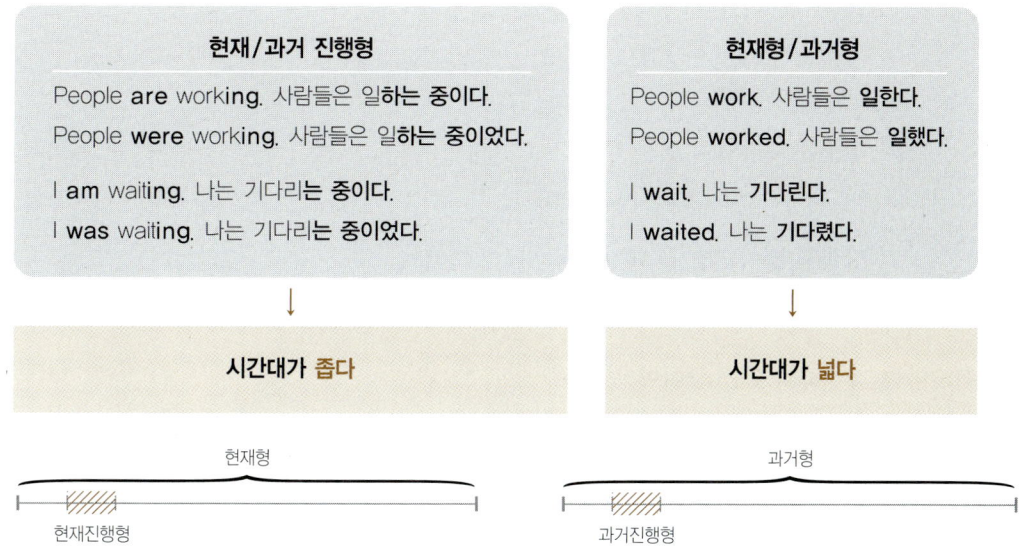

❓ 현재진행형과 과거진행형은 단순현재형과 단순과거형이라는 큰 시간대 속에서 그냥 흘러갈뻔 했던 일이나 사건 또는 행동들을 부각시켜서 좀 더 현장감있고 실감나게 얘기해 준다.

4 '진행형＋부연설명'

'전치사＋명사'는 문장에 끼워 넣을 수 있으며 문장을 길고 화려하게 만든다는 것을 잊으면 안 된다.

(1) 우리는 공부**하는 중입니다**.
　➡ We **are** study**ing**.

　우리는 **영어를** 공부하는 중입니다.
　➡ We are studying **English**.

　우리는 **이번 학기에** 영어를 공부하는 중입니다.
　➡ We are studying English **for/in this semester**.

(2) 나는 생각**하는 중이야**.
　➡ I **am** think**ing**.

　나는 **그 사람에 대해서** 생각하는 중이야.
　➡ I am thinking **about the man**.

(3) 모두가 애쓰고 있는 중이야.
　➡ We **are** try**ing**.

　모두가 **마치기 위해서** 애쓰고 있는 중이야.
　➡ We are trying **in order to finish**.

(4) 그가 대답하고 있는 중이다.
　➡ He **is** answer**ing**.

　그가 **질문을** 대답하고 있는 중이다.
　➡ He is answering **the question**.

　그가 **망설임 없이** 질문을 대답하고 있는 중이다.
　➡ He is answering the question **without hesitation**.

(5) 나는 검사하고 있는 중이야.
　➡ I **am** check**ing**.

　나는 **그 답을** 검사하고 있는 중이야.
　➡ I am checking **the answer**.

나는 **시험문제에 있는** 그 답을 검사하고 있는 중이야.
➡ I am checking the answer **in the test**.

Han's Grammar Clinic

- '~하는 중이다' 라고 말하기 위해서 필요한 두 개의 단어는? ◯ be동사, 현재분사(~ing)
- '~하는 중이다' 로 해석되는 말투를 문법적으로 무엇이라고 부를까? ◯ 진행형
- 진행형을 만들기 위해서 반드시 있어야 할 두 개의 단어는? ◯ be동사, 현재분사
- 현재분사가 없었다면 진행형은 생기지 않았을 문법이다. (True) False
- 기존에 이미 있는 문법을 합한 것이 '진행형' 이다. (True) False

Comprehension Quiz

Quiz 1 다음 보기에서 be동사 뒤에 올 수 있는 요소들만 고르시오.

| 명사 동사 형용사 현재분사 전치사 접속사 |

① 명사, 전치사
② 명사, 동사, 현재분사
③ 명사, 형용사, 현재분사, 전치사
④ 모두 가능하다

Quiz 2 다음 문장을 진행형으로 만들기 위해서 빈칸에 들어갈 알맞은 형태는?

He _____ _____ the question without hesitation.
그는 망설임 없이 그 질문에 대답을 하는 중이었다.

① was answering
② is answering
③ be answering
④ was answered

Answer Key: Quiz 1. ③ Quiz 2. ①

02 '진행'과 '완료'를 나타내는 기호

현재분사는 be동사와 합쳐져서 '~하는 중이다'라는 진행형을 나타낸다. 과거동사의 부분으로 만들어진 새로운 단어, '~당한/된'의 의미를 지니고 있는 과거분사는 영어의 시제에 어떠한 영향을 미치는지에 대해 알아보자.

Learning Goals
'현재분사'와 '과거분사'가 나타내는 의미의 차이에 대해서 살펴보자.
시제와 분사의 관계에 대해서 살펴보자.
동사 'have'의 4가지 종류와 의미에 대해서 살펴보자.
'have + 과거분사'에 대해서 살펴보자.

1 '현재분사'와 '과거분사'의 의미의 차이

현재분사는 '~하는'의 진행 의미를, 과거분사는 '~당한/된'의 완료 의미를 지니는 형용사이다.

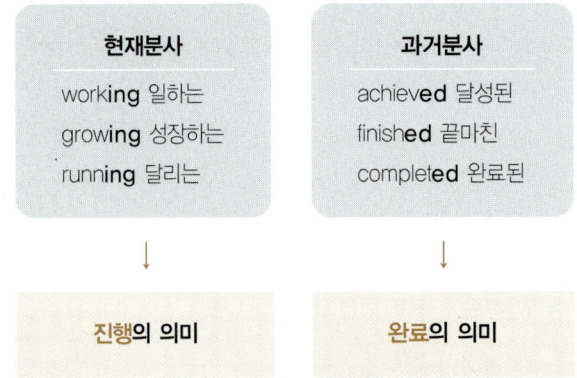

2 시제와 분사의 밀접한 관계

진행형은 반드시 '~ing'(현재분사)가 포함되며 완료형은 반드시 '~ed'(과거분사)가 포함된다.

현재분사(~ing)	과거분사(~ed)	과거분사+현재분사(~ing)
현재 진행	현재 완료	현재 완료 진행
과거 진행	과거 완료	과거 완료 진행
미래 진행	미래 완료	미래 완료 진행

❓ 영어의 12시제 중 9개가 분사(현재분사, 과거분사)를 포함하고 있다. 그러므로 분사를 모르면 시제를 이해할 수 없다

3 동사 'have'의 4가지 종류와 의미

(1) **일반동사** 가지다, 먹다 ➡ have + 명사

I **have** friends. 나는 친구들을 **가지고 있다**.
I **have** a snack. 나는 간식을 **먹는다**.

(2) **사역동사** 시키다, ~하게 만들다 ➡ have + 사람 + 동사원형

I **have** him go. 나는 그에게 가도록 **시켰다**.

(3) **조동사** 반드시 ~해야만 한다 ➡ have + to + 동사원형

We **have to** go. 우리는 **가야만 한다**.

(4) **현재완료** 현재까지 ~했다 ➡ have + 과거분사

I **have finished** the work. 나는 **현재까지** 그 일을 **끝냈다**.

4 과거분사와 만나는 동사 'have'

I   **have**   **finished**   the work.
      동사   과거분사
      ↓   ↓
'현재까지 ~했다'   '완료'의 의미를 나타내는 형용사
                  ↓
과거분사 'finished'는 형용사이며 have(현재까지 ~했다)의 '~'가 무엇인지 얘기해 주고 있다. 따라서 have finshed는 '현재까지 끝냈다'가 된다.

'have'가 '현재까지 ~했다'라는 의미인데 무엇을 했는지 뒤에 있는 과거분사가 알려준다. 뒤에 있는 과거분사는 내용만 전달할 뿐 실제 동사의 역할은 'have'가 한다. 과거분사가 과거동사와 모양이 같기 때문에 동사의 일종인 것처럼 보이지만 과거분사는 동사가 아니다. 형용사이다.

Tip 전통문법에서는 have를 조동사로 보고 finshed를 변형동사로 보기도 한다.

Han's Grammar Clinic

- '완료' 인지 '진행' 인지를 표시하는 대표적인 신호는? ⊙ ~ed, ~ing
- 다음의 문법형태가 '~ed'로 끝날까, '~ing'로 끝날까?

  ❶ 현재진행: _____~ing_____
  ❷ 현재완료: _____~ed_____
  ❸ 과거진행: _____~ing_____
  ❹ 과거완료: _____~ed_____
  ❺ 미래진행: _____~ing_____
  ❻ 미래완료: _____~ed_____
  ❼ 현재완료진행: _____~ing_____
  ❽ 과거완료진행: _____~ing_____
  ❾ 미래완료진행: _____~ing_____

- 시제의 대부분을 구성하고 있으며 주로 시제 끝에 쓰여서 특정 시제를 구별 짓게 도와 주는 단어는?

  ⊙ 분사 (과거분사, 현재분사)

Comprehension Quiz

 Quiz 1 다음 문장에서 'have'가 가지는 의미와 동일한 문장을 고르시오.

> I have finished the work. 나는 그 일을 현재까지 끝냈다.

① You have to come back home.
② He doesn't have any money with him.
③ Will you have another cup of tea?
④ I have thought about her.

 Quiz 2 다음 중 과거분사가 주요 역할을 하는 시제는?

① 단순 과거
② 현재 진행
③ 과거 진행
④ 현재 완료

Quiz 3 다음 빈칸에 들어갈 단어를 순서대로 나열한 것을 고르시오.

> (　　)는 '~당한/받은'이라는 (　　)입니다. 그러나 'have' 뒤에 쓰이면서 마치 동사처럼 해석이 됩니다. 그러나 이것은 내용만 전달해 줄 뿐 실제 동사의 역할은 'have'가 하고 있습니다. 'have' 뒤에 있는 (　　)의 올바른 품사는 (　　)입니다.

① 현재분사 – 형용사 – 현재분사 – 형용사
② 과거분사 – 형용사 – 과거분사 – 형용사
③ 현재분사 – 동사 – 현재분사 – 동사
④ 과거분사 – 동사 – 과거분사 – 동사

 Quiz 4 a, b, c에 들어갈 단어를 올바르게 나열한 것은?

> (a) + 과거분사 = 현재완료
> (b) + 과거분사 = 과거완료
> has + (c) = 현재완료

① a – have   b – had   c – ~ed
② a – has   b – have   c – ~ed
③ a – had   b – has   c – ~ed
④ a – have   b – has   c – ~ed

Answer Key | Quiz 1. ④, Quiz 2. ④, Quiz 3. ②, Quiz 4. ①

03 'have + 과거분사 = 현재까지 과거분사했다'

문장을 이해하고 외우면 문법과 영작 실력이 함께 향상된다.

Learning Goals
- 'have + 과거분사' 의 이름에 대해서 살펴보자.
- 완료형 문장을 만드는 순서에 대해서 살펴보자.
- 동사 'have' 가 완료형의 종류에 미치는 영향에 대해서 살펴보자.
- 분사가 시제에 미치는 영향에 대해서 살펴보자.

1 '과거분사 = 형용사'

과거분사의 모습이 과거동사와 똑같기 때문에 혼동하는 경우가 많다. 과거분사는 명사를 꾸며줄 수 있는 형용사임을 잊지 말자.

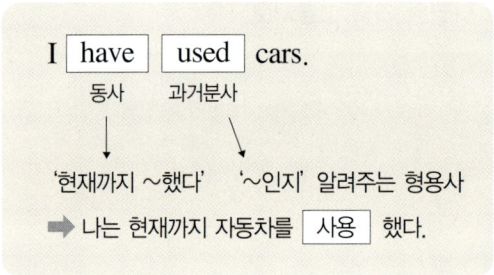

➡ 'used' 는 동사가 아니라 '~' 인지 말해주는 '과거분사(형용사)' 이다.

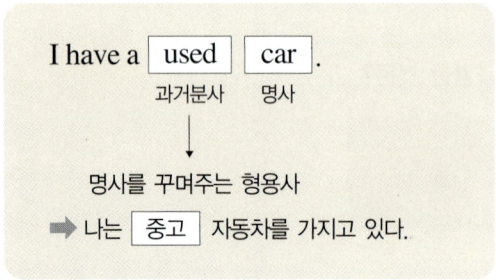

➡ 'used' 는 명사를 꾸며주는 '형용사(과거분사)' 이다.

Tip used를 어떻게 사용하는가에 따라서 의미가 달라진다.
'나는 현재까지 자동차를 사용했다' 는 문장에서 [have used]를 묶어서 읽는다.
'나는 중고 자동차를 가지고 있다' 는 문장에서 [used car]를 묶어서 읽는다.

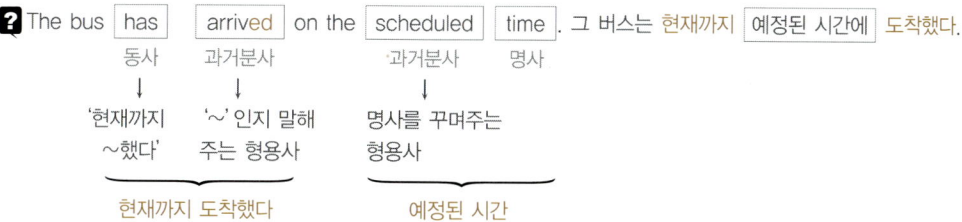

2 'have+과거분사'의 이름

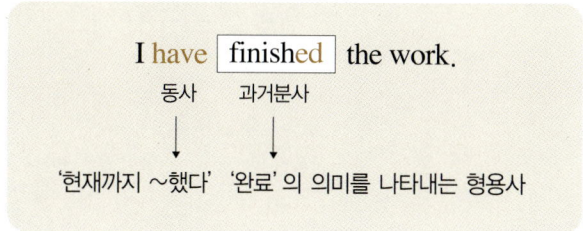

동사 'have'의 시제가 '현재형'이고 뒤에 붙는 과거분사(~ed)가 '완료'의 의미를 나타내기 때문에 '현재완료형'이라고 부른다. 완료형은 동사 'have'의 시제의 따라 현재완료형과 과거완료형으로 구분된다.

현재완료 have/has + 과거분사 : 현재까지 ~했다
I have finished the work. 나는 현재까지 그 일을 끝냈다.

과거완료 had + 과거분사 : 과거에 그때까지 ~했다
I had finished the work. 나는 과거에 그때까지 그 일을 끝냈다

More View

(1) 그는 현재까지 ~했다. → He has.
그는 현재까지 **마련**했다. → He has **arranged**.
그는 현재까지 **모임을** 마련했다. → He has arranged **the meeting**.

(2) 그녀는 현재까지 ~했다. → She has.
그녀는 현재까지 **타이프**쳤다. → She has **typed**.
그녀는 현재까지 **보고서를** 타이프쳤다. → She has typed **the paper**.

┤ **Han's Grammar Clinic** ├

- 왜 'have' 뒤에 현재분사(~ing)를 쓰지 않고 과거분사(~ed)를 쓸까? ◎ have가 '현재까지 ~했다' 라는 완료의 뉘앙스를 가지고 있으므로 동일한 뉘앙스를 가지고 있는 과거분사를 써서 전체의 의미를 완성한다.
- '현재까지 ~했다' 라고 말하기 위해서 필요한 두 개의 단어는? ◎ have/has, 과거분사
- '현재까지 ~했다' 로 해석되는 말투를 문법적으로 무엇이라고 부를까? ◎ 현재완료
- 완료형을 만들기 위해서 반드시 있어야 할 단어들은 무엇인가? ◎ have/has/had, 과거분사
- 과거분사가 없었다면 완료형은 생기지 않았을 문법이다. (True) False

3 시제를 나타내는 기호

(1) I am working. ➡ 현재진행형

(2) He called me. ➡ 과거형
   ➡ 앞에 'have' 가 없으므로 'called' 는 과거분사가 아니라 단순과거동사로 쓰였다.

(3) We have talked about this. ➡ 현재완료형

(4) She was waiting for you. ➡ 과거진행형

(5) Who will do this? ➡ 미래형

(6) The bus was running too fast. ➡ 과거진행형

(7) Jim had finished his work. ➡ 과거완료형

(8) Everybody will have completed the project. ➡ 미래 완료형

(9) The students have been studying English. ➡ 현재완료 진행형

(10) I will be studying. ➡ 미래 진행형

(11) I had been trying to learn. ➡ 과거완료 진행형

(12) My friend and I will have been enjoying the movie. ➡ 미래완료 진행형

Han's Grammar Clinic

- 영어는 모두 몇 개의 시간 개념을 가지고 있을까? ◯ 12개
- '~ed(과거분사)'로 끝나는 단어가 주요 역할을 하는 시제는? ◯ 현재완료, 과거완료, 미래완료
- '~ing(현재분사)'로 끝나는 단어가 주요 역할을 하는 시제는?
  ◯ 현재진행, 과거진행, 미래진행, 현재완료진행 과거완료진행, 미래완료진행

Comprehension Quiz

 Quiz 1 '현재까지 ~했다'라고 말하기 위해서 필요한 두 단어를 고르시오.

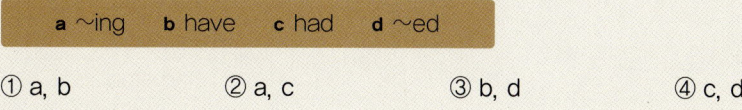

① a, b   ② a, c   ③ b, d   ④ c, d

 Quiz 2 다음 대화 속에 있는 완료형은 모두 몇 개인가?

> A: Where have you been?
> B: I went to the bookstore near the campus.
> A: Are there any good books?
> B: Yes, they were selling a book titled *Beauty and Mind*.
> A: Did you buy it?
> B: No, I have read before, so I didn't buy it. You should read it. It has gotten the Golden Book Award.

Answer Key Quiz 1. ③ Quiz 2. 3개 (have been, have read, has gotten)

Step 3

04 영어의 '12시제'

영어를 공부하는 데 있어서 '12시제'의 형태를 구분하지 못한다면 전체적인 문장의 구조를 파악하기가 굉장히 힘들어질 것이다. 12개의 시제의 형태와 구조가 눈에 들어와야 한다. 그래야 영어문장의 구조가 파악되고, 영어를 공부하는 데 있어서 한결 자신감이 생길 것이다. 특히 Reading에 있어서 훨씬 수월해짐을 느낄 수 있을 것이다.

Learning Goals 영어의 시간 개념인 12시제의 단어 모양을 외우자.

현재진행	과거진행	미래진행
현재완료	과거완료	미래완료
현재완료진행	과거완료진행	미래완료진행
현재형	과거형	미래형

1 12시제의 형태

	12시제	단어의 개수	분사	단어의 모양
1	현재진행	2	~ing	am/are/is+~ing I am studying.
2	과거진행	2	~ing	was/were+~ing I was studying.
3	미래진행	3	~ing	will+be+~ing I will be studying.
4	현재완료	2	~ed	have/has+~ed I have studied.
5	과거완료	2	~ed	had+~ed I had studied.
6	미래완료	3	~ed	will+have+~ed I will have studied.
7	현재완료진행	3	~ing	had+been+~ing I have been studying.
8	과거완료진행	3	~ing	had+been+~ing I had been studying.
9	미래완료진행	4	~ing	will+have+been+~ing I will have been studying.
10	(단순)현재	1		동사의 현재형 I study.
11	(단순)과거	1		'~ed' or 불규칙 과거형 I studied.
12	(단순)미래	2		will+동사의 기본형 I will study.

Han's Grammar Clinic

- 영어는 _____ 개의 시간 개념을 가지고 있다. ◯ 12개
- 과거분사와 현재분사가 둘 다 사용되는 시제는? ◯ 현재완료진행, 과거완료진행, 미래완료진행
- 문장을 해석하지 않아도 그 문장이 어떤 시제로 쓰였는지 알 수 있다. True False
  1. am/are/is + 현재분사 = 현재진행
  2. was/were + 현재분사 = 과거진행
  3. will + be + 현재분사 = 미래진행
  4. have/has + 과거분사 = 현재완료
  5. had + 과거분사 = 과거완료
  6. will + have + 과거분사 = 미래완료
  7. have/has + been + 현재분사 = 현재완료진행
  8. had + been + 현재분사 = 과거완료진행
  9. will + have + been + 현재분사 = 미래완료진행

Comprehension Quiz

 Quiz 1 다음 보기에서 밑줄 친 부분을 올바르게 말한 것을 고르세요.

> • Experimenters <u>will pay</u> 1000 dollars in case of any physical hurts.
> • The researchers <u>have compared</u> the differences between these people.
> • The researchers <u>have asked</u> both groups to drink <u>poisoned</u> juice.

① 단순미래 – 현재진행 – 현재완료 – 과거분사/형용사
② 미래완료 – 현재진행 – 현재완료 – 과거분사/형용사
③ 미래진행 – 현재완료 – 현재완료 – 현재분사/형용사
④ 단순미래 – 현재완료 – 현재완료 – 과거분사/형용사

 Quiz 2 시간상 현재에 가장 가까운 순서대로 쓴 것은?

> **1**He came. **2**He has come. **3**He is coming.

① 1, 3, 2   ② 2, 3, 1   ③ 2, 1, 3   ④ 1, 3, 2

Answer Key Quiz 1. ④ Quiz 2. ②

Step 3 | 01~04　　　　　　　　　　　　　　　　　　　Writing Quiz

앞에서 배운 예문을 기억하기 위한 연습입니다. 예문을 쓰고 외우고 있는 것이 그 문법을 내 것으로 만드는 지름길입니다.

1. 너는 이번 학기에 영어를 공부하고 있는 중이다.　　　　　[해당문법 현재진행형]
   You _____ _____ English in this semester.

2. 너는 공부를 하는 중이었다.　　　　　　　　　　　　　　[해당문법 과거진행형]
   You _____ _____.

3. 사람들이 일하고 있는 중이다.　　　　　　　　　　　　　[해당문법 현재진행형]
   People _____ _____.

4. 고객들이 기다리고 있는 중이었다.　　　　　　　　　　　[해당문법 과거진행형]
   Customers _____ _____.

5. 나는 네 생각을 하는 중이다.　　　　　　　　　　　　　　[해당문법 현재진행형]
   I _____ _____ about him.

6. 나는 친구들이 있다.　　　　　　　　　　　　　　　　　　[해당문법 have의 네 가지 종류]
   I _____ friends.

7. 나는 그를 가게 했다.　　　　　　　　　　　　　　　　　[해당문법 have의 네 가지 종류]
   I _____ him _____.

8. 우리는 가야 한다.　　　　　　　　　　　　　　　　　　　[해당문법 have의 네 가지 종류]
   We _____ _____ go.

9. 나는 (현재까지) 그 일을 끝냈다.　　　　　　　　　　　　[해당문법 have의 네 가지 종류]
   I _____ _____ the work.

10. 버스가 (지금 막) 도착했다.　　　　　　　　　　　　　　[해당문법 현재완료형]
    The bus _____ _____.

11. 그는 (현재까지) 모임을 마련해 왔다.　　　　　　　　　　[해당문법 현재완료형]
    He _____ _____ the meeting.

12. 그녀는 (현재까지) 그 문서를 타이프쳤다.　　　　　　　　[해당문법 현재완료형]
    She _____ _____ the paper.

13. 그는 나에게 전화했다. **해당문법 단순과거형**
    He _____ me.

14. 우리는 (현재까지) 이것에 관해 이야기해 왔다. **해당문법 현재완료형**
    We _____ _____ about this.

15. 그녀는 너를 기다리는 중이었다. **해당문법 과거진행형**
    She _____ _____ for you.

16. 누가 이것을 할 예정이니? **해당문법 미래형**
    Who _____ do this?

17. 그 버스는 너무 빠르게 달리는 중이다. **해당문법 과거진행형**
    The bus _____ _____ too fast.

18. Jim은 그 일을 (과거 그때에) 끝냈다. **해당문법 과거완료형**
    Jim _____ _____ his work.

19. 모든 사람이 (미래 그 시점까지) 그 프로젝트를 완료할 것이다. **해당문법 미래완료형**
    Everybody _____ _____ completed the project.

20. 학생들은 (현재까지 계속해서) 영어를 공부해 오고 있다. **해당문법 현재완료진행형**
    The students _____ _____ studying English.

21. 나는 공부하고 있을 것이다. **해당문법 미래진행형**
    I _____ be studying.

22. 나는 (과거 그 당시에 계속) 배우려고 노력 해왔다. **해당문법 과거완료진행형**
    I _____ _____ trying to learn.

23. 나는 (미래 그 때까지 계속) 그 일을 해왔을 것이다. **해당문법 미래완료진행형**
    I _____ _____ _____ doing the job.

Step 3

05 시제; Common Mistakes

일상생활에서 알게 모르게 저지르는 시제와 관련된 실수들이 있다. 해석과 뉘앙스의 차이에 주의하면서 시제와 관련된 중요한 실수들을 살펴보자.

> **Learning Goals**
> 동사 'have'의 반복을 피하는 방법에 대해서 살펴보자.
> 영어와 한국말의 과거시점의 차이에 대해서 살펴보자.
> 과거와 현재를 이어주는 시제에 대해서 살펴보자.
> 'always'가 현재형과 진행형에 쓰일 때 의미의 차이에 대해서 살펴보자.

1 시제와 관련된 흔히 범하는 실수들

(1) I have some news.
= I have got some news. 미국영어: 현재형 / 영국영어: 현재완료형
= I got some news. 상황에 따라 과거도 될 수 있고 현재도 될 수 있다.

(2) 과거시제는 일의 시작도 과거, 끝난 것도 과거이다.

> "Finally spring came."
> ➡ 봄이 온 것도 과거이고 봄이 끝난 것도 과거라는 뉘앙스이므로 지금은 어떤 계절인지 알 수 없다.

Tip 한국말과 영어는 과거를 바라보는 시각이 다르다. 한국말의 과거는 거의 대부분 현재와 연결되지만 영어의 과거는 시작도 과거이고 끝난 것도 과거이기 때문에 현재와 연결되어 있지 않다.

I studied English. 영어공부를 시작한 것도 과거이고 끝난 것도 과거이므로 지금은 어떤 상태인지 알 수 없다.

(3) 과거의 일이 현재까지 영향을 주고 있을 때는 현재완료형 시제를 사용한다.

> "Finally, spring has came."
> ➡ 현재 봄이라는 의미로 과거에 조금씩 오기 시작한 봄이 현재를 기점으로 도착·완료했다는 뜻이다.

Tip 두 개의 다른 시간대가 서로 내용상 연결되어 있음을 표현하고 싶으면 '완료형'을 사용한다. 과거에 있었던 일이 현재에도 영향을 주고 있으면 '현재완료형'을 사용한다. 과거와 더 과거에 있었던 일이 서로 연관성이 있으면 '과거완료형'을 사용한다. 시제 '완료형'은 두 개의 서로 다른 시간대를 연결해 주는 사용빈도가 높은 시제이다.

I met my boyfirend. 과거에 만났으나 지금도 만나는지는 알 수 없다.

I have met my boyfriend. 과거부터 현재까지 만나고 있음을 알 수 있다.

(4) 다음 두 문장의 내용상 차이점은 무엇인가?

> You always open the door in the morning.
> ➡ 현재형에 always를 쓸 때는 부정적인 뉘앙스가 없다.
>
> You are always opening the door in the morning.
> ➡ 진행형에 always를 쓰면 부정적인 어감(불평)으로 전달되는 경우가 많다.

Tip always를 한국말로 표현하면 긍정적인 느낌을 전달하는 '항상' 과 약간 부정적인 느낌을 전달하는 '만날' 로 표현할 수 있다. 이 두 가지는 영어에서 어떤 시제를 쓰는지에 따라서 결정되기도 한다.

You always call me at lunch time. 전화해줘서 고맙다는 의미(항상 전화한다.)

You are always calling me at lunch time. 상대방이 전화하는 것에 대한 불평(만날 전화한다.)

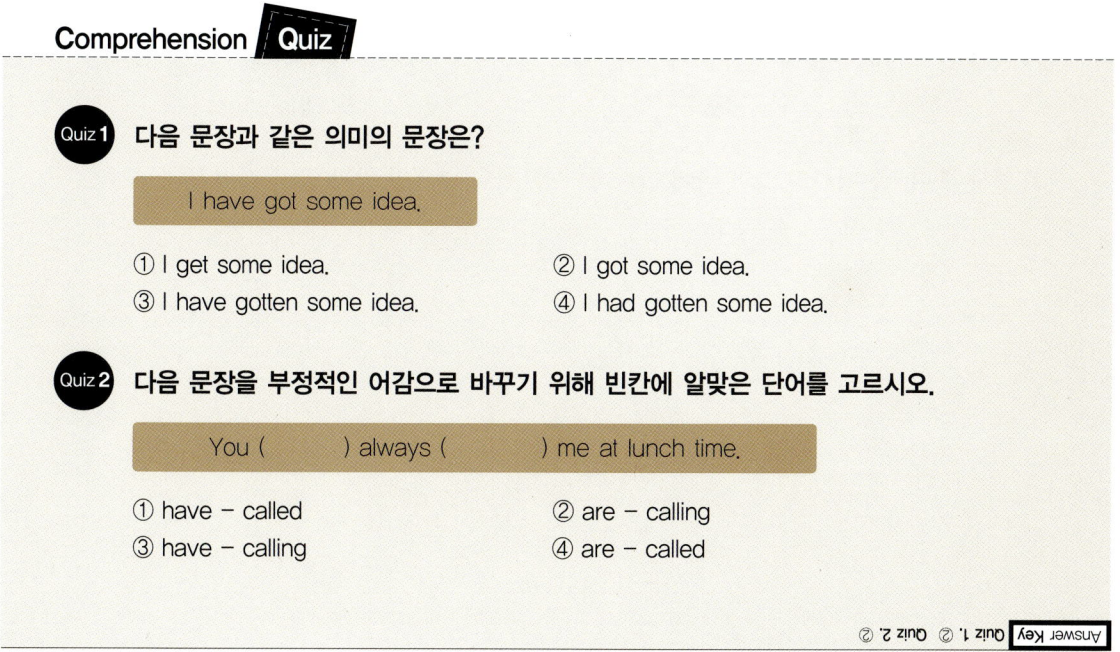

Comprehension Quiz

Quiz 1 다음 문장과 같은 의미의 문장은?

> I have got some idea.

① I get some idea.　　　　② I got some idea.
③ I have gotten some idea.　④ I had gotten some idea.

Quiz 2 다음 문장을 부정적인 어감으로 바꾸기 위해 빈칸에 알맞은 단어를 고르시오.

> You (　　) always (　　) me at lunch time.

① have – called　　② are – calling
③ have – calling　　④ are – called

Answer Key Quiz 1. ③ Quiz 2. ②

Step 06 영어로 길게 쓴다?

작은 문장에서 큰 문장으로 가는 방법이 굉장히 어렵거나, 특별히 새로운 문법을 요구하는 것은 아니다. 지금까지 배웠던 내용들을 문장에 적용시키면 된다.

Learning Goals
사용빈도 수가 가장 높은 문장의 단어 배열에 대해서 살펴보자.
사용빈도 수가 가장 높은 문장의 단어 배열에서 명사의 역할에 대해서 살펴보자.
명사 앞에 쓰여서 명사의 의미를 도와주는 형용사에 대해서 살펴보자.
명사 뒤에 쓰이는 '전치사+명사'에 대해서 살펴보자.
명사 뒤에 쓰이는 '명사+문장'에 대해서 살펴보자.

1 영어에서 사용빈도 수가 가장 높은 단어 배열

(1) 사용빈도 수가 가장 높은 단어 배열로 문장을 만든다.

I saw you on the street.

(2) 전체 영어 단어나 영어 문장 속에 가장 많이 들어있는 단어는 명사이다.

I saw you on the street.

(3) 명사 주변, 즉 명사의 앞과 뒤에 단어나 구를 끼워 넣으면 말과 글이 길어진다.

I saw you on the street.

2 명사 앞에 쓰여서 명사의 의미를 도와주는 형용사

| 명사 | + | 동사 | + | 명사 | / | 전치사 | + | 명사 |

Students　memorize　words　　　for　　the test.
　↑　　　　　　　　↑　　　　　　　　　　↑
Many　　　　　important　　　　　　　final
형용사　　　　　　형용사　　　　　　　　형용사

Many |students| memorize important |words| for the final |test|.
많은 학생들은 그 기말고사를 위해서 중요한 단어들을 외운다.

❓ 명사 앞에 형용사를 쓴 이후 문장이 겪는 변화
문장이 길어진다.
글의 내용이 자세해진다.
글의 수준이 높아진다.

3 전치사+명사 : 문장을 늘리는 데 대단히 효과적이다.

(1) 문장 뒤에 '전치사+명사' 쓰기

| 명사 | + | 동사 | + | 명사 | / | 전치사 | + | 명사 |

I　　saw　　you　　　　on　　the street .
　　　　　　　　　　　　　　　　　　　　↑
　　　　　　　　　　　　　　　　|around| 2'oclock

I saw you on the street around 2 o'clock. 나는 길에서 2시경에 너를 보았다.

(2) 명사 뒤에 '전치사+명사' 쓰기

| 명사 | + | 동사 | + | 명사 | / | 전치사 | + | 명사 |

Students　memorize　words　　　for　　the test .
　　↑　　　　　　　　　↑　　　　　　　　　↑
|in| this course　　|in| the book　　|before| the summer vacation
전치사 + 명사　　　전치사 + 명사　　　전치사　+　명사

|Students| in this course memorize |words| in the book for the |test| before the summer vacation.
이 과정에 있는 학생들은 책에 있는 단어들을 여름 방학 전에 있는 시험을 위해서 외운다.

4 명사+문장 : '전치사+명사' 보다 전체 문장을 더 빠르고 길게 늘려준다.

(1) 명사 뒤에 문장 끼워 넣기

| 명사 | + | 동사 | + | 명사 | / | 전치사 | + | 명사 |
Students ↑ memorize words ↑ for the test ↑.
I am teaching   they learned   everyone should take for
                                       the graducation
주어+동사→문장(절)   주어+동사→문장(절)   주어+동사→문장(절)

⟦Students⟧ I am teaching memorize ⟦words⟧ they learned for the ⟦test⟧ everyone should take for the graduation.

내가 가르치는 학생들은 그들이 배운 단어들을 졸업을 위해서 모든 사람들이 치러야 하는 그 시험을 위해서 외운다.

Han's Grammar Clinic

• 문장의 길이를 길게 늘이거나, 문장의 수준을 높이는 3가지 방법은?
  ◎ 형용사 쓰기, 전치사+명사 쓰기, 명사 뒤에 문장 쓰기

Comprehension Quiz

 문장을 늘리기 위해서 사용된 '형용사,' '전치사 + 명사,' 그리고 명사 뒤에 '문장 끼워 넣기'를 모두 찾아서 밑줄을 그으시오.

> We went to Alaska. Alaska was not a cold place anymore. The rising temperature in Alaska has changed its environment. Icebergs we saw were small. Huge Icebergs we have seen in the picture at school were melting. Perpetual snow most mountains had has gone, too. The Alaska's weather we experienced was different from our thought. However, the spectacle view of Alaska impressed us.

 문장을 늘리기 위해서 사용한 요소의 설명이 바르지 못한 것은?

① I would like to make a reservation for dinner. – 전치사+명사
② I used the money you gave me. – 문장
③ Computer games can harm children's eyesight. – 형용사
④ The test we took on Tuesday might be difficult for the students from foreign countries.
– 문장, 전치사+명사

[3-4]   **a** Students **b** memorize **c** words **d** for the **e** test **f** .

 위 보기의 문장에서 '전치사 + 명사'를 추가하여 글의 수준을 올릴 때 내용상 어울리지 않는 것을 고르시오.

① b – in this course
② d – in the book
③ f – before the graduation
④ f – at that time

 위 보기의 문장에서 'they learned'라는 문장이 들어갈 알맞은 위치는?

① b ② d ③ e ④ f

Answer Key **Quiz 1.** cold/rising/in Alaska/we saw/Huge/we have seen/in the picture/at school/most mountains had/we experienced/spectacle/of Alaska **Quiz 2.** ③ **Quiz 3.** ④ **Quiz 4.** ②

Step 3 07 문장의 수준을 높이는 4단계

문장의 수준을 높이는 3가지 방법을 하나의 문장 안에 모아서 쓸 수 있다. 하나의 문장에 '형용사', '전치사+명사(부연설명)', '문장'을 끼워 넣어보자.

Learning Goals
끼워 넣는 문법이 문장에 미치는 영향에 대해서 살펴보자.
끼워 넣는 문법의 특징에 대해서 살펴보자.

1 영어로 길게 쓰고 싶다면 한 곳에 모아라

1단계 영어에서 사용빈도 수가 가장 높은 단어 배열로 문장 만들기

[명사] + [동사] + [명사] / [전치사] + [명사]
Students memorize words   for   the test.

2단계 명사 앞에 '형용사' 끼워 넣기

Many [students] memorize important [words] for the final [test].

3단계 명사 뒤에 '전치사+명사' 끼워 넣기

Many [students] in this course memorize important [words] in the book for the final [test] before the summer vacation.

➡ '전치사+명사'는 위치가 자유롭지만, 주로 문장 뒤에 위치하는 것이 보기에 좋다.

4단계 명사 뒤에 문장 끼워 넣기

Many [students] I am teaching in this course memorize important [words] they learned in the book for the final [test] everyone should take for the graduation before the summer vacation.

❓ '형용사' 끼워 넣기 → '전치사+명사' 끼워 넣기 → '문장' 끼워 넣기의 순서로 점점 더 글의 수준을 높일 수 있다.

2 끼워 넣는 문법의 특징

문장의 수준을 높이는 3가지 방법, 즉 명사 앞에 '형용사' 끼워 넣기, 명사 뒤에 '전치사+명사' 끼워 넣기, 명사 뒤에 '문장' 끼워 넣기를 한 곳에 모아서 쓰는 것이 가능한 이유는, 3가지 방법이 모두 문법의 영향을 받지 않고 자유롭게 넣고 뺄 수 있기 때문이다.

❓ 영어권 사람들이 실생활에서 매번 문장을 길게 표현하는 것은 아니다. 이 3가지 방법들을 필요에 따라서 넣었다 뺐다하며 문장의 길이를 조절한다.

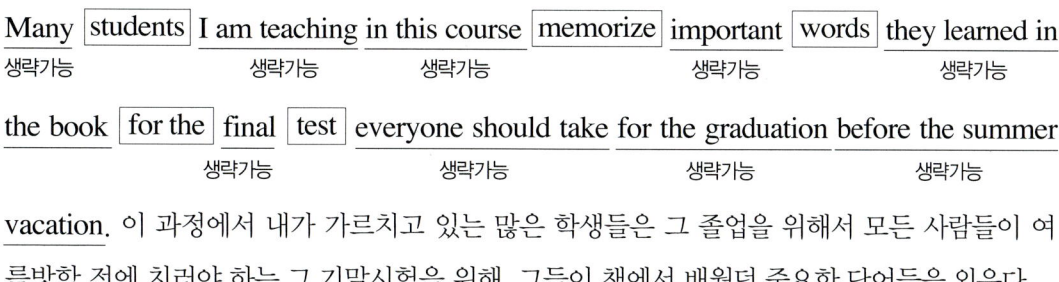

vacation. 이 과정에서 내가 가르치고 있는 많은 학생들은 그 졸업을 위해서 모든 사람들이 여름방학 전에 치러야 하는 그 기말시험을 위해 그들이 책에서 배웠던 중요한 단어들을 외운다.

3 명사 뒤에 문장 끼워 넣기

Notice 내용상 말이 자연스럽게 연결되어야 한다.

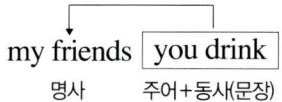
　　my friends　you drink　　　네가 마시는 친구들 (문법은 맞지만 내용이 자연스럽지 않고
　　　명사　　주어+동사(문장)　　　　　　　　　　　이상하다.)

Han's Grammar Clinic

- 형용사 끼워 넣기, 부연설명 끼워 넣기, 그리고 문장 끼워 넣기 중에서 전체 문장을 가장 길고 자세하게 쓸 수 있는 방법은? ◐ 문장 끼워 넣기
- 세 가지 끼워 넣는 문법을 한 문장에 쓸 수 있다. (True) False

Comprehension Quiz

 Quiz 1 다음 중 명사 뒤 문장을 끼워 넣는 예로 <u>잘못</u> 연결된 것을 고르시오.

① 내가 산 집들 – houses I bought
② 내가 들었던 음악 – music I listened
③ 내가 교환한 옷들 – clothes exchanging I
④ 내가 들은 그 소문 – the rumor I heard

 Quiz 2 다음 주어진 네 개의 보기 중 밑줄 친 명사 뒤에 끼워 넣을 때 내용상 어울리지 <u>않는</u> 것은?

> He had an idea about the <u>charity event</u>. His idea was very helpful for the <u>event</u>. People liked the <u>charity event</u> and they generously donated money.

① we were going to have　　② at the park
③ we had　　　　　　　　　 ④ it has

Answer Key) Quiz 1. ③　Quiz 2. ④

08 관계대명사 주격 'that'

문장의 수준을 높이는 3가지 방법을 확실히 익히면 문장의 구조 파악에 많은 도움이 된다. 이제는 문장이 조금이라도 길다고 생각된다면 그 안에는 틀림없이 '형용사', '전치사+명사(부연설명)', '명사+문장'이 사용되었음을 눈치 채야한다. 명사 주변에서 복잡하게 일이 일어나고 있기 때문에 반드시 명사 주변을 잘 파악해야 한다.

Learning Goals 명사 다음에 앞의 명사(선행사)와 같은 주어로 시작하는 문장을 끼워 넣는 방법에 대해서 살펴보자.
앞의 명사(선행사)와 같은 주어의 반복을 피하는 '관계대명사 주격'에 대해서 살펴보자.

1 명사 뒤에 문장을 끼워 넣는 2가지 방법

(1) 명사 + 독자적인 주어로 시작하는 문장

the car   [I / you / he]   recommend (그가 추천한 그 차)

명사 + [주어 + 동사] → 문장(절)

(2) 명사 + 앞의 명사와 같은 주어로 시작하는 문장

the car   [the car]   runs   fast (빨리 달리는 그 차)

명사 + [주어 + 동사] → 문장(절)

2 주어의 반복을 피하는 '관계대명사 주격 that'

명사(선행사) 뒤에 끼워 넣은 문장이 앞의 명사(선행사)와 같은 주어로 시작하는 경우, 반복을 피하기 위해서 하나를 that으로 바꾼다.

the car [the car] runs fast ➡ the car [that] runs fast
        주어   관계대명사(주격)

Tip 'that'으로 바꾸는 이유는 'that'이 전형적으로 앞에서 반복되는 단어나 표현을 대신해서 부르는 '그것'이라는 뜻을 갖고 있기 때문이다.
That one! 앞에서 반복되어 서로 알고 있는 그것!
Give me that! 서로 알고 있는 그것!

❓ 내용상 **관계**가 있는 두 개의 반복되는 단어 중 하나를 **대신해서** 쓴 **명사** → 관계대명사
관계대명사 'that'은 **주어**(the car)를 대신해서 쓰였으므로 → 관계대명사의 **주격** 용법

- The idea the idea is informative. ➡ 반복되는 'the idea' 중 하나를 'that'으로 바꾼다.
  　　　주어
= The idea that(=the idea) is informative.
　　　　주어 (관계대명사 주격)
- A movie a movie was interesting. ➡ 반복되는 'a movie' 중 하나를 'that'으로 바꾼다.
  　　　주어
= A movie that(=a movie) was interesting.
　　　　주어 (관계대명사 주격)

이렇게 해서 명사 뒤에 문장을 자유롭게 쓸 수 있는 방법들이 만들어졌다. 그리고 이러한 말투가 빠른 속도로 사람들의 입에 오르내리게 되자 관계대명사 'that'을 사용 하면서 형용사 역할을 하는 문장(=절)을 형용사절이라고 부르게 되었다.

Han's Grammar Clinic

- 형용사절과 명사 뒤에 문장쓰기는 같은 말이다. (True)　False
- 형용사절은 끼워 넣는 문법이다. (True)　False
- 형용사절은 생략해도 문법에 지장을 주지 않는 부연 설명이다. (True)　False
- 형용사절은 가장 이상적인 문장의 단어 배열 '명사 + 동사 + 명사 / 전치사 + 명사'에서 어디에 끼워 넣어야 할까? ◐ 명사 뒤
- 형용사절을 명사 뒤에 끼워 넣으면 문장이 길고 자세해진다. (True)　False
- 형용사 끼워 넣기, 전치사구 끼워 넣기, 형용사절 끼워 넣기 중에서 전체 문장을 가장 길고, 자세하게 쓸 수 있는 방법은? ◐ 형용사절 끼워 넣기

Comprehension Quiz

Quiz 1 다음 문장을 바르게 영작한 것은?

나를 도운 사람들이 이것을 주었다. (The people gave this. People helped me.)

① The people that/who gave this helped me.　② The people that/who helped me gave this.
③ The people helped me that/who gave this.　④ The people gave this that/who helped me.

Quiz 3 다음의 관계대명사 중 용법이 다른 것은?

① the plans that I have　　② the places that are well known
③ the TV program that was educative　④ the water that is boiling

Answer Key　Quiz 1. ②　Quiz 2. ①

Step 3 | 05~08

앞에서 배운 예문을 기억하기 위한 연습입니다. 예문을 쓰고 외우고 있는 것이 그 문법을 내 것으로 만드는 지름길입니다.

1. 봄이 왔다.
   Spring _____ _____.

   | 해당문법 | 현재완료형 |

2. 너는 항상 점심시간에 나를 부른다.
   You _____ _____ me at lunch time.

   | 해당문법 | 긍정의 뜻을 전달하는 always |

3. 너는 맨날 점심시간에 나를 부른다.
   You _____ _____ _____ me at lunch time.

   | 해당문법 | 부정의 뜻을 전달하는 always |

4. 많은 학생들이 기말고사를 위해 중요한 단어들을 암기한다.
   Many students memorize _____ words for the _____ test.

   | 해당문법 | 문장 길게 늘리기 – 형용사 끼어 넣기 |

5. 이 수업에 참가하는 학생들은 여름방학 전의 시험을 위해 책에 있는 단어들을 암기한다.
   Students _____ this course memorize words _____ the book _____ the test _____ the summer vacation.

   | 해당문법 | 문장 길게 늘리기 – 전치사 끼어 넣기 |

6. 내가 가르치는 학생들은, 모든 사람들이 졸업을 위해 치러야 하는 그 시험을 위해 그들이 그동안 배운 단어들을 암기한다.
   Students I am teaching memorize words _____ _____ for the test _____ _____ _____ for the graduation.

   | 해당문법 | 문장 길게 늘리기-문장 끼어 넣기 |

7. 내가 좋아하는 학생
   students _____ _____

   | 해당문법 | 명사 뒤에 문장 쓰기 |

8. 우리가 기억하는 시험
   Tests _____ _____

   | 해당문법 | 명사 뒤에 문장 쓰기 |

9. 내가 알고 있는 게임
   Games _____ _____

   | 해당문법 | 명사 뒤에 문장 쓰기 |

10. 내가 산 집
Houses _____ _____

11. 내가 들었던 음악
Music _____ _____ to

12. 그가 추천해 준 자동차
The car _____ _____

13. 빨리 달리는 자동차
The car _____ runs fast

14. 유익한 생각
The idea _____ is informative

15. 재미있는 영화
A movie _____ was interesting

16. 끓고 있는 물
The water _____ is boiling

17. 나를 도와준 사람들이 이것을 주었다.
The people _____ helped me gave this.

09 선행사와 관계대명사

관계대명사 that 이외의 다른 관계대명사에 대해서 자세히 알아보자.

Learning Goals '선행사'에 대해서 살펴보자.
선행사에 따른 관계대명사의 종류에 대해서 살펴보자.

1 '선행사 = 명사'

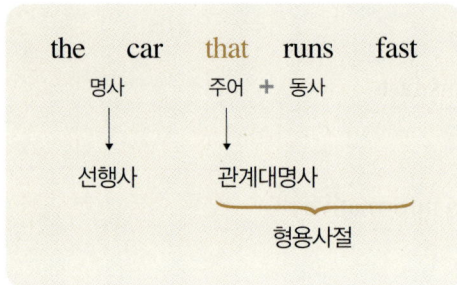

'that'이 무엇인지 미리 앞쪽에서 알려주는 단어를 '선행사'라고 부른다. 이들 '선행사, 관계대명사, 형용사절'는 항상 함께 존재하고 있다.

2 관계대명사 that이 있는 형용사절

1단계   선행사 쓰기
2단계   선행사 뒤에 that 쓰기
3단계   that 뒤에 동사를 써서 문장 만들기 (that이 주어가 됨)

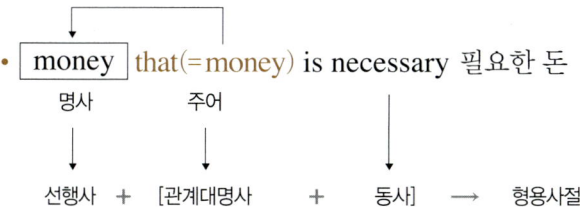

❓ 선행사, 관계대명사 that 그리고 형용사절이 한 묶음이 되어서 말을 만든다.

3 선행사에 따른 관계대명사의 종류

관계대명사 앞에 오는 선행사의 종류 '사람, 사물, 장소, 날짜, 물건의 소유'에 따라서 관계대명사의 종류가 달라진다. 그러나 실생활에서 장소와 사물을 구분하는 기준이 모호해지는 경우가 많이 생겨났다. 예를 들어 건물(building)을 장소로 구분할지 사물로 구분할지 구별하기 힘들다는 것이다. 이와 같이 선행사의 구별이 불분명한 경우가 많이 생겨나면서 요즘 영어는 선행사의 종류에 상관없이 쓸 수 있는 관계대명사 'that'을 선호하는 추세이다. 특히, speaking에서 이런 현상이 두드러진다.

선행사의 종류	that(관계대명사의 종류)
사람	who (whom)
사물	which
장소	where
날짜	when
물건의 소유	whose

→ that

Tip where과 when은 관계부사로도 볼 수 있다.

I bought the bag which(=the bag) is expensive. 나는 그 비싼 가방을 샀다.

I bought the bag that(=the bag) is expensive.

I know the building which(=the building) is in Seoul.
나는 서울에 있는 그 빌딩을 안다.

I know the building that(=the building) is in Seoul.

❓ 선행사가 '사람'인 경우 관계대명사 'who'를 유지한다.

The man who lives with them 그들과 함께 살고 있는 그 남자
　　선행사　관계대명사

=The man that lives with them
　　선행사　관계대명사

Notice 선행사가 사람일 때 'that'을 쓰면 그 사람을 무시하거나 낮게 얕잡아 보는 뉘앙스가 전달될 수 있다.

Han's Grammar Clinic

- 관계대명사는 관계가 있는 두 개의 반복되는 단어 중 하나를 대신해서 쓴 대명사 that 을 일컫는 말이다.
- 관계대명사 that은 항상 선행사 뒤에 온다. (True) False
- 선행사는 항상 명사이다. (True) False
- 문법적으로 선행사의 종류에 따라 that을 'who, which, where, when, whom, whose'로 나누었지만 요즘 영어의 추세는? ◯ that을 선호한다
- 형용사절의 시작을 알리는 신호는? ◯ 관계대명사
- 실생활에서 많이 쓰는 형용사절의 시작을 알리는 관계대명사는? ◯ that

Comprehension Quiz

 Quiz 1 다음 빈칸에 들어갈 수 있는 관계대명사는?

> • The volunteer encouraged me.
> • The volunteer comes here every Thursday.
> → The volunteer (　　) comes here every Thursday encouraged me.

① who, that　　　　　② where, that
③ when, that　　　　　④ whose, that

 Quiz 2 다음 주어진 말 뒤에 끼워 넣을 문장으로 가장 적합한 것은?

> The tradition that _____

① we should keep　　　② people digest
③ you solved　　　　　④ I bought

 Quiz 3 다음 문장을 가장 자연스럽게 고친 문장은?

> I know the building which is in Seoul.

① building which — where
② building which — building that
③ building which — that
④ building which — which

 Quiz 4 다음 주어진 말 뒤에 끼워 넣을 문장으로 내용상 적합하지 않은 것은?

> Supervisors who _____

① I met yesterday　　　② we like
③ I know　　　　　　　④ I bargain

Answer Key Quiz 1. ① Quiz 2. ① Quiz 3. ② Quiz 4. ④

Step 3
10 형용사구의 등장

형용사절을 형용사구로 고치게 되는 이유에 대해서 살펴보자.

Learning Goals 형용사절을 형용사구로 짧게 줄이는 이유에 대해서 살펴보자.
be동사를 포함한 형용사절을 형용사구로 고치는 방법에 대해서 살펴보자.

1 명사 뒤에 형용사절을 끼워 넣은 문장

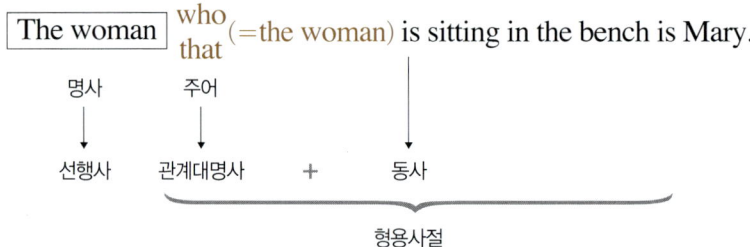

그 벤치에 앉아있는 그 여자는 Mary이다.

= The woman who(=the woman) is sitting in the bench is Mary.

　The woman이 사람이므로 who를 선호한다.

2 형용사절을 짧게 줄인 문장

• The woman who is sitting in the bench is Mary.
　　　　　　　＼_____형용사절_____／

영어는 반복을 싫어하므로 반복되는 단어를 가장 먼저 생략하게 된다. 관계대명사 'who'는 앞에 나오는 명사 'the woman'을 대신 쓴 것이므로 반복되는 것으로 보고 생략할 수 있다. be동사도 생략해도 전체 내용에 크게 손상을 주지 않으므로 생략할 수 있다. 이러한 과정을 '형용사절을 형용사구로 줄인다'라고 말한다.

> ❓ **형용사절을 짧게 줄인다=형용사구로 만든다**
> → 반복되는 관계대명사 that을 생략한다.
> → 빼주어도 내용에 손상을 적게 주는 be동사를 생략한다.

'The woman' 과 의미상 반복되는 관계대명사 'who'를 생략한다.
➡ The woman ~~who~~ is sitting in the bench is Mary.

빼주어도 내용에 크게 손상을 주지 않는 be동사도 생략한다.
➡ The woman ~~who is~~ sitting in the bench is Mary.
➡ The woman <u>sitting in the bench</u> is Mary.　　벤치에 앉아 있는 그 여자는 Mary이다.
　　　　　　　　　형용사구

┤ Han's Grammar Clinic ├

- 형용사절을 형용사구로 고칠 때 빼주는 단어는? ◯ 의미상 선행사와 동일한 관계대명사, be동사
- 형용사절을 형용사구로 고칠 때 be동사를 빼는 이유는? ◯ 빼주어도 전체 내용을 전달하는 데 문제가 없으므로

Comprehension Quiz

[1-3] 다음의 형용사절을 형용사구로 줄인 것 중 옳은 것은?

Quiz 1　　The visitor who is looking around the park looks happy.

① The visitor is looking around the park looks happy.
② The visitor looking around the park happy.
③ The visitor looking around the park looks happy.
④ The visitor looks around the park looks happy.

Quiz 2　　The pictures that are on the wall are awesome.

① The pictures on the wall are awesome.
② The pictures are on the wall awesome.
③ The pictures be on the wall are awesome.
④ The pictures that the wall are awesome.

Quiz 3　　The assignment that was given to me was not that easy.

① The assignment given to me was not that easy.
② The assignment given was not that easy.
③ The assignment giving to me was not that easy.
④ The assignment giving was not that easy.

Answer Key | Quiz 1. ③　Quiz 2. ①　Quiz 3. ①

11 형용사절을 형용사구로 고치기

다양한 형태의 형용사구를 살펴보자.

Learning Goals 형용사구로 고치고 형용사만 남은 경우에 대해서 살펴보자.
형용사구로 고치고 가장 이상적인 문장의 단어 배열의 문장이 된 경우에 대해서 살펴보자.
형용사절 안에 독자적인 주어가 있을 경우 형용사구로 고치는 방법에 대해서 살펴보자.
일반 동사가 포함된 형용사절을 형용사구로 고치는 방법에 대해서 살펴보자.

1 be동사를 포함한 형용사절

- The ideas that(=the ideas) are presented in that book are interesting.
  <형용사절>

'The ideas'와 의미상 반복되는 관계대명사 'that'을 생략한다.
⇒ The ideas ~~that~~ are presented in that book are interesting.

빼주어도 내용에 크게 손상을 주지 않는 be동사는 생략한다.
⇒ The ideas ~~that are~~ presented in that book are interesting.
⇒ The ideas presented in that book are interesting. 그 책에서 소개된 그 아이디어는 흥미가 있다.
             <형용사구>

2 형용사절을 형용사구로 고치고 '형용사'만 남은 경우

- Lucy is the woman who(=the woman) is responsible for this.
                    <형용사절>

'the woman'과 의미상 반복되는 관계대명사 'who'를 생략한다.
⇒ Lucy is the woman ~~who~~ is responsible for this.

빼주어도 내용에 크게 손상을 주지 않는 be동사는 생략한다.
⇒ Lucy is the woman ~~who is~~ responsible for this.
⇒ Lucy is the woman responsible for this. Lucy는 이 일에 대해서 책임이 있는 여자이다.
                    <형용사구>

Tip 절을 구로 줄이다 보니 일반 형용사 'responsible'만 남게 되었다. 이때는 형용사를 명사 앞에 보내는 것이 일반적인 영어의 방법이다. 만일 강조하고 싶다면 일반 형용사인 'responsible'을 뒤에 남겨두어도 상관없다.
〈강조〉 Lucy is the woman **responsible**. 〈일반〉 Lucy is the **responsible** woman.

3 형용사절을 형용사구로 고치고 '전치사구'가 남는 경우

- I kown the students who(=the students) are in the class.
  └─────────형용사절─────────┘

'the students'와 반복되는 관계대명사 'who'를 생략한다.
➡ I kown the students ~~who~~ are in the class.

빼주어도 내용에 크게 손상을 주지 않는 be동사는 생략한다.
➡ I kown the students ~~who are~~ in the class.
➡ I know the students in the class. 나는 그 교실에 있는 그 학생들을 안다.
                    └─형용사구─┘

Tip '전치사+명사'의 전치사구 부분은 형용사절이 형용사구로 줄여진 형태로 볼 수 있다.

명사	+	동사	+	명사		전치사	+	명사	
I		have		the money (that is)		in		my pocket.	나는 내 주머니 안에 돈을 가지고 있다.
				the book (that is)		on		the desk	책상 위에 그 책
				people (who are)		on		the street	길 위에 있는 사람들

4 형용사절 안에 독자적인 주어와 동사가 있을 경우

- the students who(m)(=the students) I know are studying a lot.
              └──────형용사절──────┘

➡ The students I know are studying a lot. 내가 알고 있는 그 학생들은 많이 공부하는 중이다.

- The movie that(=The movie) I saw with my friend was awesome.
           └────────형용사절────────┘

➡ The movie I saw with my friend was my friend was awesome.
  내가 내 친구와 같이 보았던 그 영화는 굉장히 감동스러웠다.

? 형용사절 안에 독자적인 주어와 동사가 있을 경우 형용사구로 고치지 못한다. 관계대명사만 생략해 줄 수 있다.

> **Tip** 형용사절 안에 관계대명사 who(m)이 사용되고, 그 안에 독자적인 주어와 동사를 가지고 있을 경우, 형용사절을 형용사구로 고치지 못한다. 그래도 가능한 짧게 문장을 줄이고자 할 때에는 내용상 반복되는 관계대명사 who(m)만 생략한다. 이렇게 형용사절 안에 독자적인 주어와 동사를 가지고 있는 경우에 사용된 관계대명사 who(m)을 '목적격 관계대명사'라고 부른다.

5 일반 동사를 포함한 형용사절

• Anyone who(=anyone) wants to come with us is welcome.
　　　　　　　　　　　형용사절

'Anyone'과 의미상 반복되는 관계대명사 'who'를 생략한다.
➡ Anyone ~~who~~ wants to come with us is welcome.

일반 동사의 원형에 '~ing'를 붙인다.
➡ Anyone ~~who~~ wants → wanting to come with us is welcome.

➡ Anyone wanting to come with us is welcome. 우리와 함께 오는 것을 원하는 누구든지 환영한다.
　　　　　　　형용사구

> **Tip** 형용사절 안에 일반동사가 있을 경우, be동사처럼 생략할 수 없다. 왜냐하면 일반동사는 be동사와 달리 고유의 의미를 가지고 있어 생략하면 내용에 크게 손상을 주기 때문이다. 다음의 동사 'work'를 동사의 성질을 완전히 버릴 수 있도록 형태를 변형시켜보자.
>
> | work + -s | → works (동사 O) | work + -ed | → worked (동사 O) |
> |---|---|---|---|
> | work + -ing | → working (동사 X) | work + -er | → worker (동사 X) |
>
> 동사가 자신의 성격을 버릴 수 있는 경우는 '-er'을 붙이는 경우와 '-ing'를 붙이는 두 가지 경우임을 알 수 있다.
>
> '동사 + -er' : 모두 뒤에 붙일 수 있는 것이 아니라, 붙일 수 있는 동사와 붙일 수 없는 동사가 있다. worker(O), wanter(X), haver(X)
> '동사 + -ing' : 모든 동사가 자신의 성질을 완전히 버릴 수 있도록 만드는 유일한 방법이다.

> **Tip** 일반동사를 그대로 놔두면 그 앞에 주어 역할을 하는 관계대명사가 올 수 있으며 이렇게 되면 문장의 길이가 줄어드는 효과를 볼 수 없다. 그래서 일반동사가 그 의미는 유지하되 주어를 앞에 쓸 수 없는 다른 형태로 바꾼다.

- I bought a laptop that(=a laptop) cost 900 dollars.
  　　　　　　　　　└─────형용사절─────┘

'a laptop'과 의미상 반복되는 관계대명사 'that'을 생략한다.
➡ I bought a laptop ~~that~~ cost 900 dollars.

일반 동사의 원형에 '~ing'를 붙인다. (**cost**가 가진 동사의 성질을 버리게 하기 위한 조치!)
➡ I bought a laptop ~~that~~ | cost → coasting | 900 dollars.

➡ I bought a laptop costing 900 dollars. 나는 900달러의 비용이 드는 노트북을 샀다.
　　　　　　　　　└──형용사구──┘

- James who(=James) lives with his family takes care of his parents.
  　　└────────형용사절────────┘

'James'와 의미상 반복되는 주격관계대명사 'who'를 생략한다.
➡ James ~~who~~ lives with his family takes care of his parents.

일반 동사의 원형에 '~ing'를 붙인다. (**lives**가 가진 동사의 성격을 버리게 하기 위한 조치!)
➡ James ~~who~~ | lives → living | with his family takes care of his parents.

➡ James living with his family takes care of his parents.
　　　　└──형용사구──┘

그의 가족과 함께 사는 James는 그의 부모님을 돌본다.

Tip '형용사+명사'=형용사절이 줄여진 형태

the difficult class → the class (that is) difficult. 어려운 수업
　형용사　명사　　　　　　　　　형용사절

the interesting movie → the movie (that is) interesting 흥미 있는 영화
　형용사　　명사　　　　　　　　　　형용사절

Han's Grammar Clinic

- 형용사구에 남은 단어가 형용사 하나일 때 어떻게 할 수 있을까?
  - ○ 일반적 – 명사 앞으로 보낸다. 강조 – 명사 뒤에 그냥 놔둔다.
- 형용사절을 형용사구로 고치지 못하는 경우는? ○ 형용사절의 관계대명사가 주격으로 쓰이지 않은 경우
- 문장 'I have waited in the restaurant that you promised to come.' 에서 생략할 수 있는 것은? ○ that
- 가장 강조한 것부터 순서대로 표시 하면? ○ C-B-A

  A. the sweet memory   B. the memory sweet   C. the memory that is sweet

- 형용사절을 형용사구로 고치고 나면 영원히 사라지는 것은? ○ 동사의 시제

Comprehension Quiz

 다음의 형용사절을 형용사구로 줄인 것 중 옳은 것은?

> The little girl who played the piano had only four fingers, but the music that was played by her was awesome. She played perfectly.

① The little girl played the piano had only four fingers, but the music that played by her was awesome. She played perfectly.
② The little girl playing the piano had only four fingers, but the music that was played by her was awesome. She played perfectly.
③ The little girl playing the piano had only four fingers, but the music played by her was awesome. She played perfectly.
④ The little girl playing the piano had only four fingers, but the music that played by her was awesome. She played perfectly.

 다음의 형용사절을 형용사구로 줄인 것 중 옳은 것은?

> Anyone who bought this yesterday will receive a free ticket.

① Anyone bought this yesterday will receive a free ticket.
② Anyone buying this yesterday will receive a free ticket.
③ Anyone buy this yesterday will receive a free ticket.
④ Anyone buys this yesterday will receive a free ticket.

Quiz 3 다음의 형용사절을 형용사구로 줄인 것 중 옳은 것은?

> The people who attended the meeting that was held on Tuesday asked many questions that were related with the current issues.

① The people attending the meeting holding on Tuesday asked many questions related with the current issues.
② The people attending the meeting held on Tuesday asked many questions relating with the current issues.
③ The people attending the meeting held on Tuesday asked many questions related with the current issues.
④ The people attended the meeting held on Tuesday asked many questions related with the current issues.

 Quiz 4 다음의 형용사절을 하나의 형용사구로 고치면?

> 1 Mr. Park who is working in the office on 20th floor has the most beautiful voice in the world.
> 2 Mr. Park who was working in the office on 20th floor has the most beautiful voice in the world.
> 3 Mr. Park who worked in the office on 20th floor has the most beautiful voice in the world.
> 4 Mr. Park who works in the office on 20th floor has the most beautiful voice in the world.

① Mr. Park working in the office on 20th floor has the most beautiful voice in the world.
② Mr. Park worked in the office on 20th floor has the most beautiful voice in the world.
③ Mr. Park having worked in the office on 20th floor has the most beautiful voice in the world.
④ Mr. Park having been working in the office on 20th floor has the most beautiful voice in the world.

Answer Key Quiz 1. ③ Quiz 2. ② Quiz 3. ③ Quiz 4. ①

Step 3 | 09~11

> 앞에서 배운 예문을 기억하기 위한 연습입니다. 예문을 쓰고 외우고 있는 것이 그 문법을 내 것으로 만드는 지름길입니다.

1. 필요한 돈 [해당문법 사물 선행사]
   _____ that is necessary

2. 나는 비싼 그 가방을 샀다. [해당문법 사물 선행사]
   I bought _____ _____ which is expensive.

3. 나는 서울에 있는 그 건물을 알고 있다. [해당문법 사물 선행사]
   I know _____ _____ that is in Seoul.

4. 그들과 함께 살고 있는 그 남자 [해당문법 사람 선행사]
   _____ _____ who lives with them

5. 매주 목요일 오는 자원 봉사자들이 나에게 용기를 주었다. [해당문법 사람 선행사 + 관계대명사]
   The _____ _____ comes here every Thursday encouraged me.

6. 벤치에 앉아 있는 그 여자는 Mary이다. [해당문법 형용사절 끼어 넣기 – 관계대명사 주격]
   The woman _____ is sitting in the bench is Mary.

7. 공원을 산책하고 있는 그 방문자는 행복해 보인다. [해당문법 형용사절 끼어 넣기 – 관계대명사 주격]
   The visitor _____ is walking around the park looks happy.

8. 벽에 걸린 그 그림은 굉장하다. [해당문법 형용사절 끼어 넣기 – 관계대명사 주격]
   The pictures _____ are on the wall are awesome.

9. 나에게 주어진 임무는 그렇게 쉽지는 않았다. [해당문법 형용사절 끼어 넣기 – 관계대명사 주격]
   The assignment _____ was given to me was not that easy.

10. 저 책에 제시된 그 생각은 재미있다. [해당문법 형용사절을 형용사구로 고치기 – be동사 있을 때]
    The ideas that are presented in that book are interesting.
    The ideas _____ in that book are interesting.

11. Lucy는 이 일에 책임이 있는 여성이다. [해당문법 형용사절을 형용사구로 고치기 – be동사 있을 때]
    Lucy is the woman who is responsible for this.
    Lucy is the woman _____ for this.

12. 나는 교실 안에 있는 그 학생들을 알고 있다.

I know the students who are in the class.

I know the students _____ _____ _____.

13. 우리와 함께 오기를 원하는 누구라도 환영받을 것이다.

Anyone who wants to come with us is welcome.

Anyone _____ to come with us is welcome.

14. 나는 900달러에 그 랩탑을 샀다.

I bought a laptop that cost 900 dollars.

I bought a laptop _____ 900 dollars.

15. 그의 가족과 함께 살고 있는 James는 그의 부모님을 돌본다.

James who lives with his family takes care of his parents.

James _____ with his family takes care of his parents.

12 문장 속 형용사절의 활용

형용사절을 형용사구로 고치는 방법을 배경적인 방법으로 설명할 수 있고 문법적인 방법으로도 설명할 수 있다.

Learning Goals　형용사절을 형용사구로 고치는 감각에 대해서 살펴보자.
형용사절을 쓰기 전과 쓰고 난 후 문장이 겪는 변화를 살펴보자.

1 형용사절을 형용사구로 고칠 때 '배경적'인 설명과 '문법적'인 설명

(1) I want to see the man │who(m) you introduced│.
　　나는 네가 소개했던 그 남자를 보는 것을 원한다.

　　배경적인 설명　'the man'과 의미상 반복되는 'who(m)'를 생략한다.
　　　　　　　　　　형용사절 안에 자체 '주어+동사'가 있으므로 생략할 수 없다.

　　문법적인 설명　'the man'과 반복되는 목적격관계대명사 'who(m)'를 생략한다.
　　　　　　　　　　목적격관계대명사 뒤의 형용사절은 형용사구로 바꿀 수 없다.

(2) I want to see the man │who is working in the office│.
　　나는 사무실에서 일하고 있는 그 남자를 보는 것을 원한다.

　　배경적인 설명　'the man'과 의미상 반복되는 'who'를 생략한다.
　　　　　　　　　　빼주어도 내용상 손상을 거의 주지 않는 be동사를 생략한다.

　　문법적인 설명　'the man'과 반복되는 주격관계대명사 'that'을 생략한다.
　　　　　　　　　　형용사절 안의 be동사를 생략한다.

　⇒ I want to see the man │working in the office│.

(3) I want to see the man │who works in the office│.
　　나는 사무실에서 일하는 그 남자를 보는 것을 원한다.

　　배경적인 설명　'the man'과 의미상 반복되는 주어 'who'를 생략한다.
　　　　　　　　　　work가 동사의 성격을 갖지 못하도록 ~ing를 붙여서 working으로 만든다. 그래야 working 앞에 더 이상 주어를 쓸 수 없으므로 문장이 줄어드는 효과를 볼 수 있다.

문법적인 설명　'the man'과 반복되는 주격관계대명사 'who'를 생략한다.
　　　　　　　형용사절 안의 일반 동사를 '동사원형+~ing' 형태로 고친다.

➡ I want to see the man working in the office .

2 형용사절을 쓴 후 문장이 겪는 변화

문장의 길이가 길어지고 훨씬 더 자세한 내용을 전달하게 된다. 따라서 형용사절이 쓰인 문장의 말과 글의 수준이 훨씬 높다고 할 수 있다.

Before　Many people saw the movie "*Psycho*".
　　　　많은 사람들이 "싸이코"라는 영화를 보았습니다.

　　　　　　명사　　　형용사절(목적격)

After　Many people we know saw the movie "*Psycho*".
　　　우리가 알고 있는 많은 사람들이 "싸이코"라는 영화를 보았습니다.

Before　Actress *Janet Leigh* portrayed the woman.
　　　　여배우 "*Janet Leigh*"가 그 역할을 맡았습니다.

　　　　　　명사　　　　　　　　　　형용사절(주격)

After　Actress *Janet Leigh* that(who) was killed in the movie portrayed the woman.
　　　그 영화에서 죽임을 당한 여배우 *Janet Leigh*는 그 여주인공 역할을 잘 소화했습니다.

Before　She was brutally murdered by a man.
　　　　그녀는 한 남자에 의해 잔인하게 살해되었습니다.

Word Tips　brutally 잔혹하게, murder 살해하다

　　　　　　　　　명사　　　　　　형용사절(주격)

After　She was brutally murdered by a man that(who) has a sharp knife.
　　　그녀는 날카로운 칼을 가진 그 남자에 의해서 잔혹하게 살해당했습니다.

The man stabbed her many times.
그 남자는 그녀를 여러 번 찔렀습니다.

Word Tips stab 날카롭고 긴 것 등으로 찌르다

She screamed in this bloody scene.
그녀는 피가 튀는 장면에서 비명을 질렀습니다.

Word Tips scream 비명을 지르다, bloody scene 피투성이 장면

Before　After the movie, the viewers still heard her scream.
　　　　영화를 본 후, 관람객들은 여전히 그녀의 비명소리를 들었습니다.

After　After the movie the viewers that(who) saw this murder scene still heard her scream.
　　　그 영화를 본 후, 이 살해장면을 본 관람객들은 여전히 그녀의 비명소리를 들었습니다.

Word Tips viewer 관람객

Before　The scream echoed in the viewers' ears.
　　　　그 비명소리는 관람객들의 귓가에 메아리쳤습니다.

After　The scream she made echoed in the viewers' ears.
　　　그녀가 질렀던 비명소리는 관람객들 귓가에 메아리쳤습니다.

Word Tips echo 메아리 쳐 울려 퍼지다

Before　*Janet Leigh* had the same experience like the others.
　　　　"자넷 리"도 다른 사람들처럼 똑같은 경험을 했습니다.

Word Tips the same 똑같은, the others 나머지들

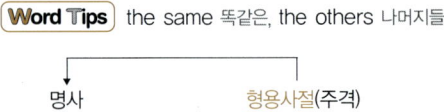

After　*Janet Leigh* that(who) made the scream had the same experience like

the others who saw the murder scene.
그 비명을 질렀던 *Janet Leigh*는 그 살해장면을 보았던 다른 사람들처럼 똑같은 경험을 했습니다.

She heard her own scream. 그녀는 자신의 비명소리를 들었습니다.

She could not take a shower until she died at the age of 77.
그녀는 77세로 죽을 때까지 샤워를 할 수 없었습니다.

Word Tips take a shower 샤워를 하다

Before　People learn fears and phobias from their parents, movies, TVs, books, and close friends.
사람들은 그들의 부모님, 영화, TV, 책 그리고 가까운 친구로부터 두려움과 공포심을 배웁니다.

Word Tips fear 두려움, phobias 공포심, close friend 친한 친구들

　　　　　　　　　　　　　　　　　　　　　　　　명사　　　　형용사절(목적격)

After　People learn fears and phobias from their parents they live with,

　명사 형용사절(목적격)　명사 형용사절(목적격)　명사 형용사절(목적격)　　명사　　형용사절(목적격)

movies they saw, TVs they enjoy, books they read, and close friends they meet.
사람들은 그들이 함께 살았던 그들의 부모님, 그들이 보았던 영화들, 그들이 즐긴 TV들, 그들이 읽은 책들과 그들이 만나는 친한 친구들로부터 두려움과 공포심을 배웁니다.

 형용사절만 사용해도 영어의 수준이 상당히 높아짐을 알 수 있다.

Han's Grammar Clinic

• 형용사절이 들어간 문장은 글의 수준이 높다.　(True)　False
• 형용사절을 쓸 수 있고 없고는 명사가 있는가, 없는가에 달렸다.　(True)　False

Comprehension Quiz

Quiz 1 다음 형용사절 중에 형용사구로 바꿀 수 <u>없는</u> 것은?

① The people who like to visit here
② The new calendar that I received for free
③ The information center that has guide maps
④ The movie star who was once popular

Answer Key　Quiz 1. ②

12_ 문장 속 형용사절의 활용 • 251

13 명사 자리에 쓴 문장 = 명사절

Step 3

문법을 공부할 때 문법용어를 이해하지 못해서 어려움을 겪는 경우가 적지 않다. '명사절'에 대한 문법용어를 정의해 보고, 살펴보는 것이 좀 더 쉽게 그 문법을 이해할 수 있는 방법이 될 것이다.

Learning Goals
명사 자리에 문장을 쓰는 명사절에 대해서 살펴보자.
명사절의 시작을 알리는 단어 10개에 대해서 살펴보자.
사용 빈도가 가장 높은 명사절의 목적격용법에 대해서 살펴보자.

1 명사절의 정의

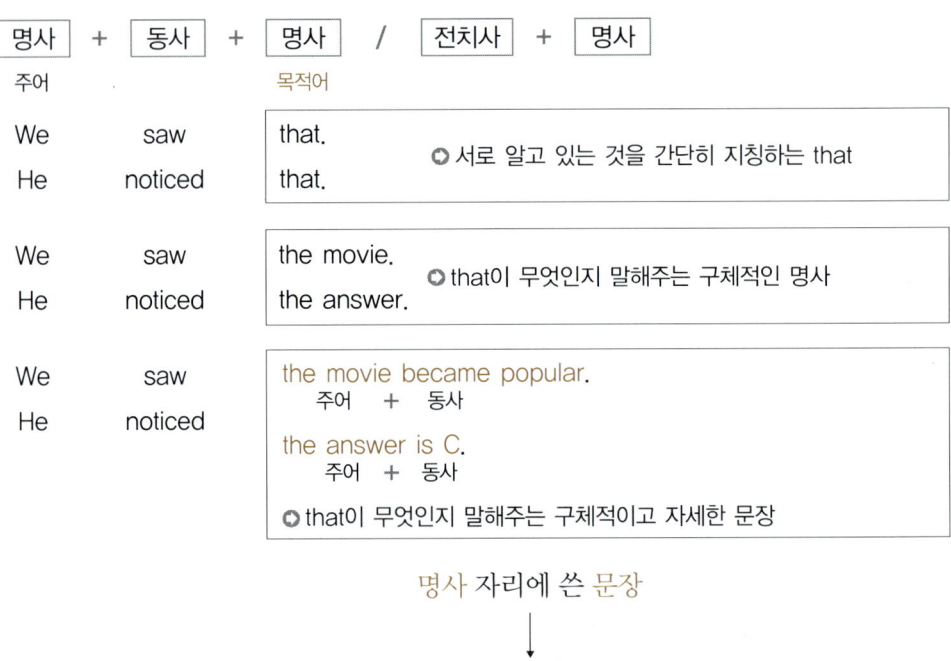

More View

(1) 명사 + 동사 + 명사 / 전치사 + 명사
　　　I　　knew　　you love me.
　　　　　　　　　　주어+동사 → 명사절의 목적격 용법

(2) 명사 + 동사 + 명사 / 전치사 + 명사
　　My friends suggested　we should study.
　　　　　　　　　　　　주어+동사 → 명사절의 목적격 용법

2 명사절의 시작을 알리는 단어

when, where, who, whom, whose, why, which, what, how　　/　　that
　　　　　　　의문사 9개　　　　　　　　　　　　　　모든 의문사를 대신해서 쓸 수 있는 that

명사절 앞에 붙는 의문사들을 생략한다면 내용상 의문사가 전달하고자 하는 의미가 사라질 수 있기 때문에 의문사 9개는 생략할 수 없다. 그러나, 'that'은 '~는 것' 정도로만 해석이 되기 때문에 다른 의문사와 달리 생략이 가능하다. 다시 말해서 빼줘도 내용상 큰 지장을 주지 않는다.

명사 + 동사 + 명사 / 전치사 + 명사
주어　　　　　　목적어

나는　　알고 있다　　Susan이 도착한 것을
I　　　know　　　　that Susan arrived.

나는　　알고 있다　　왜 Susan이 도착했는지를
I　　　know　　　　why Susan arrived.

나는　　알고 있다　　어디서 그녀가 공부했는지를
I　　　know　　　　where she studied.

나는　　알고 있다　　어떻게 그들이 고쳤는지를
I　　　know　　　　how they fixed.

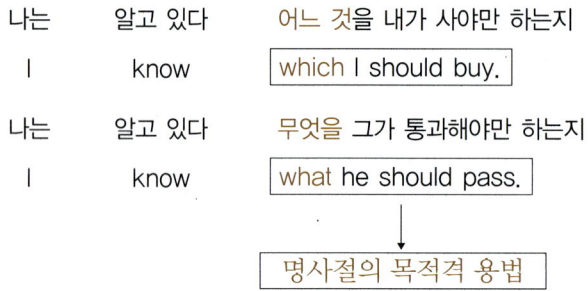

3 명사절의 위치

```
명사  +  동사  +  명사   /   전치사  +  명사
주어            목적어
```

(1) 첫 번째 명사(주어) 자리에는 명사절을 잘 쓰지 않는다.
영어에서 문장을 시작하는 주어는 짧고 간단한 것을 좋아한다. 그런데 명사절을 주어 자리에 쓰면 문장의 주어가 길어진다.

(2) 전치사 뒤에 오는 명사 자리에도 명사절을 잘 쓰지 않는다.
전치사 뒤에 명사절을 쓸 수 있지만 그다지 자주 쓰지는 않는다. 이유는 전치사 뒤에 단어가 아닌 문장을 쓸 경우 그 문장은 강조의 뉘앙스를 가지기 때문에 내용상 꼭 필요한 경우에만 쓴다.

(3) 세 번째 명사(목적어) 자리에 쓰는 '명사절의 목적격 용법' 이 가장 많이 쓰인다.
동사는 목적어를 가지므로 그 목적어 자리에 단어뿐만 아니라 문장을 쓰는 것이 가장 일반적인 명사절의 용법이다.

Han's Grammar Clinic

- 명사절의 용법을 모두 나열하면? ◯ 명사절 주격용법, 명사절 목적격용법, 명사절 전치사의 목적격용법
- 명사절의 시작을 알리는 단어를 모두 쓰시오. 그 중에서 유일하게 생략 가능한 단어는 무엇인가?
  ◯ when, where, who, whom, whose, why, which, what, how, that / 생략 가능한 단어: that

Comprehension Quiz

Quiz 1 다음 중 명사절이 아닌 것은?
① I expected you would come here on time.
② He knew I liked him.
③ Did you hear they give us a discount?
④ I saw the sign you told me.

Quiz 2 다음 중 명사절만 쓰인 문장은?
① I realized that you were the one who won the first prize.
② They realized that yellow sand that comes from China can cause serious illness.
③ We learn how our brain stores memories that we have.
④ I know that she would understand why you were late for the meeting.

Quiz 3 다음 중 성격이 다른 'that'은?

I went to Bali with my friends. As soon as we arrived there, we noticed **1**that the weather was hot and humid. However, beaches were great. We saw **2**that many tropical fishes were swimming along us. Next day we noticed **3**that we had sunburn. The sunburn **4**that we had was serious.

① 4 ② 3 ③ 2 ④ 1

Quiz 4 'that'을 생략한 곳이 네 군데 있다. 어느 곳인가?

1Scientists **2**claim **3**animals have **4**intelligence. **5**They believe **6**some animals have a higher **7**intellectual capacity than humans have **8**. Many study **9**shows **10**animals can solve **11**problems that we cannot. This illustrate **12**we should **13**respect them in some aspect.

① 1, 3, 5, 6   ② 2, 7, 10, 11   ③ 4, 7, 10, 13   ④ 3, 6, 10, 12

Answer Key: Quiz 1. ④ Quiz 2. ④ Quiz 3. ① Quiz 4. ④

Step 3 | 14 명사절을 만드는 방법

영어를 폭발적으로 길게 쓰기 위한 결정적인 역할을 한다.
- 형용사절 명사의 뒤에 문장을 넣은 것이다.
- 명사절 명사자리에 문장을 넣은 것이다.

Learning Goals
명사절을 만드는 단계에 대해서 살펴보자.
명사절의 시작을 알리는 의문사를 문장 앞에 쓰는 이유에 대해서 살펴보자.
명사절의 시작을 알리는 단어 'that'의 의미에 대해서 살펴보자.
명사절의 시작을 알리는 단어 'that'이 생략 가능한 이유에 대해서 살펴보자.

1 명사절을 만드는 3 step

1단계 영어에서 가장 사용빈도 수가 높은 단어 배열로 문장 만들기

| 명사 | + | 동사 | + | 명사 | / | 전치사 | + | 명사 |
| They | | had | | a meeting | / | on | | Friday. |

2단계 명사절의 시작을 알리는 단어(의문사 9개와 that) 중에 내용상 필요하다고 생각되는 것을 하나 골라서 문장 앞에 쓴다.

<u>Where</u> they had a meeting.
명사절의 시작을 알리는 단어

3단계 이렇게 해서 만들어진 명사절을 목적격으로 쓸 것인지, 주격으로 쓸 것인지 결정한다.

(1) 목적어 자리에 명사절을 쓴 경우

명사	+	동사	+	명사	/	전치사	+	명사
주어				목적어				
I		know		where they had a meeting	/	on Friday.

나는 그들이 금요일에 어디에서 모임을 가졌는지 안다.

He　　said　　where they had a meeting / on Friday.
그는 그들이 금요일에 어디에서 모임을 가졌는지 말했다.

She　　　noticed　　　where they had a meeting / on Friday.
그녀는 그들이 금요일에 어디에서 모임을 가졌는지 눈치챘다.

(2) 주어 자리에 명사절을 쓴 경우: 강조의 형태

| 명사 | + | 동사 | + | 명사 | / | 전치사 | + | 명사 |
| 주어 | | | | 목적어 | | | | |

Where they had a meeting　is　　a secret　/　for　　you.
그들이 어디에서 모임을 가졌는지는 너에게 비밀이다.

Why they had a meeting　is　　a secret　/　for　　you.
그들이 모임을 왜 가졌는지는 너에게 비밀이다.

Tip 'that'은 '~는 것' 정도의 의미만을 전달하기 때문에 생략해도 문장의 전체적인 내용에 손상을 주지 않는다. 그러므로 'that'을 쓰고 싶지 않다면 빼도 무관하다. 이것을 문법적으로 '목적격으로 쓰인 명사절 that은 생략 가능하다.'고 말한다.
I know where they had a meeting. '어디에서'라는 구체적인 내용 전달
I know that they had a meeting. '~는 것' 정도의 의미로, 구체적인 내용 전달(X)
=I know they had a meeting. 목적격으로 쓰인 명사절 that의 생략

More View

| 명사 | + | 동사 | + | 명사(절) | / | 전치사 | + | 명사 |

(1) 우리는 그가 시험 전에 확인했다는 것을 안다.
　→ We　　knew　　**that** he checked　/　before the test.
(2) 우리는 그가 시험 전에 어떻게 확인했는지를 안다.
　→ We　　know　　**how** he checked　/　before the test.
(3) 우리는 그가 시험 전에 왜 확인했는지를 안다.
　→ We　　know　　**why** he checked　/　before the test.
(4) 우리는 그가 시험 전에 어디를 확인했는지를 안다.
　→ We　　know　　**where** he checked　/　before the test.
(5) 우리는 그가 교실에서 언제 확인했는지를 안다.
　→ We　　know　　**when** he checked　/　in the class.
(6) 우리는 그가 시험 전에 무엇을 확인했는지를 안다.
　→ We　　know　　**what** he checked　/　before the test.
(7) 우리는 그가 시험 전에 어느 것을 확인했는지를 안다.
　→ We　　know　　**which** he checked　/　before the test.
(8) 우리는 그가 시험 전에 누구를 확인했는지를 안다.
　→ We　　know　　**whom** he checked　/　before the test.

---- **Han's Grammar Clinic** ----

- 다음의 문장을 해석하시오.
  He did I did. ◎ 그는 내가 한 것을 했다.
  They said I said. ◎ 그들은 내가 말했다는 것을 말했다.
  I saw you saw. ◎ 나는 네가 본 것을 보았다.

- 명사절의 시작을 알리는 that을 써줄 때도 있고 빼줄 때도 있다. 기준은 무엇인가?
  ◎ 정식, 강조, 공식적인 표현을 할때는 speaking이든 writing이든 모두 that을 써준다.

Comprehension Quiz

 문장 'Everybody noticed _____ you applied.'에 명사절의 시작을 알리는 단어(의문사)를 넣을 때 내용상 어울리지 않는 것은?
① where ② why ③ how ④ whose

Word Tips apply ~에 지원하다

 다음 중 명사절이 아닌 문장은?
① Who reported that we did not go to the monthly meeting?
② Who reported where we went to?
③ Who reported what happened there?
④ Who reported it when I was not there?

명사절의 사용이 다른 하나는?

① I know why you called me late at night.
② Who said that I did this?
③ Does everybody understand what I am saying?
④ When and where they meet is none of your business.

Word Tips none of your business 너의 비즈니스와 상관없다, 네가 알 바가 아니다, 너랑 관계가 없다, 네가 상관 할 일이 아니다

 문장 'I like that they give a discount for us.'에서 명사절의 시작을 알리는 'that'에 대한 설명으로 바르지 못한 것은?

① that은 마땅히 해석할 뜻이 없다.
② that은 생략할 수 있다.
③ 이 that을 주격 that이라고 한다.
④ that은 쓸 때와 뺄 때 의미상의 큰 차이가 없다.

 아래의 문장을 영어로 올바르게 옮긴 것은?

> A: 무슨 일이 생겼는지 너 아니?
> B: 나도 뭐가 뭔지 모르겠어. 나는 Adam이 뭔가 알고 있다고 생각해.

① A: Do you know why happened?
　B: I don't know what is what. I think that Adam knows something.
② A: Do you know what happened?
　B: I don't know what. I think Adam knows something that.
③ A: Do you know what happened?
　B: I don't know what is what. I think that Adam knows something.
④ A: Do you know what happened?
　B: I don't know what and when. I think Adam knows that something.

 다음 중 내용상 명사절을 목적어로 쓸 수 없는 동사를 모아 놓은 것은?

① think, know
② believe, consider
③ expect, estimate
④ give, produce

Answer Key Quiz 1. ④ Quiz 2. ④ Quiz 3. ④ Quiz 4. ③ Quiz 5. ③ Quiz 6. ④

Step 3 · 15 가정하는 방법 = 가정법

문법적인 지식보다는 우리가 배우는 문법을 토대로 실용적인 Writing, Reading & Speaking을 잘 할 수 있는 영어를 하도록 노력해보자.

Learning Goals
가정법 현재에 대해서 살펴보자.
가정법 과거와 be동사에 대해서 살펴보자.
가정법 과거와 일반 동사에 대해서 살펴보자.
가정법에 쓰이는 조동사에 대해서 살펴보자.

1 가정할 때 쓰는 말투

한국말은 완성되어 있는 말에 '(만일) ~면' 만 붙이면 가정하는 표현이 된다. 한국말 '(만일) ~면' 과 같은 뜻을 지닌 말이 영어에도 있다. 바로 영어의 'If' 이다.

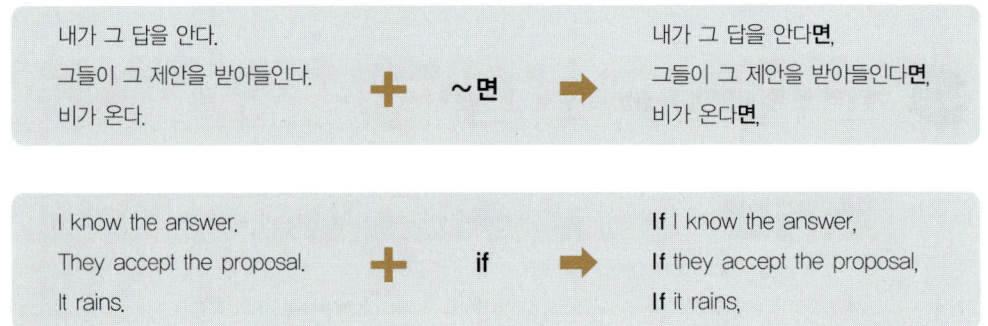

2 가정법 현재

현재에 일어날 수 있고 생길 수 있는 가능한 상황에 대해 가정하여 말하는 것을 '가정법 현재' 라고 한다. If절 뒤에 오는 주절에는 어떤 일이 일어날 가능성이 높다는 뉘앙스의 will이나 can 등의 조동사를 사용한다.

If I know the answer, I will tell you.
내가 그 정답을 안다면 나는 너에게 말을 할 것이다.

If they accept the proposal, I will share this.
그들이 그 제안을 받아들인다면 나는 이것을 공유할 거야.

If it rains, I will go. 비가 온다면 나는 갈 거야.

3 가정법 과거

If절의 내용이 현실성이나 가능성이 없는 불가능한 상황에 대해 말을 하고 있다.
If절 뒤에 오는 문장 안에 어떤 일이 일어날 가능성이 낮다는 뉘앙스를 가진 would나 could, should, might를 사용한다.

(1) If절 안에 있는 be동사는 were로 바꾼다.

```
If + 주어 + were ~ , 주어 + would  + 동사원형
                           could
                           should
                           might
```

❓ If I were a bird,~

'I were~'라고 쓴 문장은 문법적으로 틀린 문장이다. 'If I were a bird(내가 만일 한 마리의 새라면)'라고 문법적으로 틀린 문장을 쓰는 이유는 불가능하고 말이 안 되는 상황을 강조하기 위해서 불가능하고 말이 안 되는 틀린 문법으로 문장을 써서 문장의 강조효과를 가져오기 위해서다. 'were'가 과거이기 때문에 이 'were'가 쓰인 If문장을 가정법의 과거라고 부른다.

(그럴 리야 없겠지만) 내가 만일 너라면,

If I were you,
➡ 내가 네가 될 수 없는 불가능한 상황(강조)

(그럴 리야 없겠지만) 그가 만일 지금 오는 중이라면,

If he were coming,
➡ 그가 올 수 없는 불가능한 상황 (강조)

(그럴 리야 없겠지만) 그녀가 나와 가까운 사이라면,

If she were my close friend,
➡ 그녀와 내가 절대 가까운 사이가 될 가능성이 없는 불가능한 상황 (강조)

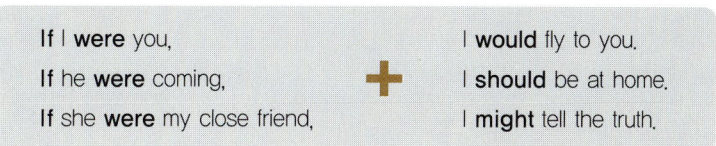

(2) If절 안에 있는 일반동사는 과거시제로 쓴다.

```
If + 주어 + 과거동사 ~, 주어 + would   + 동사원형
                              could
                              should
                              might
```

말이 안되고, 불가능한 상황을 말하기 위해서 be동사의 **과거** were를 사용한 것처럼, 일반동사가 있을 때도 말이 안되고, 불가능한 상황을 말하기 위해서 **과거**시제를 사용하면 된다.

(그럴 리야 없겠지만) 내가 그 답을 안다면,

If I knew the answer,
➡ 그 답을 아는 것이 불가능한 상황

(그럴 리야 없겠지만) 그들이 그 제안을 받아들인다면,

If they accepted the proposal,
➡ 그들의 그 제안을 받아들일 가능성이 거의 없음을 말하는 상황

(그럴 리야 없겠지만) 비가 온다면,

If it rained,
➡ 비가 올 가능성이 거의 0%에 가까움

Han's Grammar Clinic

- 한국말의 '(만일) ~면'에 해당하는 영어 단어는? ◎ If
- 가정법 과거는 If절 안에 동사의 종류에 따라 2가지로 구분된다. 다음 괄호 안에 들어갈 알맞은 단어는 무엇인가?
  - If절 안에 be동사 (were)가 있는 경우
  - If절 안에 (과거동사)가 있는 경우

Comprehension Quiz

 Quiz 1 다음의 가정법 문장 중 그 사용이 <u>다른</u> 하나는?

① If you study hard,
② If they come here on time,
③ If you pass the test,
④ If she wrote the paper,

 Quiz 2 '(그럴 리야 없겠지만/현실적으로 불가능하지만) 내가 이 일을 내일까지 다 끝낼 수 있다면'을 영어로 바르게 옮긴 것은?

① If I can finish the work by tomorrow,
② If I finish the work by tomorrow,
③ If I am finishing the work by tomorrow,
④ If I could finish the work by tomorrow,

Answer Key Quiz 1. ④ Quiz 2. ④

Step 3 | 12~15

앞에서 배운 예문을 기억하기 위한 연습입니다. 예문을 쓰고 외우고 있는 것이 그 문법을 내 것으로 만드는 지름길입니다.

1. 나는 네가 소개한 그 남자를 보고 싶다.
   I want to see the man you introduced.
   I want to see the man _____ you introduced.

2. 나는 그 사무실에서 일하고 있는 그 남자를 보고 싶다.
   I want to see the man who is working in the office.
   I want to see the man _____ in the office.

3. 나는 그 사무실에서 일하는 그 남자를 보고 싶다.
   I want to see the man who works in the office.
   I want to see the man _____ in the office.

4. 그녀는 날카로운 칼을 가진 남자에게 살해당했다.
   She was murdered by a man who has a sharp knife.
   She was murdered by a man _____ a sharp knife.

5. 그는 답이 C라는 것을 알아챘다.
   He noticed _____ _____ _____ C

6. 나는 네가 나를 사랑한다는 것을 알았다.
   I knew _____ _____ me.

7. 나는 Susan이 도착한 것을 안다.
   I know _____ Susan arrived.

8. 나는 그녀가 어디에서 공부했는지 안다.
   I know _____ she studied.

9. 나는 그들이 그것을 어떻게 수리했는지 안다.
   I know _____ they fixed.

10. 나는 그들이 어디에서 회의를 했는지 안다.
    I know _____ they had a meeting.

11. 그는 그들이 어디에서 회의를 했는지 말했다. | 해당문법 명사절을 이끄는 의문사
    He said _____ they had a meeting.

12. 그들이 어디에서 회의를 했는지는 비밀이다. | 해당문법 명사절을 이끄는 의문사
    _____ they had a meeting is a secret.

13. 우리는 그가 어떤 것을 점검했는지 안다. | 해당문법 명사절을 이끄는 의문사
    We know _____ he checked.

14. 우리는 그가 무엇을 점검했는지 안다. | 해당문법 명사절을 이끄는 의문사
    We know _____ he checked.

15. 만일 내가 답을 안다면, 너에게 말해줄 것이다. | 해당문법 가정법 현재
    If I _____ the answer, I _____ tell you.

16. 만일 그들이 그 제안을 받아들이면, 나는 이것을 공유할 것이다. | 해당문법 가정법 현재
    If they _____ the proposal, I _____ share this.

17. 비가 오면, 나는 갈 것이다. | 해당문법 가정법 현재
    If it _____, I _____ go.

18. 내가 너였다면, 나는 너에게 날아갈 것이다. | 해당문법 가정법 과거 – be동사가 있을 때
    If I _____ you, I _____ fly to you.

19. 만일 그가 오고 있다면, 나는 집에 있어야 한다. | 해당문법 가정법 과거 – be동사가 있을 때
    If he _____ coming, I _____ be at home.

20. 만일 그녀가 나와 가까운 친구였다면, 나는 너에게 진실을 말해주었을 것이다. | 해당문법 가정법 과거 – be동사가 있을 때

    If she _____ my close friend, I _____ tell you the truth.

Step 3 16 가장 많이 쓰는 단어 'the' I

20만개 이상의 영어 단어 중에서 미국에서 대학생들이 사용하는 단어는 6만개 이상이라고 한다. 이 가운데 가장 많이 쓰이는 단어가 바로 정관사 'the' 이다.

Learning Goals 영어에서 가장 많이 쓰이는 단어 'the'의 쓰임에 대해서 살펴보자.
일반적인 총칭을 나타내는 'the'에 대해서 살펴보자.
발명품 앞에 'the'를 쓰는 이유에 대해서 살펴보자.
악기 이름 앞에 'the'를 쓰는 이유에 대해서 살펴보자.

1 통틀어서 말하는 the

- 포유류(사자, 고양이, 개, 호랑이 … 등을 모두 포함)
  → the mammal (a mammal는 포유류 한 마리를 나타낸다.)
- 조류(닭, 백조, 앵무새, 비둘기 … 등을 모두 포함)
  → the bird (a bird는 조류 한 마리를 나타낸다.)

2 발명품 앞에 the

발명품의 신기함과 아직 대중에게 알려지지 않은 희귀성을 강조하기 위해 'the'를 붙인다. 시간이 지나 상용화[일상화]가 되어 소비의 단계가 되면 the 외에도 a, an, 또는 -s를 붙일 수 있다.

the computer (발명품) → a computer / computers (상용화)
　　　　　　　　　　How many **computers** do you have?
the genome (발명품) → a genone (상용화)
　　　　　　　　　　I have **a genome** map.

3 모든 악기의 이름 앞에 the

| the piano | the clarinet | the flute |
| the guitar | the cello | the saxophone |

❓ 악기도 발명품인데 별도로 the를 붙이는 이유는?
악기는 자연과 신을 찬양하기 위해 만들어졌다. 신과의 관계를 나타내므로 강조하기 위해 'the'를 붙이기 시작했다.

악기는 현재 상용화/일상화되어서 소비의 단계가 된 경우가 많으므로 a(n), -(e)s를 붙이기도 한다. 그럼에도 불구하고 악기 이름 앞에 the를 붙여 표현하면 그 악기를 더 중요시 여기거나 또는 그 악기를 연주할 수 있을 가능성이 높다고 볼 수 있다.

Do you have a piano? 너 피아노 가지고 있니?
Do you have the piano? 너 피아노 가지고 있니 그리고 연주도 할 수 있니?

Han's Grammar Clinic

- 정관사 'the'는 어떤 종류에 대한 일반적인 총칭을 말할 때 사용된다. (True) False
- 발명품 앞에는 'the'만 붙일 수 있다. (True) False
- 발명품이나 악기의 이름 앞에 부정관사를 붙일 수 있는 이유는?
  ↳ 누구나 일상생활 속에서 사용할 상용의 단계에서는 a, an, -s, -es를 붙일 수 있다.

Comprehension Quiz

 다음 문장에 쓰인 'the'의 용법으로 어울리지 않는 것은?

> Do you know the reason?

① 강조　　　　　　　　② 앞에서 말했던 것
③ 이미 서로 알고 있는 것　　④ 공공의 개념

 다음 문장에 쓰인 'the'의 용법으로 가장 어울리는 것은?

> This is the most important thing that you should remember.
> 이것은 네가 기억해야 할 가장 중요한 것 중에 하나이다.

① 통틀어 말하기　　　　② 앞에서 말했던 것
③ 강조　　　　　　　　④ 서로 알고 있는 것

Answer Key | Quiz 1. ④, Quiz 2. ③

Step 3
17 가장 많이 쓰는 단어 'the' II

20만개 이상의 영어 단어 중에서 미국에서 대학생들이 사용하는 단어는 6만개 이상이라고 한다. 이 가운데 가장 많이 쓰이는 단어가 바로 정관사 'the'이다.

Learning Goals
내용상 이미 앞에서 언급되었던 것을 나타내는 'the'에 대해서 살펴보자.
공공개념의 단어 앞에 'the'를 쓰는 이유에 대해서 살펴보자.
강조를 나타내는 'the'에 대해서 살펴보자.
문장 속 'the'의 활용에 대해서 살펴보자.

1 내용상 이미 앞에서 언급됐던 것을 지칭할 때 the

앞에서 이미 알고 있는 사실은 the를 쓴다.

1. A man is sitting in 2. a chair.
3. The chair was painted this morning.
I think 4. the man didn't know that.
Do I have to tell 5. the man about 6. the chair?

➡ 1, 2 : 문장에서 최초로 등장하거나 어느 곳에서도 미리 소개된 적이 없는 단어/명사
➡ the를 쓴 3, 4, 5, 6 : 앞에서 언급되거나 이미 알고 있는 단어/명사

2 공공의 개념이 들어있는 단어 앞에 the

(1) 만약 우리가 거리에서 화장실이 어디인지 물어봐야 한다면 혼자 사용하는 것이 아닌 여러 사람들이 함께 사용하는 공공의 화장실을 물어보고 있으므로 'the'를 써야한다.

Where is a restroom?
➡ 혼자 사용하는 화장실이 어디인지 물어보는 뉘앙스 (어색한 내용)

Where is the restroom?
➡ 공공으로 사용하는 화장실이 어디인지 물어보는 뉘앙스 (자연스러운 내용)

the park	일반적으로 여러사람이 함께 쓰는 공원	Where is **the** park?
the beach	일반적으로 여러사람이 함께 쓰는 해변가	Where is **the** beach?
the gym	일반적으로 여러사람이 함께 쓰는 체육관	I am looking for **the** gym.
the station	일반적으로 여러사람이 함께 쓰는 역	I am looking for **the** station.

(2) 단어 자체에 공공의 개념이 들어 있을 때 the를 쓴다.

the public phone 공중전화

> **Tip** 공중전화 수리공인 경우 여러 개의 공중전화 중에서 '한대의 공중전화'를 수리했다고 말하는 특별한 상황일 때 'a public phone' 이라고 할 수 있다.

the public school 공립학교

> **Tip** 공립학교를 관리하는 관리인일 경우 그 사람이 관리해야 하는 공립학교가 몇 개 있다고 말하는 특별한 상황일 때 'a public school /public schools' 라고 할 수 있다.

3 강조의 the

강조하여 말할 때	일반적으로 말할 때
the friend	a friend / friends
the house	a house / houses
the water	water
the students	students
the cars	cars

> **Tip** 명사의 종류가 셀 수 있는 명사인지 아닌지 혼동될 때 the를 쓰면 항상 맞다. the는 모든 명사 앞에 쓸 수 있다.

	셀 수 있는 명사	셀 수 없는 명사
a/an	○	×
~s(복수형)	○	×
the	○	○

4 문장 속 'the' 의 활용

> I went to [an] ice cream shop. I wanted to have an ice cream. [The] ice cream that I want to have was on [the] menu. I ordered [the] ice cream. He didn't understand. I said [the] same thing. He didn't understand. I wanted to leave [the] shop. After 15 minutes, I got [the] ice cream that I wanted.
> I licked it. [The] taste was bad.
> I threw [the] ice cream in [the] trash can.
> I will never forget [the] experience and [the] name of [the] ice cream shop, Han's Ice Cream.

- I went to an ice cream shop. 나는 아이스크림 가게에 갔었다.

- I wanted to have an ice cream. 나는 아이스크림을 먹는 것을 원했다.

- ₁The ice cream that I want to have was on ₂the menu.
  내가 먹고 싶었던 그 아이스크림은 그 메뉴에 있었다.
  ➡ 1 강조의 개념, 반복되는 단어
  ➡ 2 공공의 개념, 강조의 개념

- I ordered the ice cream. 나는 아이스크림을 주문했다.
  ➡ 강조의 개념, 반복되는 단어

- He didn't understand. 그는 이해하지 못했다.

- I said the same thing. 나는 똑같은 것을 말했다.
  ➡ 강조의 개념

- He didn't understand. 그는 이해하지 못했다.

- I wanted to leave the shop. 나는 그 가게를 떠나고 싶었다.
  ➡ 반복되는 단어, 강조의 개념, 공공의 개념

- After 15 minutes, I got the ice cream that I wanted.
  15분 후에, 나는 내가 원했던 그 아이스크림을 가졌다.
  ➡ 강조의 개념, 반복되는 단어

- I licked it. 나는 그것을 핥았다.

- **The** taste was bad. 그 맛은 나빴다.
  ➡ 강조의 개념

- I threw ₁ **the** ice cream in ₂ **the** trash can.
  나는 그 쓰레기통 안에 그 아이스크림을 던졌다.
  ➡ **1** 강조의 개념, 반복되는 단어
  ➡ **2** 강조의 개념, 공공의 개념

- I will never forget ₁ **the** experience and ₂ **the** name of ₃ **the** ice cream shop, Han's Ice cream.
  나는 그 경험과 그 아이스크림 가게의 이름, Han's Ice cream을 절대로 잊을 수 없을 것이다.
  ➡ **1** 강조의 개념
  ➡ **2** 공공의 개념, 강조의 개념
  ➡ **3** 공공의 개념, 반복되는 단어, 강조의 개념

Han's Grammar Clinic

- 이미 알고 있는 사실을 'the'로 대신한다. (True) False
- 셀 수 없는 명사 앞에는 정관사 'the'를 쓸 수 없다. True (False)
- 공공의 장소 앞에 'the'를 붙인다. (True) False
- 강조하고 싶은 단어 앞에 'the'를 붙일 수 있다. (True) False
- 정관사 'the'는 강조, 공공의 개념, 반복, 발명품 등 여러가지 개념을 동시에 전달할 수 있다. (True) False

---

Comprehension Quiz

Quiz 1 다음 중 관사 'a, an, the'를 잘못 사용한 것은?

① Everyone uses the cellular phone these days.
② I saw a movie you mentioned before.
③ I bought a pen. The pen was very expensive.
④ I have a piano.

Quiz 2 아래의 'the' 중 성격이 다른 하나는?

① the beach   ② the public school
③ the skills   ④ the airport

Answer Key | Quiz 1. ① Quiz 2. ③

18 'Do'에서 발생한 문법

Step 3

그 많은 동사가 어떻게 만들어졌을까?

Learning Goals 동사 형태의 변화에 대해서 살펴보자.
강조문, 의문문, 부정문과 밀접한 관계가 있는 'do, does/did'에 대해서 살펴보자.

1 명사의 동사화

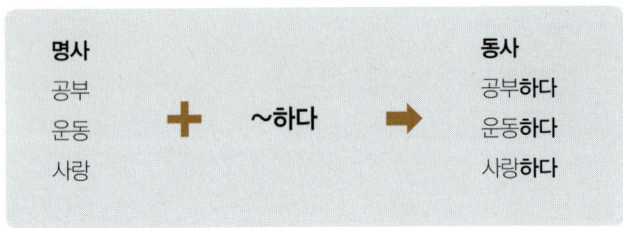

❓ 한국말은 명사에 '~하다'가 합쳐져 동사로 발전

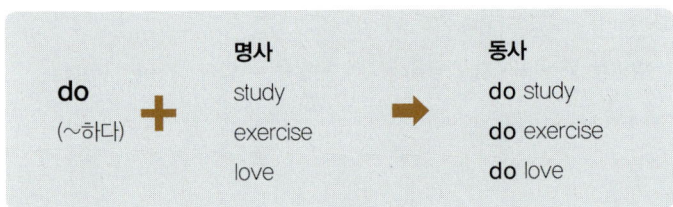

❓ 영어도 명사에 'do(~하다)'가 합쳐져 동사로 발전한다. 시제와 인칭에 따라서 do(1, 2인칭), does(3인칭), did(과거)가 온다.

2 do, does, did가 모든 동사에 사용되면서 반복되기 시작한다

(1) do, does, did를 썼을 때의 동사 형태

    do / does / did study   공부하다 / 공부하다 / 공부했다
    do / does / did exercise   운동하다 / 운동하다 / 운동했다
    do / does / did love   사랑하다 / 사랑하다 / 사랑했다

(2) 영어는 반복을 싫어하므로 do, does, did를 지운다.

I ~~do~~ wait for you.　　　　I wait for you.
She ~~does~~ wait for you.　　She wait for you.
They ~~did~~ wait for you.　　They wait for you.

3 반복되는 'do, does, did'를 생략할 때

does만 가지고 있는 '~es(즈)', did만 가지고 있는 '~d(드)'라는 sound를 동사 뒤에 붙여준다. 이렇게 하므로써 do, does, did 중에서 무엇이 사라졌는지 알 수 있도록 해준다.

He work**s**.
➡ '-s'가 있는 것으로 보아서 'He does work.'에서 3인칭 'does'가 생략된 것을 알 수 있다.

He work**ed**.
➡ '-ed'가 있는 것으로 보아서 'He did work.'에서 과거형 'did'가 생략된 것을 알 수 있다.

이것을 "3인칭 단수 뒤에 '-s/-es'를 붙인다, 동사의 과거형 뒤에는 '-d/-ed'를 붙인다."라고 말한다.

? do, does, did를 빼면 원래 시제를 알 수 없게 된다.
　　I ~~do~~ like it.　　　　→ I like it.
　　He/She/It ~~does~~ go.　→ He/She/It go.
　　They ~~did~~ work.　　　→ They work.

? do, does, did 중에 반복되고, 겹치는 부분을 뺀다.
　　~~do~~
　　does　┐→ 반복되지 않는 자기만의 독특한 sound를 찾아 뒤로 보낸다.
　　~~did~~
　　I ~~do~~ like it.　　　　→ I like it.
　　He/She/It **does** go.　→ He/She/It go**es**.
　　They **did** work.　　　→ They work**ed**.

4 강조문

평상시에는 'do, does, did'를 사용하지 않는다. 만일, do, does, did를 사용한다면 반드시 눈에 띌 수밖에 없다. 자연스럽게 그 문장은 강조의 뉘앙스를 가진다.

He go**es**. ➡ He **does** go**es**. ➡ He **does** go.
They work**ed**. ➡ They **did** work**ed**. ➡ They **did** work.
I love you. ➡ I **do** love you. ➡ I **do** love you.

❓ 'do, does, did + 일반 동사의 원형'은 **강조**의 문장이다.
　The rumors **bothered** me. → The rumors **did bother** me.
　The boss **demands** a lot from me. → The boss **does demand** a lot from me.

5 의문문

의문문은 듣는 사람의 대답과 반응을 요구하는 강조되어 있는 문장이다. 따라서 의문문을 만들기 전에 우선 강조문으로 바꾸어야 한다. 그리고 나서 'do, does, did'가 문장 앞으로 넘어가 의문문이 만들어진다.

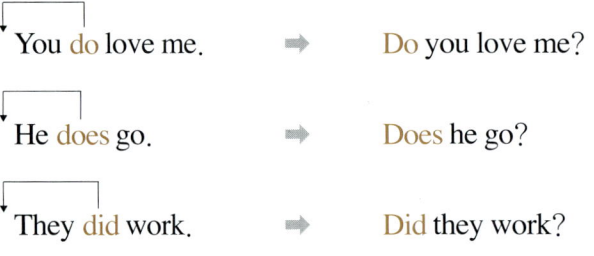

You **do** love me. ➡ **Do** you love me?
He **does** go. ➡ **Does** he go?
They **did** work. ➡ **Did** they work?

❓ 의문문을 만드는 순서
　The students pass**ed** the test.　　　　The game start**s** at 8:30.
　→ The students **did** pass the test.　　→ The game **does** start at 8:30.
　→ **Did** the students pass the test?　　→ **Does** the game starts at 8:30?

6 부정문

부정문 역시 의문문처럼 문장 자체가 강조되어 있는 문장이다. 따라서 동사 앞에 'do, does, did'를 붙여 강조문으로 먼저 바꾸고 부정을 나타내는 단어 'not'을 붙이면 부정문이 된다.

```
I do love you.                        I do not love you.
He does go.      +  not   ➡          He does not go.
They did work.                        They did not work.
```

 부정문을 만드는 순서

His questions troubled us.   The book explains everything.
→ His questions did trouble us.   → The book does explain everything.
→ His questions did not trouble us.   → The book does not explain everything.

 'do, does, did'는 강조문, 의문문 그리고 부정문과 밀접한 관계가 있다.

평서문   The fund manger saves a lot of money.
강조문   The fund manger does save a lot of money.
의문문   Does the fund manger save a lot of money?
부정문   The fund manger does not save a lot of money.

┤ Han's Grammar Clinic ├

- 동사의 앞에 왜 'do, does, did'를 생략하기 시작했을까? ➡ 동사를 말할 때마다 반복이 되므로
- 언제 다시 'do, does, did'가 되살아 났을까? ➡ 강조문, 의문문, 부정문
- 'does'만 가지고 있는 독특한 Sound는 무엇인가? ➡ -es(즈)

Comprehension / Quiz

Quiz 1 다음 중 틀린 문장을 고르시오.
① I love you.   ② He does love you.
③ She did love you.   ④ They does love you.

Quiz 2 다음 중 바르게 사용된 문장은?
① Does you love her?
② They does look at this.
③ We did promise that.
④ Did she worked at the store?

Quiz 3 강조문이 아닌 것을 고르시오.
① She did say that.   ② Everybody does love you.
③ You did it.   ④ It does move automatically.

Answer Key Quiz 1. ④ Quiz 2. ③ Quiz 3. ③

Step 3 | **16~18**

> 앞에서 배운 예문을 기억하기 위한 연습입니다. 예문을 쓰고 외우고 있는 것이 그 문법을 내 것으로 만드는 지름길입니다.

1. 너는 피아노를 가지고 있니?   [해당문법 악기 앞에 the]
   Do you have _____ _____?

2. 이것은 네가 기억해야 할 중요한 것이다.   [해당문법 강조의 the]
   This is _____ _____ _____ _____ that you should remember.

3. 한 남자가 의자에 앉아있다. 그 의자는 아침에 페인트칠 되었다.   [해당문법 언급되어서 알고 있는 the]
   A man is sitting in a chair. _____ _____ was painted this morning.

4. 화장실이 어디인가요?   [해당문법 공공의 the]
   Where is _____ _____?

5. 공원은 어디인가요?   [해당문법 공공의 the]
   Where is _____ _____?

6. 나는 아이스크림을 먹기를 원한다.   [해당문법 언급되어서 알고 있는 the]
   내가 먹고 싶었던 그 아이스 크림은 메뉴에 있었다.
   I wanted to have _____ ice cream.
   _____ ice cream that I wanted to have was on the menu.

7. 나는 같은 것을 이야기 했다.   [해당문법 강조의 the]
   I said _____ _____ _____.

8. 나는 정말 너를 기다린다.   [해당문법 강조의 do]
   I _____ _____ for you.

9. 나는 정말 너를 사랑한다.   [해당문법 강조의 do]
   I _____ _____ you.

10. 그녀는 정말 간다.   [해당문법 강조의 does]
    She _____ _____.

11. 그들은 정말 일을 했다.   [해당문법 강조의 did]
    They _____ _____.

12. 너는 나를 사랑하니?
　　_____ you _____ me?　　　　　해당문법 의문문 do

13. 그들이 일을 했니?
　　_____ they work?　　　　　　　해당문법 의문문 did

14. 그는 가지 않는다.
　　He _____ go.　　　　　　　　　해당문법 부정문 does

15. 그것은 우리를 방해하지는 않았다.
　　It _____ trouble us.　　　　　　해당문법 부정문 did

16. 그 책은 진짜로 모든 것을 설명한다.
　　The book _____ _____ everything.　해당문법 강조의 does